中国外交故事

张国斌 主编

世界知识出版社

图书在版编目（CIP）数据

中国外交故事 / 张国斌主编 . -- 北京 : 世界知识出版社 , 2023.10（2023.11 重印）
ISBN 978-7-5012-6675-3

Ⅰ.①中… Ⅱ.①张… Ⅲ.①外交史 — 中国 — 青少年读物 Ⅳ.① D829-49

中国国家版本馆 CIP 数据核字 (2023) 第 152127 号

书　　名	**中国外交故事** Zhongguo Waijiao Gushi
作　　者	张国斌　主编
责任编辑	王瑞晴、蔡金娣、张　璐、孙　静
责任出版	赵　玥
责任校对	陈可望
出版发行	世界知识出版社
地址邮编	北京市东城区干面胡同 51 号（100010）
电　　话	010-65233645（市场部） 010-85112689（编辑部）
网　　址	www.ishizhi.cn
印　　刷	保定市铭泰达印刷有限公司
经　　销	新华书店
开本印张	787 毫米 ×960 毫米　1/16　31½ 印张
字　　数	355 千字
版次印次	2023 年 10 月第一版　2023 年 11 月第二次印刷
标准书号	ISBN 978-7-5012-6675-3
定　　价	198.00 元

版权所有　侵权必究

编委会

张国斌　刘陶　李媛媛　郎亚娇　王家樑　刘金艳　李江华　胡颖慧

支持单位

北京吴建民公益基金会

北京大鸾翔宇慈善基金会

所有作者（按姓氏笔画排序）

马克卿	马振岗	王义浩	王四法	王铁山
田广凤	过家鼎	吕聪敏	朱祥忠	刘彦顺
刘静言	关宗山	江承宗	江勤政	孙琪璋
李同成	李家忠	李越然	李肇星	杨冠群
吴妙发	吴建民	吴钟华	吴德广	何建明
张志国	张宏喜	张林初	张国斌	余 湛
金桂华	周秀华	周晓沛	郑达庸	赵振宇
胡君亶	施燕华	徐贻聪	郭天禄	黄志良
黄桂芳	龚安民	鲁培新	谢君桢	谭 静

大国风范，需要大国表达；大国外交，需要永续传承。愿青年朋友以外交前辈为榜样，立大志、明大德、成大才、担大任，成为具有历史发展眼光与国际交往能力的时代新人。

——何建明 中国作家协会原副主席、中国报告文学学会会长

新中国外交事业史诗般的光辉成就，离不开几代领导人的高瞻远瞩、运筹帷幄，离不开一代又一代外交人员的艰苦奋斗、无私奉献。我们走得再远都不能忘记来时的路！希望青年一代能够从《中国外交故事》中汲取智慧与力量，担起国家复兴的历史使命。

——韩方明 第十三届全国政协外事委员会副主任

我从很多外交官的故事中看到了我们国家几代外交官在远离祖国的生疏环境中艰苦奋斗的历程。他们热爱祖国，坚持外交原则，弘扬外交精神，充分展现了大国外交的智慧与风采。故事丰富多彩，内容生动翔实，不仅成年人喜欢读，青少年朋友们也一定会喜欢读。希望这本书能够使更多的孩子认识到肩负的社会责任和历史使命，成为有思想、有目标、有意志、有能力的人，为我国的外交事业注入新的动力与活力。

——周秉德 周恩来总理侄女、北京大鸾翔宇慈善基金会创始人

主编的话

我创办新媒体平台至今已 7 年有余。创办的初衷很简单——作为一名退休外交官,我想讲讲自己在外交战线上亲历的故事。在广大热心读者的关注与支持下,平台从微信公众号扩展到"今日头条""喜马拉雅""百家号"等,内容从讲述一位外交官的故事到讲述上百位外交官的故事,更文速度从每周一篇到每天三篇。

在此过程中,我们收到许多读者的反馈。有的读者说,读了外交官写的文章非常受益,也想让孩子多了解我国的外交事业,长大后能成为像外交官一样优秀的人才,为国家做贡献。也有很多位老外交官向我们反映,市面上有不少外交题材的书,但是专为青少年编写的外交书籍并不多见。

应广大读者的呼吁,我们多方协调出版事宜。最终,在出版方的大力帮助下,在几十位老外交官的关心和支持下,《中国外交故事》应运而生,与读者见面了。

以铜为鉴,可正衣冠;以古为鉴,可知兴替;以人为鉴,可明得失。书中收录的 59 个外交故事,将带领青少年朋友走近外交,回顾 70 多年来新中国外交波澜壮阔的发展历程，展望中国特色大国外交的广阔前景；走近外交官，感受他们见证历史、参与历史的荣耀，体味他们外交工作中的酸甜苦辣；进而走进自己的内心，认真思考两个问题："我将来要成为怎样的人？""如何才能遇见更好的自己？"

请大家在书中寻找答案，相信大家读后会有所启迪，有所收获。

——张国斌 中国前驻圣但尼总领事、驻斯特拉斯堡总领事

目 录

外交风云

"将军大使"诞生记 ·· 2

见证朝鲜停战谈判的年轻速记员 ····························· 12

"红色外交家"出使日内瓦 ····································· 19

中古建交:百万古巴民众高呼"同意!中国!" ········· 32

一波三折的万隆会议 ··· 40

苏丹建馆记:走进世界"火炉" ······························ 50

新中国外交人员登陆南美的艰难足迹 ······················ 57

武器展览会上的斗智斗勇 ······································ 67

重返联合国的最初岁月 ·· 75

基辛格秘密访华背后 ··· 86

尼克松访华:媒体工作中的多个"第一" ················ 92

亲历英国女王访华 ·· 99

日本天皇首次访华 ·· 104

使馆国庆招待会上的惊险一刻 ·· 112

鲜为人知的"非正式外交" ·· 119

香港回归：精确分秒，只为那一刻的荣耀 ······························ 125

申办上海世博会台前幕后的故事 ·· 133

外交官亲历"9·11"事件 ··· 144

利比亚大撤侨：中国外交史上的空前行动 ······························ 151

外交视界

钟情于中国文化的希拉克总统 ·· 168

莫舒舒一世的故事 ·· 178

古巴用我的名字命名黄瓜 ·· 186

胡志明：从54号房到高脚屋 ·· 193

在古巴"游击司令"格瓦拉家做客 ·· 201

护馆一日——外国雇员和中国国旗的故事 ······························ 211

有幸与"指挥帝王"卡拉扬面对面 …… 218

一跪泯千仇 …… 228

"把心留在了中国"的插画家 …… 235

大象传友谊 …… 245

毛里塔尼亚印象 …… 253

"炽热的海滨之国"吉布提 …… 261

见证中罗人民友谊的"海豚外交" …… 270

巴布亚新几内亚忆趣 …… 279

外国国宴往事拾趣 …… 290

芬兰外交礼宾礼仪二三事 …… 300

寻访汗血宝马 …… 306

全民环保造就"世界最后一块净土" …… 318

烈日下的仪式 …… 326

踏访欧洲"中国村"见闻 …… 331

家国情怀

我是快乐的礼宾官 …… 340

外交无小事 …… 346

"希望寄托在你们身上" ... 354

外交部里有一群奔走于世界的外交官 ... 363

一人一馆，坚守岗位 ... 372

怀念周总理：于细微处见高大 ... 381

联合国为周总理降半旗 ... 391

来自中国的"大使医生" ... 397

如何成为一名合格的外事高级翻译？ ... 404

称呼"CHINA"的不同含义 ... 413

外交官的基本功 ... 420

远方有片寂静的墓地 ... 429

"沙漠玫瑰"的花语 ... 437

大使馆妈妈 ... 443

外交官的"家书" ... 450

无尽的亏欠 ... 457

父亲的等待 ... 463

"你是国家的人，要为国家效力" ... 469

一封迟到2年的战地家书 ... 474

外交官写给儿子18岁的成长寄语 ... 481

外交风云

亲历新中国外交,没有华丽的辞藻,只有最真实的回忆与记录。

"将军大使"诞生记

中华人民共和国成立后,与新中国建交的国家越来越多,向建交国派遣驻外大使成了当时外交工作的重中之重。毛泽东主席以其伟人的气魄和战略家的眼光提出我国外交队伍要"另起炉灶"。周恩来总理兼外长在外交部成立大会上曾说:"世界上每个国家的统治阶级都挑选最忠诚、最可靠、最有才干的分子从事外交活动。"于是,中央选调了一批兵团级干部出任第一批大使。这些身经百战、戎马半生的将军,为了新中国的外交事业脱去戎装,穿上西装,踏上了新的征途,成为我国历史上著名的"将军大使",由此书写了我国外交史上的一段佳话。

但是在出征之前,"将军大使"包括他们的夫人都经历了一场激烈的思想斗争,因为这些将军大部分都没有搞过外交。论打仗,个个都是一把好手,在战场上驾轻就熟、游刃有余,然而一听说让自己搞外交,不少人心里就发了怵,毕竟这是一个从未接触过的领域。从军人改行当外交官确实是一个很大的转变,他们难免思想上会产生一些波澜。虽然心中充满了疑惑与不安,但军人的天职就是服从命令听指挥,最终他们从四面八方偕夫人集结到了首都北京。

除此之外,按外交惯例,外交官的妻子不担任工作,而这对于以革命为事业的女同志来说是不能接受的。回想当年,不少女青年冲破封建束缚,突破艰难险阻,成为光荣的女战士,那是多么激动,多么自豪啊!如今突然听说出国后要当"夫人",顿时一种说不出的滋味浮上心头。

周恩来得知这一情况后,决定让女同志出国后,对外是夫人,在内部一律分配适当的工作;如果夫妇德才相当,妻子也可同丈夫一样成为外交官。邓颖超同志也出面和将要出国的女同志谈心,劝说她们要做丈夫的得力助手。这场"夫人"风波才算基本平息。外交官夫人分配工作,这在外交史上是没有先例的,许多外国的外交官夫人得悉我国大使馆的这种做法都很羡慕。

时间紧,任务重,怎么办?为了帮助这些"将军大使"及夫人尽快适应自己的新角色,外交部只好举办"短期突击"培训班。外交部特意聘请我国著名学者以及苏联驻华大使、波兰驻华大使、匈牙利驻华大使等到学习班来讲学授课。

外交礼仪　从头学起

搞外交要讲究礼仪。许多外交礼仪源于西方,如穿西装、跳交谊舞、吃西餐……礼仪教官阎宝航、胡济邦要求这些未来的外交官不仅要会,而且要娴熟,不能掉以轻心,不能因疏忽影响到外交官乃至国家的形象。这些在战场上摸爬滚打、拿枪动刀的军人都怕以后出洋相,一个个像小学生一样认真地听和学。

有一次,全体成员到北京饭店进行演练和彩排,将军们都穿着新做的毛料中山装,夫人们特意修饰打扮了一番。

符浩的夫人焦玲穿了身织锦缎做的旗袍,里边穿着部队的绿色短裤,没想到旗袍开衩处短裤露出了一截。女教官胡济邦说:"不行,要穿衬裙,裤子不能露出来。"

黄镇的夫人朱霖穿了条连衣裙,还特意将里边的汗背心露出胸前一点,自以为很漂亮。胡济邦看了以后说:"不行,这样不礼貌。"并补充道:"解放区的发型不符合外交场合的要求,要烫发,还要涂点口红、抹点粉……"

朱霖本来就不习惯这种打扮，赌气地说："我不干了，谁能干选谁去干吧！我不想做这样的工作。"胡济邦只好耐心说服她。

袁仲贤像老大哥一样在一旁笑着说："朱霖你别生气，咱们将来都是演戏，党需要演，我们就演。我们男同志将来都穿整整齐齐的西装是演戏，你们穿旗袍、高跟鞋，手里还要拎个包包也是演戏。我们为了党的利益而演戏嘛！"这一番话，逗得朱霖和大家都笑了。

检查完着装，开始演练吃西餐。当时，对这些将军和夫人们来说，别说是西餐宴会，就算正规的中餐宴会，很多人也没有参加过。教官阎宝航首先讲怎样安排主人和客人的座位，吃菜、喝汤的注意事项，然后示范如何使用刀叉，怎样切肉、喝汤，怎样铺餐巾，怎样抹黄油，等等。看着阎宝航轻松优雅的姿势，又看到那么多从未见过的美味佳肴，将军和夫人们马上试起来。

这些将军用筷子吃过饭，用牙刷柄吃过饭，唯独没有用叉子和刀子吃过饭。他们虽然刚看过示范，可一拿刀叉就不知道如何使用了，左右手拿哪种餐具也忘了。黄镇将军怎么也没想到，这小小刀叉使用起来居然还有那么多讲究，比战场上操练"三八大盖"枪还费劲。他看着眼前的汤，忍不住放弃刀叉，端起碗正"哗啦哗啦"喝得津津有味，被阎宝航抓了个正着，当了反面教材。阎宝航又给大家讲："喝汤的时候，不能'吸溜吸溜'地喝，要轻轻地、慢慢地喝；在汤剩得不多时，左手将盘子稍提起，用勺子从里往外舀汤，喝时不要弄出声；吃饭、吃面也不要出声音，吃完饭刀叉要轻放在盘子上。"

平日里不拘小节的将军们显然对这些繁文缛节很头疼，可这些礼节背后所代表的是新中国外交官的形象和气质。为了引起大家的足够重视，阎宝航特意讲了一件发生在外交场合的趣闻，希望大家引以为鉴："国民政府时期有一个大使，吃鸡腿用刀子切下去的时候，切得太重了，结果鸡腿飞起来，一块肉飞到对面一名外国外交官的脖子里。鸡肉很油，外国外交官怕肉掉到内衣里，不敢动，老挺在那里……"

讲到这里，有一位将军说："国民党的外交官，一点儿素质都没有。"他一边说，一边切牛排，还说："我就不信搞不开你！"可这时刀子滑了，牛排上的胡椒佐料溅到旁边耿飚将军的衬衣领上了。耿飚无奈地说："好吧好吧，你注意点儿，现在你也没有素质了！"惹得众人哄堂大笑。发生在席间的这一小插曲给这些外交新兵敲响了警钟。阎宝航说："你们千万不能出洋相，光凭着勇敢，凭着一股热情，像在战场上不怕死，不能适应我们这个工作。"

阎宝航又一遍遍教，纠正大家的错误并不时穿插讲笑话。他说到李鸿章在巴黎一家大饭店请客，吃完饭，李鸿章对客人说："饭菜不好，招待不周，请见谅！"这本是在中国常说的一句客套话，可饭店的老板生气了。他对李鸿章说："你怎么说我的饭菜不好？以后我这个饭店可怎么开啊！"引起大家一片笑声。

阎宝航还讲道："有一次李鸿章在巴黎请客，服务员用餐巾托着一只盘子放在他面前。他随手将自己的盘子擦了一下，服务员立即换了一个。他一连擦了三次，人家换了三次。这种盘子都经过蒸汽消毒，用餐巾托着是一种礼貌，你去擦盘子，好像嫌盘子不干净。最后服务员问'盘子怎么啦？'李鸿章无言以答。"

这些笑话究竟是否属实不知道，但大家通过这些笑话，在谈笑中学习到知识，而且记忆特别深刻。阎宝航还讲道："吃海鲜或水果时，如服务员送上一碗清水，有时上面还漂着几片花瓣或柠檬薄片，那是供洗手用的，千万不能喝；和人交谈时，不要用手指着人家，不能唾沫星子满天飞；坐着时，腿不能架起来摇；不要当着别人的面用手挖鼻孔、掏耳朵；不能随地吐痰……"不知谁抱怨了一句："哎呀！规矩真不少。"大家在一阵阵笑声中了解了这些礼节。

组织观摩　呈递国书

大使出国上任，首先要向驻在国国家元首呈递国书，然后才能开始正式履行自己的职务。但是，呈递国书有什么程序和礼节、要说些什么话、注意些什么，这些将军都不了解。

有一次几位将军不约而同地聚在一起议论此事，正巧教官阎宝航走过来。于是有人说："来得正好，就请你给我们讲一讲怎么呈递国书吧！"阎宝航忙不迭地摆手说："啊！不行！不行！我又没当过大使，讲不出什么名堂，不过，我可以把你们这个要求反映上去。"

不久，他兴冲冲地告诉大家："周总理指示，过几天有位东欧国家驻华大使向毛主席呈递国书，到时安排你们去现场观摩学习。"大家听了十分高兴。有人趁机又提出要求："呈递国书仪式完成后，能不能请毛主席给我们做指示？"阎宝航说："这个要求我也为你们反映一下。"

1950年3月10日，罗马尼亚首任驻华大使鲁登科向毛主席呈递国书，仪式在中南海勤政殿内举行。"将军大使"们提前来到接见大厅，工作人员过来把他们分别引进大厅旁边的几间小屋里。小屋和大厅只隔着一排窗户，那时窗上没有玻璃，糊着像宣纸一样的窗纸。大家以为是先在这里坐一会儿，等举行仪式时再到大厅去站着观看，却得知就在这儿观看。大家正纳闷，见周总理走来，就问："我们怎么看？"周总理说："你们在窗纸上戳个洞，从洞里往外看，但不要把洞戳大了被人家发现。"周总理又说："洞虽小，但你们要善于小中见大。"

这些"将军大使"们就拿铅笔，高高低低地在窗纸上戳了些小洞往外看。但是，有人觉得这样看不太清又费眼神，就悄悄走到通往大厅的门后，从两扇门之间的夹缝里看。这次"将军大使"们从小孔、门缝观察，看了递交国书全过程，同时也明白了小孔的道理，就是什么叫"小中见大"：一件小事映射出一个国家、一个民族及其精神面貌。

客人一走，"将军大使"们就议论开了。耿飚说："这叽里咕噜一大堆，谁记得住呀！要是致辞中突然卡壳了，那该怎么办？"黄镇说："反正都是事先写好的，背下来就行了。"姬鹏飞说："我看照那个意思到时候随便说几句，对方又听不懂，关键是翻译同志得练熟了。"可有人又说："你听不懂人家的，可如果人家那边有人懂中文，那不出笑话吗？"

最后大家都认为：一是致辞应有所准备，预先有个腹稿；二是在举行呈递国书仪式前，应该先练习，务必使走路的步伐、站立的位置、呈递国书的姿势都符合要求。

正在这时，周总理走过来笑着说："演习是必要的，但是我要提醒大家，刚才仪式中的程序和动作只能作为参考。因为各个国家对呈递国书仪式中的礼仪具体安排各不相同。所以你们上任后，要向驻在国的礼宾部门虚心请教，取得他们的帮助和配合。"

他停了一下，告诉大家："毛主席听说你们在这里观礼，要接见你们。"大家喜出望外，马上随着周总理向大厅走去。毛主席见"将军大使"们走进大厅，便站起来高兴地与他们一一握手。毛主席说："听说你们很快就要出国了，总理要我和你们谈一谈。你们是新中国的首批驻外大使，大都是从部队抽调来的高级干部，都是将军。将军当大使，好！"

这时有同志插了一句："我们不懂外语，怕搞不好外交工作。"

毛主席大手一挥，说："现在我们的高级干部中懂外语的很少，那也不能不派大使啊！暂时不懂外语，也可以当好大使。汉代的班超、张骞不是也不懂外语嘛，但他们出使西域，非但不辱使命，而且功绩卓著。"周总理点头表示同意，并说道："当大使的能懂外语当然更好，但是我们现在还没有这个条件。你们在使馆,可以学习驻在国的语言,边干边学嘛。"

毛主席又幽默地说:"刚才我说将军当大使好,好在哪里?首先,你们出去,我们放心,因为你们不会跑掉。"周总理也笑着说:"革命军人嘛,政治觉悟高,立场坚定,纪律性强。"

接着,毛主席说:"你们到国外当大使,仍要发扬在部队的长处,也要开展调查研究。"周总理补充道:"主席说得好,打仗前参谋长要对敌情、

民情、战场的形势和环境等进行周密的调研，做外交工作也同打仗一样，要了解驻在国的风土人情和各种情况，才能做好工作。"

接见快结束时，周总理强调："外交工作授权有限，所以你们要经常向国内请示汇报。外交无小事，切不可掉以轻心。使馆内要有严格的纪律，要加强组织纪律性……"

毛主席和周总理的这些指示，最终凝练成周总理的四句话——"站稳立场，掌握政策，熟悉业务，严守纪律"。这成为新中国外交人员必须学习和遵循的重要原则。

培训班从1949年11月初开始到1950年7月圆满结束，历时8个多月。这一批"将军大使"在国际舞台上展现了新中国外交官的风采，赢得了驻在国人民的友谊和尊敬，为新中国的外交事业作出了巨大贡献。

本文参考文献：
《阎宝航与新中国外交礼仪》作者：廉冀民
《将军大使与夫人们的"战士"情怀》作者：余湛
《毛泽东在新中国之初》作者：王正民

外交思索

- 周总理为"将军大使"的夫人们做了哪些特殊安排？
- "将军大使"们在学习礼仪过程中发生过哪些趣事？

见证朝鲜停战谈判的年轻速记员

新中国成立后，以美国为首的资本主义国家对这个新生的社会主义国家虎视眈眈。在朝鲜半岛南北矛盾日益加剧的情况下，美国借机出兵朝鲜，企图以朝鲜为跳板，直逼中国内陆，给社会主义阵营造成沉重打击。在美国的强大攻势下，朝鲜不得不向中国请求援助。然而，刚刚经受战火洗礼的华夏大地百废待兴，亟须恢复建设、休养生息，不适合再度投入战争。但是，为了中国更长远稳定的发展，这一仗不得不打，面对美帝国主义的威胁，中国最终还是决定出兵朝鲜，坚定地捍卫主权和安全。几十万名志愿军战士不畏艰险，在极端艰苦的作战环境里，不怕牺牲，冲锋陷阵，保家卫国。

经过长津湖战役、上甘岭战役等重大战役的交锋对决，以美国为首的"联合国军"损失惨重。美国意识到，想要打败中朝军队要付出的代价实在是太大了，就连美国总统杜鲁门也说，"即使'联合国军'打到鸭绿江边，非但战争不能因此结束，反而意味着更大规模的战争就要开始"。于是，1951年5月17日，杜鲁门批准了关于朝鲜战争停战谈判的建议。

实际上，谈判桌上斗争的激烈程度丝毫不亚于战场前线，从一开始就火药味十足，双方唇枪舌剑，激烈交锋。在此后的几个月内，双方边打边谈，停战谈判在一片硝烟之中持续了两年才最终落定。

作为我方代表团翻译兼速记员的杨冠群，根据组织安排，光荣地从一名外交干部转变为一名志愿军战士，成为"抗美援朝，保家卫国"中的一员，并有幸见证了板门店停战谈判的全过程。

英文速记工作起步艰难

朝鲜停战谈判桌上的主要对手是两方：盗用了联合国旗帜的美国等为一方，朝鲜和中国为一方。双方讲三种语言——英语、朝鲜语和汉语。谈判的主要形式是首席代表参加大会，会上仅用英语及朝鲜语，就像谈判桌上仅摆联合国旗帜和朝鲜国旗一样，形成美国和朝鲜的对等谈判。这是我方乐于看到的。

同文字语言紧密相连的是会议记录。当时双方敌意正浓，没有设立"联合秘书处"，而录音机也才问世不久，我方装备落后，因此也排除了使用录音机的可能。这就是说，谈判由双方各自记录，而且只能采用人工的方式记录。停战谈判的斗争十分尖锐，一方对于对方发言的字字句句都要仔细琢磨，为了使中朝领导人准确掌握谈判的"详细战况"，速记员必须逐字准确记录对方用英文所讲的内容。

对美国人来说，英文速记员俯拾皆是。在发达的西方商业社会中，速记和打字是秘书们必不可少的基本功。可是，我们去哪里找？上海和天津的旧洋行职员里有此类人员，但一时找不来，即使找来，能否胜任也成问题。我方考虑再三，唯一出路便是自己培养。于是，我方设法从上海买到几本影印的英文速记书，代表团里不少懂英语的年轻同志都兴致勃勃地学了起来。

中国人学英语速记殊非易事。首先，英文要好。如果听不懂，还做什么记录呢？特别是做逐字记录，尤其要求字字听准，在这点上毫不低于对翻译的要求。其次，要掌握速记技术。我们不是从速记学校毕业的，而是无师自通，也没有经过培训，而是边学边用，开始时困难之大可想而知。

为做好长期战斗的准备，我方代表团趁休会的机会报请国内，紧急调集一批生力军充实到代表团中，以加强翻译和速记力量。他们中有高水平的英文干部，专习英文的青年学子，精通英语的专家、学者、教授等。旅居美国的冀朝铸就是其中之一，他小学、中学及大学的一半时间都是在美国度过的。在哈佛大学读二年级时，朝鲜战争爆发，他毅然放弃学业，和数十名中国留美学生一道，克服重重困难，回国参加抗美援朝。冀朝铸的英文水平高于其他人，速记也学得快，成为会议记录的中坚力量。

谈判现场如战场

美国速记员几个人轮流作业，10分钟换一次班，回去休息时把速记符号转成文字，到散会时全部记录就能基本完善了。我们则是二人同时记录。由于"新手"技术一时不过关，只能采用普通字与速记符号并用的办法，还需利用朝鲜语发言或翻译的间隙补遗。这样，速记员记完一次时间较长的会议下来已昏头昏脑。此外，从板门店回到开城后速记员还需相互核对，以便精确地转换成文字，若是对不出来，再找参加会议的翻译和参谋助一臂之力。

谈判顺利时，遇重要发言，美方会递交一份发言稿。但谈判濒于破裂时，美方代表前来赴会完全是为了应付。特别是后来代表"联合国军"在停战协定上签字的哈利逊，有时好像专门为了"整"我们，稿子念得飞快，像连珠炮一样。这种发言大都在骂人，因此我方不能向对方索要稿子。我方速记员使出浑身解数，力求逐字记录，实在记不出来就画虚线，以示遗漏。

1952年10月14日至11月25日，中国人民志愿军与"联合国军"展开了一场著名战役——上甘岭战役，其激烈程度为前所罕见，特别是炮兵火力密度，已超过第二次世界大战最高水平。志愿军在此次战役中打出了国威军威，共击退"联合国军"900多次冲锋。见此状况，美方更是肆无忌惮地在板门店会场区制造事端，破坏中立区协定。为此，双方安全军官常常连夜会晤，进行实地调查，以确定美方的责任。

代表团指定杨冠群和冀朝铸负责调查过程的英文记录，他们便由谈判帐篷转到户外工作，不分日夜，随叫随到，频频奔波于开城和板门店之间。那时，开城地区的形势十分紧张，美方随时可能进犯，敌特活动也非常猖獗。为防备不测，他们在路上随身佩戴手枪，回到开城同住一间宿舍，一起抓跳蚤，一起躲空袭警报，结下了深厚的战斗友谊。

不能错一个字

代表团的速记员不仅要负责整理出英文的全文记录，还常兼管我方正式函件的英文打字。我方用的是一架普通台式英文打字机，设备不如对方，然而却要求成品的质量不比美方逊色。这就是说，交给对方的重要信件和发言稿不但不能有错漏，甚至连修改的痕迹也不能有。

那时没有修正液，打错了便用硬橡皮擦，擦后纸面粗糙，留下痕迹。因此，为做到纸面整洁，只要出现哪怕是一个字母或一个标点符号错误，整页便全部重打。停战协定的英文文本就是速记员本着这种一丝不苟的精神，用三天三夜完成的。如此严格，并非上级的硬性要求，而是我们给自己定的规矩。就我们的同志看来，交给对方合乎标准的产品，不仅是技术上的较量，更重要的是在政治上争一口气，不能丢中国人和朝鲜人的脸！

难忘经历　受用终身

这些速记员和翻译人员都是代表团中的年轻一代,是新中国的诞生和抗美援朝把他们从世界各地汇集到朝鲜。当时,冀朝铸放弃了学业,刚回国不久;邱应觉是归国华侨;过家鼎和杨冠群来自上海。在谈判过程中,青年人主要做的是技术性工作,但得到的锻炼和受到的教育却是巨大的。出席会议使他们目睹美国代表的蛮横和丑态;出入板门店及参加美方违反协定事件的调查,也使他们得以了解会议帐篷外的尖锐斗争。压倒一切敌人的气概,勇挑工作重担的精神,积极负责、一丝不苟的作风,陪伴着他们一生,成为用之不竭的工作动力和保持严谨工作作风的源泉。

有意思的是,这几位当年同"联合国军"对着干的年轻人,最后都成了我国从事联合国事务的高级官员,在各自不同的岗位上,为捍卫祖国尊严、维护祖国利益挥洒汗水、奉献青春!

本文根据杨冠群所著文章《"三剑客":外事高级翻译成才之路》改编而成。杨冠群,曾任中国驻泰国使馆兼亚太经合组织参赞、副代表。

外交思索

- 中国为何要出兵援助朝鲜?
- 为圆满完成工作,我国速记员克服了哪些困难?

"红色外交家"出使日内瓦

1954年的日内瓦会议，是新中国第一次作为五大国之一参加的重要国际会议，中国政府派出周恩来为首的代表团出席日内瓦会议。张闻天、王稼祥、李克农为代表，加上各方面工作人员近两百人，组成了一个庞大的政府代表团。政治、经济、军事、文化等各方面专家都有，正如周恩来总理所言："各个角色都得齐全，成龙配套。"新中国首席俄语翻译李越然，当时陪同周总理参加日内瓦会议，见证了这一载入史册的时刻，近距离领略了"红色外交家"的魅力风采。

1954年4月20日，周恩来率领中国代表团一行，由北京取道莫斯科飞往日内瓦。日内瓦不仅是世界名城之一，而且是一个超国家的国际城市。正如意大利的奠基人卡富尔所言：日内瓦是"医治政治创伤的医院"。

4月24日，中国代表团乘坐苏联"伊尔"飞机，经过长途飞行，抵达日内瓦。周恩来率领中国代表团一下飞机，立刻有大批记者拥上来抢拍照片。中国代表团成员的穿着差不多都一样，队伍整齐威武。代表团前期的准备工作是相当细致全面的，甚至还穿戴上"服装道具"进行了"预演"和"彩排"。

当时外国记者是这样形容的："日内瓦来了一连中国军人""一个年轻的红色外交家率领了一批更年轻的红色外交家""他们穿的衣服都是一样的，连手提箱也都相似"……

4月26日，日内瓦会议开幕。周恩来以他令人耳目一新的形象和风格在国际政治舞台上崭露头角，全世界也通过这次会议，第一次认识了这位卓越的政治家和外交家。

解决印度支那问题的斡旋

大会开幕式结束后，苏联外交部长莫洛托夫当天宴请了周恩来。

莫洛托夫是老资格的布尔什维克党员，也是斯大林时代苏联党和政府的著名领袖人物之一。美、英、法等国领导人都称他是"令人望而生畏的外交部长维奇斯拉夫·莫洛托夫"。

其实莫洛托夫的样子一点不叫人生畏，看上去，他倒更像一位哲学教授。他个子不高，银白色的头发总是梳理得整整齐齐，一丝不乱；戴一个夹鼻眼镜，看人时总是带着一种专注思索的神情。他用这种表情望着周恩来时，紧跟着的往往是愉悦的理解之情和由衷的赞叹。他与周恩来有同样的坚定性，有为自己的信仰而献身的精神。他们都具有敏锐的洞察力和卓越的领导才能。他们都具备处理复杂政治问题所必需的魄力、直觉和适时作出决定的能力。

然而，周恩来显然比莫洛托夫具有更高的灵活性和斗争艺术性。周恩来的这一特长在会议的后半截，也就是在解决印度支那问题的斗争中得到了充分发挥和证明。

印度支那问题比朝鲜问题还要复杂。当事国不仅有越南，还有老挝和柬埔寨；不但有在印度支那进行殖民战争的法国，还有阻挠达成任何协议的美国。由于种种复杂的原因，谈判持续了一个月协议仍然达不成。西哈努克亲王提出了一项比较好的方案，周恩来立刻看出其中有利于达成协议，结束印支战争的合理性。莫洛托夫出于固有的立场，对中立国家在这种时候所能发挥的独特作用估计不足，对西哈努克所提方案缺乏及时的支持。

周恩来为此多次跟莫洛托夫交换意见，做了大量工作，终于说服莫洛托夫将意识形态和国家关系这两个方面的问题区分开，同意西哈努克意见中的合理部分，为最终达成协议迈出了重要一步。

1953年12月，周恩来在处理国家关系方面提出了著名的和平共处五项原则：互相尊重领土主权、互不侵犯、互不干涉内政、平等互惠、和平共处。在日内瓦会议休会期间周恩来还访问了印度和缅甸，分别与印度总理尼赫鲁、缅甸总理吴努发表联合声明，确认和平共处五项原则是指导两国关系的原则，并共同倡议将其作为指导一般国际关系的原则。

6月中旬，法国国内矛盾尖锐化，不久拉尼埃政府倒台。周恩来于6月23日在瑞士首都伯尔尼同法国新总理弗朗斯会晤。交谈中，周恩来言辞恳切，从法国的自身利益出发，分析国际形势、印度支那半岛形势和法国国内形势，指明美国阻挠达成协议，受损害的不只是印度支那三国，还有法国政府和人民。

日内瓦会议复会以后，周恩来立即投入紧张的斡旋工作。几天之内，越南和法国终于达成妥协：越南接受以北纬17度为南北分界线，法国同意在协议中明文规定两年内通过普选统一越南。

越南问题一解决，老挝和柬埔寨问题也很快迎刃而解，会议发表了《日内瓦会议最后宣言》。美国眼看这些协议达成，无可奈何又不甘心，宣布不参加会议的最后宣言，为以后侵越埋下了伏笔，但也把自己完全放在了孤立地位。

中国的《罗密欧与朱丽叶》

周恩来和中国代表团在日内瓦为新生的共和国赢得了巨大荣誉。美国对此极为敌视和不安。一位美国记者听到有人说:"从周恩来和他的助手身上,可以看出中国人的自信、乐观和组织能力,他们有着没有大国架子的大国风度。"这位美国记者听出了其中暗含的讽刺美国搞大国霸权的意味,便哼一声说:"在日内瓦是看不到共产党统治下几亿中国人民的悲哀和愁苦的。"

周恩来得知这一情况,指示新闻联络官熊向晖为外国记者举行电影招待会,放映《1952年国庆节》,并出主意说:"把请柬分成两种,一种指名邀请,一种不写名,就放在'记者之家',让台湾地区、南越、南朝鲜以及不便邀请的美国记者自取。放映时用英语通过扩音器进行简单说明。"

电影放映时,全场爆满,有许多人是站着看的。银幕上一个接一个的壮观场面引来全场一阵又一阵热烈的掌声和赞叹声。当地报纸报道说:"当全副武装的中国军队和手捧鲜花的姑娘们迈着矫健的步伐,跨过日内瓦的银幕时,西方和东方的无冕之王们都情不自禁地发出轻轻的赞叹声。"

然而,美国记者却报道说:"我们感觉中国是在搞军国主义。"即使仅个别人这样挑衅,也值得我们注意。周恩来对熊向晖指示说:"这好对付,我们放梅兰芳的大戏,什么角色都有。再给他们放一部梁祝悲剧看看。"

周恩来喜欢看各种民族音乐歌舞剧,尤其喜欢听越剧。出发时他特意点名,让带上国内刚拍不久的彩色越剧片《梁山伯与祝英台》。

"为了让外国人能看懂,我看把剧名译成英文《梁与祝的悲剧》吧。"熊向晖建议说,"再搞个英文说明,十几页的唱词……"

周恩来摇头:"你搞十几页的说明,我要是记者我就不看,又不是听教授讲社会发展史呢。"周恩来信心十足地接着说:"你只要在请柬上写句话就行,'请你欣赏一部彩色歌剧电影——中国的《罗密欧与朱丽叶》'。你试试,我保你不会失败。如果失败了,我送你一瓶茅台酒。"

大家照周恩来的意见办了。"中国的《罗密欧与朱丽叶》"果然引起

了外国记者们极大的兴趣，放映场又一次爆满，而且观众果然入戏了，全看懂了。当演到"哭坟"和"化蝶"时，全场一片同情的感叹……

影片结束，灯光复明，全场观众如醉如痴静默了约一分钟。突然，不知道是谁鼓了一下掌，全场顿时沸腾了，暴风骤雨般的掌声和喝彩声经久不息。

周恩来的微笑与杜勒斯的冷面孔

日内瓦会议期间，社会主义国家主要的斗争对象是美国的杜勒斯，周恩来的谈判对手主要也是美国的杜勒斯。

杜勒斯是美国资产阶级著名的政治活动家和理论家，也是臭名昭著的反共分子。他亲口下令，禁止任何美国代表团的人员同任何中国代表团的人员握手。在走廊、在休息室，周总理曾与杜勒斯几次面对面走过，周恩来总是面色庄严而不失柔和，从容大度。而杜勒斯不同，每次相遇，苍白的脸便立刻板紧，走近时则目不斜视直视前方，好像面前是一片旷野荒漠。所谓杜勒斯拒绝与周恩来握手的事根本没有过，因为周恩来在那种情况下不可能主动去与杜勒斯握手。

杜勒斯是政策的幕后操纵者，加上身患癌症，会议开始一星期，他安排好一切便离开会场回国了，由美国的副国务卿史密斯留下任代理团长。

经验丰富的苏联外交部长莫洛托夫抓紧时机来看望周恩来，向他传递信息："美国这位代理团长史密斯你了解吗？"

"不太了解。"周恩来答道。

"第二次世界大战时，他是艾森豪威尔麾下的一名将军。这个人跟杜勒斯还不同。来日内瓦之前我们接触过几次。他对美国现行外交政策有不满。"莫洛托夫说。

"看来帝国主义阵营不是铁板一块，杜勒斯自己率领的代表团也不是铁板一块哟！"周恩来思索着点头说，"我们不应该放弃做工作的机会。"

在一次会议休息时，各国代表挤满了休息大厅。周恩来步入大厅，看到史密斯正在酒吧的柜台那里喝饮料。刹那间，两个人的目光相遇了。周

恩来坦然一笑，向史密斯走去。这个动作立刻引起各国外交官的注意。事出意外，史密斯大吃一惊，众目睽睽之下，也亏他急中生智，连忙把杯子捧到右手上。当周恩来走近他伸出右手时，他演戏一样似乎右手急切中腾不出，顺势用左手握住周恩来的右腕摇了几下胳膊。周恩来似乎毫未介意，用友好的语气同他聊了一阵天。当时在各国代表眼中，周恩来是那么从容不迫、豁达大度，而精明的史密斯却被美国僵硬的对华政策搞得手足无措、窘态百出。

解决朝鲜问题的斡旋

1954年6月15日是解决朝鲜问题的最后一次会议。会议开始前两个星期，美国代表团就接到"一定要使会议破裂，不许达成任何协议"的明确指示。美国代表团接到指示后，急忙开展幕后活动，采用说服和压制手段，终于使16个参加"联合国军"的国家同意执行这个指示。这些国家拟定了一个所谓的"十六国宣言"，宣言由比利时外长斯巴克在6月15日的会议上宣读。当时，中、苏、朝三国不知道这些内情，仍然抱着善良的和平愿望，决定在6月15日的会议上为达成某种协议进行最后的努力。

会议在万国宫理事会厅正式开始。朝鲜民主主义人民共和国代表团首席代表南日外务相首先发言。他一共提了六项建议，谋求"在成立一个统一、独立和民主的朝鲜国家的基础上达成和平解决朝鲜问题的协议"。

接着是周恩来发言，周恩来认为南日外务相的六项建议提供了保证朝鲜和平发展的基本条件。随后莫洛托夫发言，他支持南日外务相所提的六项建议，并提议由所有与会者发表一项共同宣言。由于南日的六项建议和莫洛托夫对与会者的建议确实客观、公平、合理，现场出现了骚动和议论。美国代表团慌了，急忙召集"十六国"和南朝鲜代表，利用会议休息时间开了40分钟秘密会议，"统一思想"，协调行动。

休息后，第一个发言的就是美国代表史密斯，他根本不提南日外务相的六项建议，只望着莫洛托夫说："我拒绝莫洛托夫外长所提出的关于共同宣言的建议，因为朝鲜停战协定早有规定，没必要再搞。"

接着，澳大利亚、菲律宾、比利时等国代表相继发言，拒绝南日外务相和莫洛托夫外长的建议。他们发言时虽然神态各异，但有一条很清楚：没有放弃自己的任何独立想法。

比利时代表斯巴克的发言是最有趣、最有代表性的，他面无表情，平淡地宣布："不接受这一建议的理由就是因为刚才美国代表反对这一建议。否则，这一建议本来是可以接受的。"史密斯瞧着斯巴克，不满地皱眉头，但也不能说什么，何况斯巴克要宣读"十六国宣言"呢！这个宣言明确声称会议继续考虑和研究朝鲜问题"不会有什么用处"。

周恩来全神贯注地倾听发言，浓眉下的一双大眼闪烁不停，留意着每个发言者的表情、语气。他明白会议已到了面临破裂的关键时刻，但"十六国"不是铁板一块，他还可以进行最后一次争取，争取不到协议，至少可以争取人心，而人心是最可贵的。他在当时那么短的时间里，依靠其聪明智慧马上提出一个方案。他语调平缓，却充满了真诚的感情："我完全支持莫洛托夫外长关于与会各国发表共同宣言的建议。很遗憾的是，就连这样一个表示愿望的建议也被美国代表毫无道理地断然拒绝了。情况虽然如此，我们仍然有义务对和平解决朝鲜问题达成某种协议。"周恩来说到这里，敏锐的目光扫视一遍会场，把声音又放得低沉缓慢些，因而也更显分量，"我提一个两句话的协议草案……"

会场陡然静下来，不少代表都一眨不眨地眼望着周恩来。两句话的协议？这似乎不可能。可是，周恩来已经一字一板地口述出来了："日内瓦与会国家达成协议，它们将继续努力以期在建立统一、独立和民主的朝鲜国家的基础上达成和平解决朝鲜问题的协议。关于恢复适合谈判的时间和地点问题，将由有关国家另行商定。"

会场静了几秒钟，接着泛起骚动和私议，迅即又恢复肃静。几乎所有与会者都紧紧盯住了周恩来，那目光里有惊讶、感动、赞赏，也有惶恐、不安和窘迫。

周恩来浓眉耸动一下，提高声音，显出庄严激昂："如果这样一个建议都被'联合国军'有关国家所拒绝，那么，这种拒绝协商和解的态度，将为国际会议留下一个极不良的影响。"会场一阵嗡嗡声，与会者无一例外地动容动情了。

这时，大大出乎美国代表团意料的情况出现了。那些曾经对美国亦步亦趋的国家忽然发生了"哗变"。嘈杂声中，比利时、澳大利亚、加拿大等国代表居然都表示赞同周恩来的建议。发展到后来，连美国"最亲密的盟友"英国也"造反"了。担任会议主席的英国外相艾登，开始频频点头，最后居然宣布说："周恩来总理的建议应当受到最认真的考虑，如果没有不同意见，此建议将成为与会各方的一致意见。"

南朝鲜代表急眼了，一边举手一边喊："比利时不能代表'联合国军'16个国家，也不能代表南朝鲜……"他气急败坏，竟忘了几十分钟前正是比利时代表发表的"十六国宣言"。

史密斯从没遇到过这么进退两难的境地：表示同意，将违反美国政府"使会议破裂"的指示；表示反对，美国将陷入完全孤立的可悲境地。

时间拖太久了，越拖压力越大。史密斯干咳一声，终于硬着头皮说："在未经请示我国政府的情况下，我只能拒绝这项建议。"

会场又是一阵骚乱。美国自第二次世界大战以来，在国际政治会议上从未陷入如此孤立狼狈的境地，而中国和周恩来的声誉在那一刻得到了极大的提高。

英国外相艾登向英国政府报告："联合国不能指望在没有得到中国和朝鲜同意的情况下来解决朝鲜问题。"

第二天，艾登在日内瓦宴请周恩来。他被周恩来的外交风采和个人魅力所征服。在等候周恩来到达时，记者围住艾登提问题，艾登很郑重地说："跟中国的周恩来打交道，我当然乐意。要知道，他可不是平凡的人。你们早晚都会清楚，他是个不平凡的人。"

通过这次会议，印度支那的战火熄灭了，越南北部完全解放，从而再一次打乱了美国从朝鲜、"台湾"、印度支那三条战线威胁新中国的战略部署，巩固了中国南方边陲的安全。"一个年轻的红色外交家率领一批更年轻的红色外交家"向世界展示出令人耳目一新的新中国外交风格，以及中国的和平外交政策，让世界看到了在处理国际问题时新中国的分量。

本文根据《周恩来出使日内瓦》改编而成。作者 李越然，著名俄语翻译家，曾担任毛泽东、周恩来等党和国家领导人的俄文翻译。

✎ 外交思索

- 周总理提出的和平共处五项原则的内容是什么？
- 周总理采用了怎样巧妙的办法，使外国记者们看懂了《梁山伯与祝英台》的剧情？
- 在会议进程中，面对杜勒斯的冷面孔，以及不允许美国代表与中国代表握手的政策，周总理是如何应对的？

中古建交：
百万古巴民众高呼"同意！中国！"

1959年1月1日，古巴人民针对美国支持的巴蒂斯塔独裁统治的斗争取得了光辉胜利。古巴革命犹如一声春雷震撼了整个世界。那时，中国前驻圣保罗总领事、驻尼加拉瓜、委内瑞拉大使黄志良还是一名青年学生，正在北京外国语学院进修西班牙语。他与全国人民一样，密切关注着古巴发生的一切。

1960年7月，黄志良接到外交部调令，作为西班牙文翻译，随中国政府贸易代表团访问古巴。第一次出国就是去革命中的古巴，他为接受这一重要任务而兴奋不已，令他更没想到的是，此行他竟有幸成为中古建交和随后发生的两大历史事件的见证人。

中古友谊　深入人心

当时中美关系陷于寒冬，中国的官方人员要到访与美国近在咫尺的古巴，无异于"深入敌后"，要冒很大的风险。那时古巴已遭美国空中封锁，成为一座孤岛。中国政府贸易代表团一行8人，不得不绕道莫斯科和布拉格到达瑞士，然后搭乘荷兰航空公司的越洋飞机，途经位于加勒比海的库拉索岛和牙买加，行程6天才飞抵哈瓦那。

黄志良去古巴前就听说，在19世纪古巴人民反对西班牙殖民统治的独立战争中，华人就同他们并肩作战。"没有一个华人是逃兵，没有一个华人是叛徒。"这句名言镌刻在古巴首都市中心的"中古纪念碑"上，也铭刻在古巴人民的心坎上。

在新的历史条件下，中古友谊又被赋予了新的含义。中国代表团受到

古巴群众发自内心的热情欢迎。黄志良深感中古人民之间的友谊有着广泛、深厚的基础。

1960年7月21日下午，革命领导人菲德尔·卡斯特罗会见了中方代表团全体成员。他在讲话中指出："如果说没有俄国十月革命的胜利，就不可能有中国革命胜利的话，那么也可以说，没有1949年的新中国成立，也不会有1959年的古巴革命胜利。"中方团长卢绪章表示，各国人民的革命都是相互支持的，古巴革命也是对中国人民的支持。卡斯特罗点了点头说："革命绝不是无缘无故发生的，引发革命的不是我们，而是那些欺压人民、不许革命的反动派，古巴的巴蒂斯塔就是这样的反动派。现在反动派被我们打倒了，美国人还是不让我们古巴人独立自主地生活，千方百计要搞垮革命政权，我们只好奉陪到底！"

夜已深，卡斯特罗仍侃侃而谈，毫无倦容，原定不超过45分钟的礼节性会见，持续了两个半小时。临别时，他再次请卢团长转达他对毛主席、周总理等中国领导人的问候和敬意。送代表团到门口时，卡斯特罗停住脚步，摸了摸胡子，以严肃的口吻对卢团长说："请告知贵国政府，双方关心的两国关系正常化问题，将在适当的时机以适当的方式妥善解决。"他用外交辞令给代表团留下一个很大的悬念。

建交方式　别开生面

访问结束后，黄志良和代表团中的其他三人留驻古巴，做落实访问成果的后续工作。之后的半年多时间里，中古双方友好互访十分频繁，相互了解和信任进一步加深。古方多次向中方暗示，他们在等待"适当时机"正式宣告同中国建交。不久，这个"时机"终于到来了！

1960年9月2日，晴空万里，艳阳高照，这天全国人民大会将在哈瓦那市中心革命广场召开。头天晚上，中国人民的老朋友、著名诗人纪廉电话通知黄志良："中国同志务必出席大会，卡斯特罗总理有要事宣告，但暂时还保密。"就在这次大会上，菲德尔·卡斯特罗宣读了谴责美帝国主义侵略拉丁美洲的《哈瓦那宣言》。

这位古巴革命领导人在读到"感谢中国、苏联支持古巴革命"时，忽然大声问道："古巴革命政府提请古巴人民考虑，是否同意古巴同中华人民共和国建立外交关系？"全场近百万人举起双手，以震天动地的吼声回答道："同意，同意！中国，中国！"这时卡斯特罗大声宣布："从现在起，古巴废除同蒋介石政权的外交关系！"话音刚落，全场爆发出雷鸣般的欢呼声。观礼台上许多认识和不认识的古巴人和其他国家的代表都涌过来，与黄志良及其同事握手拥抱，表示热烈祝贺。

在得知古巴宣布同中国建交的消息后，毛主席笑着说："这个拉丁美洲的大胡子还会搞人民外交哩！"周总理非常赞赏《哈瓦那宣言》，称"这是一篇极好的革命檄文"。

中古两国政府随即派出代表就两国建交事宜进行会谈，一切进行顺利。1960年9月28日，中古双方同时发表建交公报。3个月后，中国驻古巴首任大使申健向多尔蒂科斯总统呈递了国书。至此，中古两国人民企盼已久的建交愿望最终实现了。

中古结好是新中国同拉丁美洲国家拓展外交关系零的突破，具有历史意义。古巴成为拉丁美洲第一个同新中国建交的国家，也是20世纪60年代西半球唯一同中华人民共和国建交的国家。

危急关头　共克时艰

两国建交，既是机遇也面临挑战。在中国驻古巴大使馆正式建立后，黄志良被留下执行新的任务，因而得以再次见证中古人民战斗友谊经受严峻考验的过程。这段惊心动魄的经历令他终生难忘！

就在中古友好关系越来越热烈时，古巴的局势也越来越紧张。1961年1月7日，美国宣布同古巴断绝外交和领事关系，并企图进一步扼杀古巴革命，美国入侵古巴的危险迫在眉睫。

4月初，黄志良陪同中国的一个贸易代表团在古巴访问。本来古方安排代表团一行人于16、17两日在吉隆滩附近的"多宝湖"旅游中心度周末。团长觉得假日游人太多，要求把日期推迟到18日。岂料这一无意中的改期竟使全团8人免遭了一场极可能发生的杀身之祸！

4月15日拂晓，黄志良在睡梦中被一阵巨大的爆炸声震醒，随即听到飞机俯冲的呼啸声和一阵阵激烈的枪炮声。他从未经历过战争，生平第一次听到这样撼天震地的爆炸声和枪炮声，只见窗外火光冲天，飞机就在房顶上盘旋。

大约半个小时后，爆炸声和枪炮声渐渐平息。又过了一会儿，大使馆本部打来电话，告诉他们美国飞机刚偷袭了离他们住所不远的一个古巴空军基地，几十名战士和民兵在空袭中伤亡。显然，这是一个危险的信号。

4月16日，哈瓦那16万军民为死亡战士和民兵举行了隆重的葬礼。在庄严的追悼会上，卡斯特罗总理愤怒谴责了美国卑劣的偷袭行为，号召人民化悲痛为力量、提高警惕、誓死保卫祖国，并郑重宣布古巴实行社会主义革命。

就在那次誓师大会的翌日凌晨，即4月17日凌晨，由美国组织、支持和训练的一支1600多人组成的雇佣军，在美国飞机和军舰的护航下，从古巴的吉隆滩登陆。这么一支具有相当战斗力和极大危险性的武装力量突然入侵，无疑是对古巴新生革命政权的一次存亡攸关的考验。对在古巴工作的全体中国同志来说，这又何尝不是一次危及生命安全的严峻考验呢？

当天上午，大使馆召开全馆紧急动员大会，申健大使介绍了雇佣军入侵情况，还以"青山处处埋忠骨，何须马革裹尸还"的古诗激励大家，向全馆同志进行气节教育。接着，使馆宣布了多项紧急措施和应变计划。大家感到气氛紧张、局势严峻，人人思想上做了充分准备，以应不测。使馆内的外文干部还要密切关注前线战况，以及古巴国内和国际上的反应。

消息不断传来，雇佣军一登岸即遭到了当地民兵的英勇抗击。在人数和装备处于劣势的情况下，爱国军民浴血奋战，作出了巨大牺牲。馆员们从电视直播中看到：卡斯特罗总理亲临前线，指挥战斗；古巴全国人民同仇敌忾，全力支援前线。前方传来的战报牵动着古巴人的心，也牵动着每个中国同志的心。

在斗志昂扬的起义军和民兵的围歼下，雇佣军节节败退、伤亡惨重。谁都没有想到，美国精心策划了一年多的第一次军事侵略行动竟在 72 小时内被古巴爱国军民彻底粉碎了。在雇佣军入侵的 4 天 4 夜里，中国驻古巴大使馆的同志们同古巴人民一起，分担了焦虑和痛苦，也共享了胜利的喜悦。10 天后，古巴政府宣布解除全国戒严状态，恢复了与外界的联系。

1961 年 5 月 2 日，黄志良奉命离开古巴，前往南美访问，暂时告别了这个英雄的国家和友好的人民，留下了一段终生难忘、刻骨铭心的记忆。

2020 年 9 月，中国和古巴隆重纪念两国建交 60 周年。60 年来，两国政府和人民间的友谊经受住了时间的考验，基础牢固，历久弥坚。相信中国与古巴的未来将更加光明！

本文根据黄志良所著文章《中古建交：百万古巴民众高呼"同意！中国！"》改编而成。黄志良，中国前驻圣保罗总领事、驻尼加拉瓜、委内瑞拉大使。

外交思索

- 古巴人民为何在首都市中心修建"中古纪念碑"？
- 古巴领导人菲德尔·卡斯特罗是在何种场合下宣告同中国建交的？

一波三折的万隆会议

第二次世界大战结束后，伴随着法西斯势力的瓦解和帝国主义阵营的削弱，一场民族独立解放运动的风暴在全世界范围内蓬勃兴起，其中以亚洲和非洲尤为迅猛，先后出现了近30个民族独立国家，另外一些国家也在为摆脱殖民主义进行着浴血奋战。为了促进亚非国家之间的经济文化交流、共同抵制殖民主义，在印度尼西亚总理的倡议下，29个亚非国家和地区的政府代表团计划在印尼的万隆召开亚非会议（又称"万隆会议"）。

这是20世纪50年代中期的一次举世瞩目的多边外交活动，也是第一次在没有殖民国家参加的情况下，举办的关乎亚非人民自己切身利益的大型国际会议。我国政府拟派出一个大型代表团与会，和亚非其他国家一道，为人类的和平进步事业贡献力量。

"克什米尔公主"号事件

会议召开前夕的空气相当紧张，似乎一场激烈的争论正在酝酿着，一些帝国主义国家千方百计阻挠会议的召开，以维护原有的殖民统治秩序。早在1955年3月初，便有可靠情报递送到周总理手中——台湾地区的敌对势力已有针对万隆的暗杀计划，甚至有人劝中国放弃此次参会。

万隆会议将是中国在国际上的一次试音，周恩来总理是不可能放弃的。他已经做了充分的准备，率领中国代表团迎接未知的惊涛骇浪，努力实现会议的预期。

4月12日，一条令人震惊的消息在世界各地报纸、电台几乎同时刊播：1955年4月11日，中国租用的印度航空公司的"克什米尔公主"号包机从香港起飞，飞临沙捞越的古晋上空时，安装在机翼中的定时炸弹发生爆炸，飞机坠入大海。中国代表团的3名工作人员、5名新闻记者，以及越南、波兰、奥地利的工作人员、新闻记者、部分印度机组人员罹难。

那架失事的飞机原是为周恩来总理率领的中国代表团安排的，在其出发的前几天，缅甸总理吴努请周总理去仰光，因他希望在正式会议前先开一个预备会议，这样周总理没有乘坐"克什米尔公主"号。为了代表团的安全，取道仰光的消息也一直对外界保密，因此周总理所率领的代表团幸运地躲过了一劫。当晚，殉难者名单还没有拿到，代表团成员又是担心又是悲痛，聚集在总理屋里，彻夜不眠等待北京的消息，并且再次讨论该不该放弃万隆会议。尽管如此，总理依然坚持赴会。

在后来紧张的会议期间，周总理仍密切关注着"克什米尔公主"号事件的调查情况。在听取了报告后，他满怀伤感地说："烈士们的光荣姓名将永远写在亚非各国人民和世界先进人类为和平事业而奋斗的历史上。历史将永远记住：他们是为亚非两大洲人民的友好合作和独立自主的事业牺牲的。"周总理还一再叮嘱，要把烈士们的骨灰留下，他将亲自把骨灰带回北京。

印尼华侨守护代表团

在亚非会议开幕后的第二天，中国代表团收到一封署名为"觉醒了的国民党暗杀队员"的信，信中提到国民党驻雅加达支部奉命组织了敢死暗杀队，准备谋杀中国代表团团长周恩来。代表团立即对这封来信进行了研究。尽管此信内容的真实性无从考证，但是根据当时的安全形势，宁可信其有，不可信其无，代表团必须采取措施严加防范。于是，代表团一方面通知印尼政府，要求加强安全保卫；一方面召开内部会议，制定安全防范措施。

为了保证中国代表团在万隆会议期间顺利工作，广大印尼华侨华人表现出巨大的爱国热情。雅加达和万隆两地的侨团总会组成了华侨支援委员会，成立了秘书组、食品采购组、住房组、车辆组、洗衣组和记者组等部门，各司其职。此外，大批无名人士自发来到中国代表团途经的地方，拉起人墙，维持秩序。

为了周总理的居住安全，好几位有高级别墅的华裔华侨爱国人士热情表示，愿意将别墅借给总理使用。最后，周总理的下榻地点选在了一幢位于市中心独立高坡上的别墅内，这里便于警卫且交通便利。别墅内的家具全是华侨自愿提供的。为了能让自己的家具被选用，侨胞们"争执不下"，最后只好采取折中方案，每家的家具都选用一些。为了保证中国代表团的食品安全，侨团派专人去不同地方采购，送交代表团前，华侨们自己都要先尝一尝。在交通出行方面，有160多位华侨报名，自愿提供私家车给中国代表团使用，而且表示为了保证安全，愿意自己担任司机。

中国代表团一抵达万隆就引起了轰动。在周总理下榻的别墅围栏外，从早到晚总是围着守候在那里、等待与周总理见面的华侨群众。他们说："旧中国贫穷落后，华侨在海外也备受歧视；现在新中国顶天立地，华侨才能扬眉吐气。" 周总理非常关心华侨，一听说外面围聚的人多，就出来向他们招手致意，还大声答谢他们的盛情，请他们好好休息。

几位侨领看到周总理所住别墅院内的旗杆高度不够，就派人设法换了一根高的。他们说："五星红旗代表新中国的荣誉，要让它高高飘扬，这也是我们华侨的心意。"

周总理三次力挽狂澜

第一次："求同存异"树丰碑

开会第一天，绝大部分代表发言都表达了良好心愿：世界还不稳定，殖民主义还没有死亡，会议应当有助于国与国之间的和平共处，有助于促进世界和平，有助于消除殖民主义。但最后一个发言的伊拉克外交大臣贾马利大唱反调，发出了挑战书，公然诬蔑"共产主义"是一种"新式的殖民主义"，使会议的气氛陡然紧张起来。

见此情形，周总理处乱不惊、从容沉着，临时决定把原来准备好的发言稿改作书面稿，散发给与会者，当即在会场起草了一份约两千字的详细提纲。他要通过事实真相来反驳对中国的攻击，同时避免会议走题。

中午休会时，他一边吃饭一边继续整理那份发言稿，并请工作人员一一记下，译成英文。这一切仅仅用了约一个小时，而这中间他还去拜会了前来与会的巴基斯坦总理。

下午的会议继续，随着会议主席宣布"现在请中华人民共和国的代表发言"，周恩来总理迈着稳健的步伐，在热烈的掌声中走上讲台，镇定自若地发表了掷地有声的讲话："我们不是来万隆吵架的，而是希望找到大家能达成共识的地方。中国人民热爱和平，不愿打仗，亚非各国人民应该团结一致，建设自己的国家，反对殖民主义。"与会者专注地倾听着这位语出不凡的政治家和外交家发表的精彩演说。据在场的记者描述，当时会场的安静程度是"一根针掉在地上的声音都能听见"。

周总理用炯炯有神的目光环视四周，停顿了片刻继续说："中国代表团是来求同而不是来立异的。在我们中间有无共同的基础呢？有的，那就是从亚非绝大多数国家和人民自近代以来都曾受过，并且现在仍在受着的殖民主义所造成的痛苦和灾难中找共同基础，我们就很容易互相了解和尊重、互相同情和支持，而不是互相疑虑和恐惧、互相排斥和对立。这就是为什么我们同意五国总理茂物会议所宣布的关于亚非会议的四项目的，而不是另提建议。"

周恩来知道与会代表都很关心中美关系，于是提出几个中国本可以向会议提出的问题："本来，对于美国一手造成的台湾地区的紧张局势，我们很可以在这里提出如同苏联所提出的召开国际会议谋求解决的议案，请求会议加以讨论……我们也很可以提议会议讨论承认和恢复中华人民共和国在联合国的合法地位问题……但是，我们并没有那样做，因为这样一来就很容易使我们的会议陷入对这些问题的争论而使问题得不到解决。"这几句话刚说完，开始时的那种沉重气氛顿时被化解了。周总理巧妙的语言既申述了中国的立场，又给与会者留下了一种自我克制、通情达理的印象。

周总理在讲话中热情地邀请各国代表到中国做客，欢迎他们做中国人民的朋友："中国人民选择和拥护自己的政府，中国有宗教信仰自由，中国绝无颠覆邻邦政府的意图。相反,中国正在受着的美国政府公然不讳地进行颠覆活动的害处。大家如果不信,可亲自或派人到中国去看看。我们是容许不知真相的人怀疑的。中国俗语说'百闻不如一见',我们欢迎所有到会的各国代表到中国去参观,你们什么时候去都可以,我们没有铁幕,倒是别人要在我们之间施放烟幕。"

在发言的最后,他铿锵有力地讲道:"16万万亚非人民期待着我们的会议成功。全世界愿意和平的国家和人民期待着我们的会议能为扩大和平区域和建立集体和平有所贡献。让我们亚非国家团结起来,为亚非会议的成功努力吧!"

周总理这番坦然诚恳的话语,驱散了笼罩在亚非会议上空的阴霾,拨正了亚非会议的航向,深深地打动了亚非国家代表的心,他们纷纷报以暴风雨般的掌声。很多国家首脑争相上前和周总理握手,表示祝贺,并表示同意他的观点;过去对中国怀有敌意的国家也表示要重新考虑跟中国的关系。最为重要的是,周总理发言中贯穿始终的中心思想——求同存异,为与会各国提供了互相合作的基本准则,而这也被称为万隆精神的内涵。

还是职业头脑灵敏的记者们最先回到现实中来,他们纷纷夺门而出,争先恐后地将这条消息发往全世界。从此,著名的"求同存异"原则和其倡导者周恩来的名字就成了国际关系史上的一座里程碑。

第二次:巧妙化解矛盾

两天的公开发言结束之后,万隆会议进入秘密会议阶段。当时锡兰(今天的斯里兰卡)的反共立场非常极端和强硬。锡兰总理直截了当地说"台湾应成为一个独立国家",并建议将台湾置于联合国或者亚洲国家的共同托管之下。在随后举行的会议上,锡兰总理继续充当攻击共产主义的号手,意识形态的争论眼看就要剑拔弩张了。但是第二天,锡兰总理一改前一天的语调,委婉地说他昨天的发言无意把会议引向分裂。

为什么他一夜之间在语气上发生了这么明显的变化?人们注意到,在前一天下午的会议结束后,过了很长一段时间,周恩来总理和锡兰总理才从会议室里并肩走出来。随后周总理发言称,他们已经在私下通过交谈彼此取得了谅解,虽然他无法同意锡兰总理对新式殖民主义的解释,但他赞赏锡兰总理的精神。周恩来就这样化解了矛盾,清除了障碍。

第三次:"和平共处"深得人心

随后中立国家与亲西方的国家为中立和结盟问题又吵得不可开交,在这个过程中,周恩来几乎一言未发,其实他是在冷眼观察,等候时机。当中立国领导人印度总理尼赫鲁被亲西方国家攻击得异常愤怒时,周恩来不失时机地站了出来,灵巧地避开争论,重申求同存异的主导思想,建议把有人不喜欢的"共处"改为《联合国宪章》中的"和平共处",将"五项原则"改为"七项原则"。周恩来充满和解精神的讲话再次平息了争论,使误入歧途的会议又回到了正确的轨道上。

场内场外广交朋友

万隆会议为与会国家提供了一个难得的相互了解和接触的机会。如同在会上的讲话一样,这期间周总理开展的对外活动也在中国外交史上产生了深远的影响。许多国家的领导人就是通过同周恩来总理的接触真正认识了新中国，并坚定了同新中国发展关系的决心，有的还由此成为中国人民的好朋友。

周总理见缝插针，尽一切可能去做工作。除了出席各种会议，他还充分利用休会的间歇同各代表团广泛接触，介绍新中国的外交政策。他不断结交新朋友，努力为新中国的外交拓展更多的活动空间。

为了庆贺会议的成功，与会各国代表团纷纷举行庆祝酒会，周总理率领的中国代表团成了争相邀约的对象。当晚，周总理在一个小时之内连续出席了好几个代表团的酒会。当人们为他在活动中的外交风采所倾倒时，可能不会意识到他已经长时间没有休息了。周恩来总理的睿智机敏和辛勤努力，使他成为出席会议的各国政要中最受瞩目的一位。与会的各界人士和各国传媒所持政治观点虽大不相同，却都异口同声地肯定周恩来和中国代表团的成功。

此外，会议期间万隆和印尼其他各地的各阶层人士争相请周总理签字。有些当地的中学生为了能得到周总理的签字，想出一个办法，他们把笔记本、卡片等可以用来签字的物品交给中国代表团工作人员，请他们帮忙。代表团工作人员应允照办，周总理也不辞辛劳，不管多晚，宁肯少睡，也一一满足中学生的要求。这些中学生得到签名后，兴高采烈，欢呼雀跃！

万隆会议是一个新的历史时代到来的象征，是第二次世界大战结束后民族独立运动蓬勃发展的结果。在躲过"克什米尔公主"号暗杀事件后，周总理率领中国代表团不畏艰险出席万隆会议，再次淋漓尽致地展现了中国外交官折冲樽俎、协和万邦的外交艺术；他数次力挽狂澜，将会议一步一步引向求同存异、和平共处精神的胜利，为新中国赢得了外交发展空间，赢得了朋友；他高瞻远瞩的外交胆略和英姿绰约的外交家风采至今令人难以忘怀。

本文参考文献：
《印尼侨胞永远的记忆——见证万隆会议的那些日子》作者：纪娟丽
《1955年万隆会议：周恩来三次力挽狂澜》出处：人民网
《亚非会议上，中国人的风采》作者：罗银胜
《周恩来一小时拟就的发言稿》作者：言极

外交思索

- 中国代表团出席万隆会议前夕，发生了怎样令人震惊和痛心的事件？
- 周总理在万隆会议期间如何三次力挽狂澜？
- 万隆会议对新中国，对亚非国家有何深远影响？

苏丹建馆记：走进世界"火炉"

接受使命

1959年5月的一天下午，正在办公室伏案工作的郑达庸突然接到通知：组织决定派他作为先遣组成员去苏丹使馆工作，6月出发。听到这突如其来的消息，郑达庸愣住了，因为他前一年刚从北大东语系毕业入部，仅半年就要出国工作，心中难免有些不知所措。

不久后，他参加了首任驻苏丹大使王雨田召集的建馆人员会议。大使说："新中国成立十年了，我们在努力打开对外工作的局面，东北非还没有我们的工作据点，要做好苏丹的工作，也要开拓东北非工作的局面。去一个新地方，要学的东西很多，要努力掌握第一手材料，用自己的头脑去看、去听、去说。"

头枕匕首睡觉

6月中旬，先遣组抵达苏丹首都喀土穆。苏丹之热名不虚传：室内没有空调，只有一种用水降温的电风扇，晚上热得睡不着觉；白天洗了衣服，第一件挂在太阳底下，去挂第二件的时候第一件已经干了；在那里千万不能用手摸大铁门，手摸在铁门上会烫下一层皮……开始时他们租了一个平房小院，每天冒着高温出去跑，一天吃两顿饭，没有办公桌，就在大木箱上写字，晚上在地上铺床垫睡觉。

当时台湾在非洲有"使馆"，并发生过对我人员的绑架事件，西方国家的特务和情报部门也在苏丹有活动。为了安全，先遣组带了双筒猎枪。携带武器入境必须办理准入手续，猎枪作为打猎工具不作武器论，必要时可防身。双筒猎枪交由机要员保管。郑达庸分到一把匕首，睡觉时放在枕下，听到动静立刻行动，以防不测。有同事开玩笑说，万一谁晚上梦游，他将其当作不速之客，动起家伙来可就惨了。

第一次给大使当翻译

郑达庸刚进亚非司工作时，抄一份上呈文件时把"否则影响两国友好关系"写成"否则影响两国外交关系"，幸好领导在上报前发现了。事后领导找他谈话说，外交文件是政治性、政策性很强的，文字表达要准确。第一次犯错误可以原谅，如一而再、再而三地犯错，就要考虑是否有政治上的问题了。领导谈话口气平和，并无恫吓之意，但这些话他至今记忆犹新。

郑达庸第一次在正式场合做翻译，是王大使向苏丹元首阿布德中将呈递国书。王大使检阅仪仗队后进入大厅，在阿布德中将面前朗读颂词。仪式后，苏丹元首和王大使步入客厅叙谈，这时往往是对方领导人通过大使向我方传达信息的机会。幸亏阿布德讲的是阿拉伯官方语言，郑达庸能够听懂，加之平时勤学苦练造就了比较扎实的语言功底，因此他较好地完成了这次翻译任务，从而信心倍增。

后来郑达庸回忆起当年的情景，不无感慨地说，真的要感谢周恩来总理和陈毅副总理的远见卓识，他们对培养阿语干部给予了极大关注。20世纪50年代初，阿拉伯地区访华代表团增多，外交部的阿语翻译分身乏术，因此请来北大的阿语老师协助。为了解决人手不足的问题，国家加大力度培养阿语和其他小语种干部。郑达庸就是第一批进入北大学习阿语的高中毕业生。他的两位恩师都曾给周总理做过翻译，令他钦佩不已，因此他在心中暗暗立下一个志向——将来自己也要成为总理的阿语翻译。

亲历苏丹南部地区黑人暴动

建馆第二年的一天，郑达庸同大使馆的司机老赵上街办事，突然听到震耳欲聋的叫喊声。只见前面不远处，数以千计的黑人手持棍棒、铁条和石头，打砸玻璃、路灯以及外国人的汽车，原来是苏丹南部地区的黑人发生了暴动。当局出动骑警，施放催泪弹驱赶暴动的黑人。一枚催泪弹正巧落在他俩身边，释放出刺鼻的白色浓烟，熏得他俩眼泪直流。

怎么办？说时迟那时快，老赵拽着郑达庸跑向使馆的汽车，打开车门还未坐定，车子已冲了出去。这时有黑人追上来砸后备厢，老赵见岔路急忙转弯驶入小道，加速向使馆开去。郑达庸有生第一次经历这个场面，十分手足无措。司机老赵出身贫寒，从小在车行打工，曾给韦国清上将开车。他平时言语不多，但临危不乱，关键时刻机敏果断，使二人脱离险境。

苏丹内乱问题由来已久，除政治分歧外，经济利益和部族积怨也是动荡的原因。南北战事持续多年，南苏丹共和国最终于2011年宣告独立。郑达庸曾在苏丹工作过6年，逐渐对此情景习以为常，并从老同志和当地人那里学到了许多维护自身和使馆安全的好办法。

周总理访问苏丹

1963年12月至1964年2月，周恩来总理和陈毅副总理出访非洲多国，首次提出中国同阿拉伯国家和非洲国家相互关系的五项原则，以及中国对外援助的"八项原则"。苏丹是周总理访非的第8个国家，苏丹官方做了热情的接待。周总理和苏丹元首举行了会谈，之后代表团还参观了苏丹的产棉区。代表团离开时，苏丹百姓夹道欢送，周总理站在敞篷车上向群众挥手致意。

周总理在苏丹等非洲国家享有崇高的声誉。20世纪50年代，郑达庸参加亚非人民团结大会工作，在开罗街头听到埃及百姓高呼："周恩来！周恩来！"20世纪60年代，上海杂技团到苏丹访问演出，喀土穆商业街两旁的行人驻足招手。人群高喊："周恩来！周恩来！"在亚非人民心目中，周恩来就代表着新中国，周恩来的形象就是新中国的形象。他的名字超越了国界，跨越了亚洲，回响在非洲城市的上空。

周总理和陈老总来访是使馆的头等大事，全体馆员出动，轮流值班去机场看守总理的专机。周总理和陈毅副总理住在共和国宫，郑达庸作为联络员住在宫里，随时同接待方保持联系，那几夜他基本没合眼睡觉。

双方领导人举行会谈时，对方讲阿拉伯语，由郑达庸担任翻译。郑达庸心中有些忐忑，平时做事务性的、生活方面的翻译尚可，做政治会谈翻译心里却没底。"蜀中无大将，廖化作先锋"，他只能硬着头皮上。

两方领导人会谈时他紧张极了，总理说的话听得清楚，阿布德将军讲官方阿语也能听懂，可是当阿布德将军激动起来，语速很快还夹着土语时，他脑中一片空白，鬓角的汗水不断地往下淌。之前从来没有给国家领导人当过翻译的他，既无实战经验也无应变技巧，更不敢要求对方再说一遍，出现了翻译冷场的局面，这可怎么办？

正在此时，总理的随团翻译冀朝铸同志坐了过来，用英语翻译帮他解了围。郑达庸顿时脸涨得通红，没有完成任务，羞愧难忍，心中甚感不安。会谈结束后，他认真总结了这次的失误和不足，暗下决心，一定要苦练内功、增加实战经验，不辜负国家的重托。

时间过了午夜12点，共和国宫二楼有一个房间尚未熄灯，那是周总理的卧室。总理离开北京近20天了，旅途劳顿，每天会谈、参观，深夜仍阅读文件、思考工作。我方警卫人员昼夜值班。

第二天天刚蒙蒙亮，尼罗河一片寂静，河水缓缓地向北流去，大地还在沉睡，此时是清晨4点。值班人员看见总理已站在走廊里，身披中山装，面向尼罗河，活动着手臂。警卫立即走上前去说："我们去叫醒陈老总吧。"总理赶忙阻止，轻声地说："让他多睡会儿吧。"短短一句话，包含了多么深厚的革命情谊！总理也只睡了不到4个小时。他严于律己，更体贴入微地关心老战友，这是贯穿总理一生的美德。

这期间还有一件事令郑达庸记忆犹新。那几日，天空万里无云，天气异常炎热，大家身上的衣服一会儿就被汗水浸湿了。馆员们将周总理和陈老总的衣服拿回使馆清洗，发现他们的内衣已经很旧了，陈老总的文化衫上面还有破洞。使馆女同事洗着衣服深情地说："看看，我们的领导还穿着旧得破了洞的衣服。"周总理和陈老总艰苦朴素、勤俭节约的精神无时无刻不激励着馆员们，大家纷纷表示：条件再艰苦，环境再恶劣，也要扎实站稳脚跟，守好我们的外交阵地！

新中国培养了年轻的一代外交官,并把他们派往亚非拉艰苦地区经受锻炼,以使他们增长知识和才干。苏丹是郑达庸从事外交工作的启蒙地,他一干就是6年。这段经历使他开阔了眼界,增长了知识。在这6年中,他不仅看到了苏丹的政治和社会生活,还透过苏丹了解了阿拉伯国家及西方国家的外交。驻外工作是新任外交官学习国际政治和外交业务极具实践意义的生动大课堂。

本文根据郑达庸所著文章《苏丹建馆记——走进世界"火炉"》改编而成。郑达庸,中国前驻北也门、伊拉克、沙特阿拉伯大使。

外交思索

- 苏丹的艰苦环境都体现在哪些方面?我国外交人员是如何克服困难的?
- 面对苏丹南部地区黑人暴动事件,使馆人员是如何应对的?
- 周总理访问苏丹时,郑达庸在翻译过程中出现了怎样的状况,又是如何化解的?这件事给了他怎样的启示?

新中国外交人员登陆南美的艰难足迹

多年后，再次飞越安第斯山脉……

透过飞机舷窗向外望去，上面是浩渺而湛蓝的天空，下面则是绵延起伏的山峦和莽莽林海，其间，时而有团团白云飘过……这就是纵贯南美大陆的安第斯山脉。飞机飞得很平稳，然而，刘静言的内心却难以平静，她看了看坐在身边的丈夫——他头靠在座椅上，仿佛陷入了沉思。

"你在想什么？"刘静言问。

"难忘的4年呀，过得不易！"黄志良感慨道。

第一次来到南美洲的智利，他们历经了外交生涯的酸甜苦辣。那是20世纪60年代，新中国虽然已与众多亚非欧国家先后建立了邦交，但与这遥远美洲的关系依然处于寒冬季节。被称作"美国后院"的拉丁美洲，除古巴外，在新中国的外交版图上还是一片陌生的、未曾开垦的处女地。直到1964年春天冰雪消融的迹象才得以出现，智利政府同意我国在其首都建立商务代表处，在当时这的确称得上又一次外交突破。

商务代表处由外交部美大司副司长林平同志出任代表，黄志良夫妇也被列入了"先遣队"成员的名单，而且他俩是6名人员中仅有的能讲西班牙语的年轻干部。此时的拉丁美洲，刚刚发生了我国9名工作人员遭巴西军政府诬陷而被捕入狱的事件，弥漫着一片白色恐怖，政治局势波谲云诡，这更增加了我们登陆南美的困难。

1968年，当在那个遥远的国度送走了第4个春天时，刘静言怀上了第二个孩子。领导批准他们夫妇提前回国。长期工作在这样一条特殊战线上，他们多么向往有朝一日回到祖国的怀抱，能自由自在地在大街上行走！想到很快就可以与留在国内的孩子和亲人团聚，他们的心情自然十分激动。

就在他们怀着回家的喜悦，在航空公司预定好了回国机票，即将踏上归途的前夕，却收到了一封神秘来信。来信以深谙内情的口吻吹捧了一通他们的才干和学识，鼓动他们"当机立断""投奔自由世界"。信是用中文写的，但署名却是"你们的美国朋友"，最后一句话是："我们将在你们途经的阿根廷首都国际机场接应。"

"狡诈的敌特分子嗅觉真灵，又出手了，怕是来者不善呀！"看完信，黄志良皱了皱眉头说。

"他们什么事干不出来？恐怕不只是说说，我们不可掉以轻心，要有所准备。"刘静言下意识地摸了摸隆起的肚子，不免有几分担心。

根据几年来和这伙人较量的经验，他们预感到此事非同小可，便立即将这一突发情况报告了商务代表处的领导老林同志。领导考虑的结果是，刘静言的身体状况已不能久等，回国的计划不便更改，但为了迷惑敌特和摆脱跟踪，他们决定临时更改行期与航班，来个出其不意！

就这样，到了离预定行期还有三天时，他们突然通知法国航空公司更换机票，提前到当天下午就走。他们临行时，老林紧握着他们的手，一再叮咛路上要多加小心。

飞机飞行了大约两小时，越过了险峻的安第斯山脉，进入了阿根廷领空。"就要进入阿根廷国境了，这可是那封信里指定的'接头'地点，咱们要加倍小心了。"刘静言低声提醒。

其实，从登机那一刻起，他们最担心的正是与"那封信"有关的各种可能。在当时南美的外交棋局上，台湾当局显然还占着绝对优势：台湾"大使馆"遍布拉美的13个国家，敌特势力盘根错节，兼有美国情报部门配合和撑腰；而中国商务代表处在智利只是个不受外交特权保护的非官方机构，我工作人员是带着"赤色标记"的"中共人员"，从一开始便成了美国和台湾当局谍报部门监视和追猎的目标。

几年来，敌特通过各种手段和渠道，无孔不入地对商务代表处的工作人员进行跟踪和策反——安放窃听器，外出跟踪……当年在南美举办第一个国庆招待会时，敌特就散发了大量假请帖进行破坏，是商务代表处的开拓者们进行一次次针锋相对的斗争，才挫败了他们的各种挑衅。敌特势力策反我驻外人员的手段更是明目张胆，商务代表处的邮箱里每天都会塞满各种策反材料，敌特势力利用我国内暂时的经济困难和"文化大革命"造成的混乱，煽动我人员"弃暗投明"。对这类材料，我们的同志一般连看也不看就扔进了垃圾桶。商务代表处人员无论到哪里，敌特分子都会如影随形，进行策反骚扰；有时到外地出差，一到旅馆就有人打来策反电话，他们则一概不予理睬。而让黄志良和刘静言感到不安的"那封信"，便是在他们即将离开智利时布下的又一张罗网。

当机舱广播传出"飞机将在布宜诺斯艾利斯国际机场停留两小时，请过境旅客到机场候机室休息"的轻柔女声时，他们心中的那根弦也一下子绷得更紧了，这里就是敌特分子约他们见面的地方！他们内心默默祈祷着这次金蝉脱壳之计能瞒过敌特的耳目，他们能一路平安地返回久违的祖国……

目送其他旅客走下飞机后,黄志良告诉空姐:"因太太身体不适,我们需要留在机舱休息,不下飞机了,请谅解。"那位空姐含笑应允了。

空荡荡的机舱中只剩下了他们两个人。透过舷窗,他们看得见外面,地勤人员正在机场上忙碌,一切似乎都很平静。然而,萦绕心头的阴影却挥之难去。

"请问两位是黄先生和黄太太吗?"身后突然传来一个人的说话声。他们心头一怔,急忙回头看,只见身旁站着一个穿深蓝色西服的中年男子,他脸型瘦削,两眼直勾勾地盯着他们。没等他们回答,那男人躬身递过

来一封信说："黄先生，黄太太，这是你们的朋友写给你们的信，他们已经在下面等候多时。"

果真来了！刘静言与丈夫迅速交换了一下目光，是惊愕，更是彼此提醒沉着应对。

"对不起，你弄错了，我们在这里并没有认识的朋友。"黄志良淡淡地回答来人。

"我想我没有弄错。他们就是前些天给你们写信的朋友，已经在下面恭候你们多时了。这是他们的信，请你们过目。"来人以尽量温和的语气，坚持将信递到他们面前。

"不必看了！"黄志良蔑视地推开他的手，"告诉他们，我们根本没有他们这些朋友，叫他们不要白费力气！"

"他们说是你们的朋友，约好了在这里见面，他们是如约在这里等你们的，务必请二位下去见见面！"来人还在坚持。

"我们已经说过了，那些人不是我们的朋友，我们也不会下去！先生，请你快走吧，不要再纠缠了！"刘静言忍不住冲着那个阴阳怪气的家伙高声说道。接着，夫妻二人都转脸望向舷窗外，不再理睬他。

"你们……真的不肯下去？那我只好如实报告你们的朋友了。"来人的语气中带着几分威胁。片刻沉寂后，他们听见了渐渐远去的脚步声。

"怎么办？你听他那口气，那些人是不会善罢甘休的。"刘静言焦急地对丈夫说。

"只能以不变应万变了，我们无论如何都不能离开飞机。"黄志良答道。

正当他们商量对策时，一位身着法航制服的空姐走进了机舱。他们想不起是否在飞机上见过此人。这位空姐面带寒霜，来到他们面前，用西班牙语大声说："现在飞机在机场停留，任何旅客不得继续留在机舱内，请你们立即下去。"

"哦，明白了，那伙人在变换花招，要逼迫我们下飞机。"黄志良心想。他整理了一下思绪，向那位咄咄逼人的空姐解释道："我已经向另一位空姐说过了，我太太怀孕，身体不适，需要留在飞机上休息。"

然而，对方的回答仍然是冷冰冰的"不行"。

"你们法航就是这样照顾旅客的吗？刚才那位空姐同意我们留在飞机上，你却说不行，这是什么道理？你去把机长叫来，我们要当面跟机长谈，机长有责任保障旅客的安全！我们要找机长！"在黄志良的强烈抗议声中，这位空姐的气焰渐渐低落下去。眼看"驱离机舱"的伎俩无效，此人只得悻悻地离开机舱。

两个回合下来，夫妇二人进一步意识到那伙人不容小觑：他们在南美拥有一个跨国情报网，从黄志良夫妇通知航空公司换票到飞机降落阿根廷机场，总共不过四五个小时，而他们竟能及时掌握情况变化，迅速调整行动；他们还有一个广泛的关系网，可以随时调动各种身份的人员配合行动。此时，夫妇二人也更意识到了自己处境的危险。

"他们要是强行绑架怎么办？说什么也不能让他们把我们带走！"黄志良想到了最坏的情况。这些年国际上曾发生过许多绑架我外交官的事件：设计陷害或打一针麻醉剂后强行架走，然后再伪造一份"反共声明"……

"他们要是强行绑架，我们拼了命也得和他们斗……"刘静言喃喃地说道。

看着怀有身孕的妻子，黄志良内心更多了一份不忍与焦虑。

此时，从机舱入口处又传来了穿皮靴走路的声音，两名全副武装的警察出现在机舱门口。来人的长相像拉美人，他们向机舱内扫了一眼后，便径直向黄志良夫妇走去。

"我们是阿根廷的国际刑警，要查看你们的证件，请出示你们的护照！"

"我们乘坐的是法航的飞机，连阿根廷的机场都没有进，你们凭什么上飞机来查看我们的护照？你们是奉了谁的命令来查的？"

"我们是国际刑警，有权检查你们的证件，快把你们的护照交出来！"

"不行，你们无权这样做！你们去把机长找来，我们要问问机长，你们到底是些什么人？想要干什么？"黄志良高声说。

看着面前两名警察凶相毕露，像是要动硬的了，黄志良心里明白：这两名警察是想以检查为名，抢走他们夫妇二人的护照，再以"无合法证件"为由实施拘捕，把他们交给正在下面等着的敌特分子。

"绝不能让他们抢走护照！"这一点刘静言和黄志良都十分清楚。于是，夫妇二人一面和他们理论，坚决不交出护照，一面高声叫着要找机长。

混乱的争吵声终于引起了一些乘务员的注意，他们疑惑地向这边张望并走过来。机舱外，旅客们正三三两两向飞机走来，准备登机……刘静言高兴得心都要跳出来了,旅客们回来了!走在最前面的是刚刚在飞机上结识的一对智利夫妇,此刻他们不正是天上掉下来的救星吗?

"你们看,乘务员和旅客都来了,你们要是再纠缠,我们可要叫喊有人要绑架旅客了!"刘静言大声警告那两名警察。那两个家伙当然也意识到了情势不利,再纠缠下去不会有好结果,于是低声骂了句:"便宜你们了,该死的'赤色分子'!"便匆匆转身从机舱入口处溜了出去。

此时的刘静言,长长出了口气,跌坐在座位上。丈夫回过身来,他俩激动地握住了彼此的手:脱险了,谢天谢地!

经历过这一次惊险的机上对峙后,从阿根廷到巴黎将近 10 小时的飞行途中,飞机多次停歇加油,刘静言和黄志良始终没有离开过机舱,直到抵达巴黎奥里机场,见到了我国驻法国使馆前来迎接他们的同志,这才怀着几乎劫后余生般的喜悦走下了飞机。

半个多世纪过去了,如今的中国与众多拉美国家已成为战略合作伙伴,"美国后院"的世界地缘政治已然改变。作为推动中拉关系的参与者,黄志良夫妇记不清后来又有多少次飞越那莽莽苍苍的安第斯山脉,穿越于大西洋的东西两岸。然而,留在他们记忆深处的却是这一次,它留下的是新中国外交人员登陆南美的艰难足迹。

本文根据刘静言所著文章《飞机上的反特斗争》改编而成。刘静言曾在中国驻智利、古巴、阿根廷、巴西、尼加拉瓜、委内瑞拉等国大使馆任职。

外交思索

- 20 世纪 60 年代,我国在中拉外交棋局上处于不利地位的原因有哪些?
- 我国在智利设立的商务代表处的工作人员在工作中遭遇过哪些困难?
- 黄志良夫妇在回国的过程中遭到了哪些威胁?他们是如何应对的?

武器展览会上的斗智斗勇

1970年5月的一天，我国驻法国大使馆陆海空军武官方文收到了法国火药炸药公司寄来的一封邀请函和5张参观券，该公司邀请他及助手参观将于6月举行的地面武器展览会。

在当时的国际形势下，按照巴黎统筹委员会的规定，西方国家限制成员国向社会主义国家出口武器装备、尖端技术和战略物资；其不得邀请社会主义国家的武官参加涉及武器装备的展览会。因此，这是我国驻法国大使馆武官第一次收到这样的邀请函。

为防止中圈套或上当受骗，武官处给法国火药炸药公司打去电话，询问他们是否向方文武官发出参观萨托里武器展览会的邀请函，对方答复十分肯定，还热情地介绍了展览会的位置、行车的具体路线等情况。

为谨慎起见，方文武官还特地召开会议，就我武官是否接受邀请进行讨论。鉴于当时的国际形势和中法关系情况，会议认为这是法方为改善中法关系的一项善意举措，我方应积极回应。但考虑到这是我武官第一次应邀参加此类活动，因此会议详细研究了可能出现的各种意外情况，最终决定由韩开合和张林初等一行5人前去参会。

他们此行的任务是观察了解法国和其他西方主要国家陆军武器装备的现状和发展动向，尽可能多地收集相关资料，为国内有关单位研发武器装备服务。黄镇大使对此次活动十分重视，再三强调要合法参观、遵守规定、安全第一。

当天下午，阳光明媚。一行人乘车从使馆驻地出发，半个多小时后，在指示牌的指引下，很快来到萨托里武器展览会的正门。几人出示身份证件、邀请函和参观券后，顺利进入展览会。

在展览会上，中方代表细致地参观了一个个展台和实物。张林初对坦克颇有兴趣，便围着法国的AMX-30型主战坦克、德国的"豹"-1型主战坦克和美国新型主战坦克仔细观看。

随后，几人专门来到法国火药炸药公司的展台前，感谢他们的邀请。公司讲解员热情接待并介绍，还提供了许多资料。

他们又继续参观瑞士厄康公司的35毫米双管高射炮。展台工作人员热情、耐心地回答了他们的许多问题，并提供了很多详细资料。后来国内有关单位对他们送回的资料很感兴趣，并于20世纪80年代中期引进了此型高射炮。

接着大家又陆续对其他展台和实物逐一参观，了解情况，索取资料。两个多小时下来，手提袋已装满印刷精美的宣传册。

此时天气突变，眼看就要下雨，韩副武官说："时间不早了，晚上还要出席一个招待会，我们返回使馆吧。"

临行之际，张林初去卫生间，让韩副武官稍等，哪知刚走出来要与之会合时，一辆汽车"嘎"的一声，突然停在面前，挡住了张林初的去路。从车上下来两位持枪宪兵，厉声要求他出示身份证件、邀请函和参观券。虽事发突然，但由于事前已做了充分准备，张林初不慌不忙地拿出身份证件。宪兵一边翻看证件，一边要求他到展览会警察局配合调查。

韩副武官见此情况，快步上前并大声对宪兵说："你们要干什么？我是中国驻法国大使馆副武官，我们是外交官，你们没有权利这样对待我们。"

其中一位宪兵向他们立正并敬礼后说:"我们只是执行命令,请几位到展览会警察局去一下。"

我方受邀而来,正大光明参观,没有任何越轨行为,并且事先设想过各种可能出现的情况。由于早有准备,所以我方一边向他们提出严正抗议,一边落落大方地跟着去警察局,看他们想干什么。

到了警察局,宪兵让我方在客厅里落座,然后去里屋报告。不一会儿,出来一位年轻的上尉军官。他先礼貌问好,并请我方出示身份证件、邀请函和参观券。韩副武官边展示证件边对他说:"我是中国驻法国大使馆副武官,是应法国火药炸药公司的邀请来参观的。参观结束后,你们的人突

然挡住我们的路,不让我们回使馆执行公务,是何道理?"

上尉默默地核对我方的证件,然后一言不发地将其拿回办公室。由于警察局与展厅一样,是用铝合金临时搭建的活动房,隔音较差,因此里屋打电话的声音清晰可辨,有人在向巴黎汇报,说:"中国武官一行人的相关证件都是原件,没有任何伪造迹象。他们是持法国火药炸药公司的邀请函来参观的,看来没有什么特别的意图。"停顿了几分钟,只听汇报的人吃惊地说:"什么?法国火药炸药公司无权向中国武官发出邀请?可这不是中国武官的错……"

通话结束后,韩副武官隐约听见里面在小声商议,但听不清楚说什么。于是,韩副武官利用这个间隙把张林初等召集到一起,小声说:"这件事可能到此结束,他们很快会放我们走,但我们也要做好被扣留的最坏准备。"

于是,韩副武官决定实施B方案:他留下与宪兵们周旋,据理抗议;张林初带领其他几位同志设法返回大使馆,报告情况。

这时,办公室里传出由远及近的脚步声,刚才那位上尉陪着一位陆军准将走来。这位陆军准将身材不高,迈着鸭子步,显得傲气十足。他拿出刚才收走的中方代表的证件,说:"你们是拿着邀请函来参观的,不过那家公司无权邀请你们。"

他将证件还给韩副武官,但韩副武官就是不接,并厉声道:"我们中国外交官从来都是光明正大的,不做不速之客。我们出于友谊才应法国公司的邀请来参观。至于那家公司有没有权邀请我们,那是你们国家的内部事务,与我们无关。在我看来,最好不要把你们内部的矛盾暴露在外国人

面前，就像我们中国有句老话，'家丑不可外扬'……"这通话非常解气，那位准将脸一会儿红一会儿白。

还是年轻上尉机灵，他将证件从准将手中接过，礼貌地对我方说："请各位收好证件。公司的确不应该邀请你们，我们将追查此事。"他刚说到这儿，只见那位准将连招呼都不打，转过身气呼呼地回办公室了。上尉当作没有看见一样，继续礼貌地说："请原谅，你们现在可以回去了。"

众人光明正大受邀而来，收获颇丰，满载而归。

上尉让两位宪兵开车在前面带路，引领他们从展览会旁门驶出。刚出门，我方的车继续前行，宪兵突然加速，将车开到我方车的前面。小唐师傅紧急刹车，但已来不及，"咣"的一声，我方的车撞到了宪兵车的侧面。大家急忙下来查看，双方人员都没有受伤，但宪兵的车后门被撞凹了。张林初抬头一看，对面是一座军营，怪不得宪兵急速将车开到前面，阻止我方前行。宪兵直说对不起，说他们没有带好路。于是，他们的车在前面，我方跟在后面，就这样一直把我方人员送到凡尔赛宫大门。

返回使馆的路上，大家述说着各自的感受。与法国军官斗智斗勇，双方汽车又来了个"亲密接触"，真是惊心动魄。同时，每个人也都收获良多：面对复杂的局面，要冷静处理；要有理、有利、有节；要勇于斗争、善于斗争。

一行人回到使馆后，正向黄镇大使和方文武官汇报时，法国三军参谋部外联局来电话，对下午发生在展览会上的事表示道歉。经请示黄镇大使和方文武官，张林初便通过电话回复："这件事已经过去，相信不会影响两国、两军的关系。"

参展公司无权邀请中国武官参观武器展览会，揭示了法国等西方国家企图遏制中国军工发展的"小算盘"。直到今天，以美国为首的西方国家依然从政治、贸易、科技、军事、舆论方面以及在南海、台湾、香港、新疆等问题上全方位打压、封堵中国，甚至要与中国"脱钩"。但只要一代代中国人坚定信念、共同努力、众志成城、奋发图强，就一定能够排除一切艰难险阻，实现中华民族的伟大复兴！

本文根据张林初所著文章《一场在展览会上的斗争》改编而成。张林初曾任中国驻法国大使馆陆军武官、中国驻意大利大使馆陆海空军武官。

外交思索

- 我方代表去参观武器展览会的主要任务是什么？有何收获？
- 我方代表在参观完展览后发生了什么事？
- 他们是如何解决的？事情的结果如何？

重返联合国的最初岁月

我国是联合国的创始国之一，自中华人民共和国成立之日起，联合国即应恢复中国的合法席位，然而在美国的操纵下，中国的席位一直为台湾当局所窃据。经过长期不懈的努力，1971年10月25日，第26届联大终于通过了恢复我国合法席位、驱逐台湾当局代表的提案。我国政府当即决定派代表团前往联合国接收中国的席位，并参加正在进行的第26届联大。

周恩来等领导人亲自到机场送行

当时，我国在美国没有使馆和任何代表机构，中美两国关系的紧张状态尚未消除，代表团到纽约可谓人生地不熟。这一切为开展工作带来极大的困难，对此代表团成员是有充分估计的。

代表团的人员组成是比较完备的，除了团长、副团长、代表和副代表外，工作人员还包括调研员、翻译、秘书、记者、医生、报务员、厨师、司机、公务员等，共六七十人。

翻译组的几个人要负责所有的口译、笔译工作，包括打字、校对，甚至印刷、装订等，而且必须时刻准备着，一下飞机即开展工作，没有先遣筹备的过程。对于翻译组负责人过家鼎来说，尽管他参加过各种国际会议和出访活动，但执行本次任务是没有先例可寻的，所以必须做充分的准备：各种工具书、字典要带上；十几年的《北京周报》合订本要带上；我国政府历年重要声明的中、英文本要带上；打字机要带上；还要带一些基本的文具用品……在准备过程中，他生怕有一丝疏忽或遗漏，当时真恨不得把北京的翻译机构全部搬去，只有这样才能放心。

然而，远途飞行对行李重量有严格的限制，因此过家鼎不得不对资料和书籍一一检查、落实，尽量多带公用物品，少带私人用品，个人的正式服装只带了两套，最后还是放弃了好几大箱子物资。

11月9日清晨，过家鼎与一部分同志先去机场检查托运的行李。行李的重量确实相当大，厨师们把炒菜用的铁锅、炒勺和切菜用的刀都带上了，公务员把理发工具也带上了。大家都怀着激动和兴奋的心情，准备在十分困难的条件下出色地做好本职工作，为祖国争光。

11月9日上午9点半，代表团全体成员在首都机场整装待发。这是一个庄严的时刻，首都几千名群众敲锣打鼓、手持鲜花前来欢送。周总理同代表团全体成员合影留念，然后一一握手告别。机舱门关了，飞机开始在跑道上徐徐滑行，周恩来等党和国家领导人不断挥手致意，目送飞机离开跑道、飞上天空之后才离去。这样隆重热烈的欢送场面给代表团成员留下了毕生难忘的记忆，同时也使他们每个人深刻地意识到自己肩负的重任。

美国记者早在舱内恭候

中国代表团前往纽约的消息是当时全世界的头号新闻。代表团抵达美国后将成为新闻记者追踪的对象，对此大家是有思想准备的，因此早已拟好团长在机场的讲话稿并印好了书面的英译文，准备下飞机后立即散发。

出乎意料的是，当代表团成员登上班机时，头等舱里早有三位"不速之客"恭候在此。为首的那位年近花甲，是美国哥伦比亚广播公司的电视新闻主持人，名冠全美的沃尔特·克朗凯特。另外两人扛着摄像机。克朗凯特对中国代表团的行踪了如指掌,因此预订了紧靠中国代表团领导的头等舱座位,便于当场进行采访。

团长乔冠华欣然接受了采访,回答了他们提出的问题,内容包括中国对初进联合国的感想,中国对中美关系发展前景的看法,等等。这在当时确实代表着中国政府的重要表态,具有很大的新闻价值。

纽约时间11月11日下午,飞机降落在纽约肯尼迪国际机场。当大批记者蜂拥而至的时候,大概没人注意到沃尔特·克朗凯特的新闻小组已悄悄离去。果然,当晚人们打开电视机的时候,这次飞机上的采访以及中国

代表团抵美的其他镜头，便有声有色地出现在美国以及世界各地的电视荧屏上。

前来机场迎接的有联合国礼宾司司长、纽约市政当局的代表、一些友好国家的驻联合国代表等。一大批爱国华侨也赶到机场，挥动着自制的五星红旗前来欢迎。当然，迎接代表团的不全是鲜花与掌声，也有一批反对派在现场摇旗呐喊，但代表团听不见他们喊的是什么，因为他们的声音早已被欢迎的人声所淹没。

代表团的安置和遭遇的安全问题

中国代表团进驻纽约是中国官方人员首次来到美国开展正式的外交活动。当时，尼克松尚待访华，中美两国之间没有正式的外交关系。在代表团人员离开北京之前，毛泽东主席和周恩来总理亲自接见代表团的部分人员。毛主席把去联合国开展工作和斗争比喻为"不入虎穴，焉得虎子"。周总理谆谆教诲大家要振奋精神，全力以赴地投入联合国的外交斗争，绝不辜负祖国人民的重托。

中国代表团的下榻地点是罗斯福旅馆，与联合国总部只隔两条马路。这是罗马尼亚代表团的朋友根据我方的委托帮忙预订的。每年联大期间，附近的旅馆客房十分紧张，罗马尼亚朋友在接到我方的电报之后，一两天内便订好了旅馆，这在当时是很不容易的。

鉴于中国代表团的处境和纽约的环境，代表团对安全问题是十分重视的。我方将罗斯福旅馆14层的70多个房间全部包了下来，一部分作会客之用，其余每人一间。因为代表团没有专职的警卫人员，所以将负责保卫的任务全部交给了纽约市警方。纽约市政当局对中国代表团的安全十分重视，特派了双倍的武装警察昼夜值班。值班时每班两人，一人面对电梯而坐，监视着每个从 14 层电梯口出来的人，另一人坐在房间里。

代表团的办公室、宿舍和武装警察的值班室紧挨在一起。因此，一天 24 小时的活动全置于他们的监督之下，保密便成了头等大事。为了保证安全，代表团规定从 14 层下楼必须两人同行，出旅馆必须三人同行；为了防止窃照，在卧室里用床单把镜子遮起来；为了防止窃听，从不召开带有实质内容的工作会议，对于有些问题代表团成员在走廊里轻声交换意见，重要内容用文件或写在纸上传达。

常驻代表团工作人员遇害

1972 年 1 月，中国代表团部分成员去巴拿马出席安理会讨论拉美问题的会议。过家鼎作为翻译组的组长一同前往。他刚从巴拿马返回纽约，就获悉发生了工勤人员王锡昌被害的不幸事件。原来，在此前的一个星期六晚上，王锡昌为大家放映电影完毕后回房睡觉，第二天同事们发现他已没有了呼吸，遂将他紧急送往医院。法医对尸体进行了解剖，但仍查不清死因，因此尸体暂存医院冰柜。

这件事惊动了毛泽东主席和周恩来总理。团长乔冠华根据指示写信给美国常驻联合国代表，要求美国有关当局立即进行彻底调查，以查明死因和凶手。美方答应责成纽约当局与中国代表团配合追查凶手。

过了两个多月，中国代表团接到纽约市医院的通知，说王锡昌是喝了含有尼古丁的水引起了神经中枢麻痹而死亡。我方当即取回了一小杯死者的胃液，连同一杯他生前喝过的水，交给信使一并送回国内。国内有关部门的检测结果与美方医院的结论一致。原来是凶手在王锡昌的饮水壶里投入了剧毒尼古丁。幸运的是，凶手没有找到代表团公用的烧水壶。如果凶手将尼古丁投入这个公用的烧水壶里，那么后果将是不堪设想的。尽管我方一再催促美方协助破案，美方也允诺与我方配合，但由于情况复杂，这个问题始终没有得到一个清楚的回答，成了历史之谜。

王锡昌同志被追认为烈士，骨灰被送回国内安葬，追悼会在八宝山隆重举行。外交部领导以及出席第26届联大的部分国内人员均出席了哀悼仪式，向这位年轻的常驻代表团工作人员致以最后的敬意……

第一次出席联大会议就享受极高礼遇

翻译组成员出席第26届联大的首要任务是准备乔冠华团长在联大全体会议上的第一篇发言稿。这是中华人民共和国代表团首次在世界上最大的国际组织——联合国亮相，发言内容将传播到世界的每一个角落。

发言稿是在国内准备的，多达七八千字，是经过周恩来总理亲自修改、毛泽东主席定稿的。代表团在国内已准备好了英文及法文的译稿，到现场后又继续修改完善，最后定稿，打印了300份英文译稿和近100份法文译稿（当时联合国的会员国只有110多个）。

11月中旬，联大早已结束一般性辩论，进入了各项议题的具体讨论。

为了欢迎中国代表团的到达,联合国定于 11 月 15 日举行欢迎大会并让中国代表团致辞。11 月 15 日上午 10 时,中国代表团第一次出现在联合国会议大厅。热烈欢迎的气氛顿时弥漫整个会场,形成本届大会的又一高潮。发言一直持续到下午 6 时,共有 57 个国家的代表向中国代表团致了欢迎词,气氛热烈,盛况空前。

乔冠华团长的发言约 45 分钟。他心平气和地摆事实、讲道理,庄严地阐明了中国政府对重大国际问题的立场:"联合国的事,要由参加联合国的所有国家共同来管,不允许超级大国操纵和垄断。中国现在不做、将来也永远不做侵略、颠覆、控制、干涉和欺负别人的超级大国。根据联合

国宪章的宗旨，联合国应当在维护国际和平、反对侵略和干涉、发展各国之间的友好合作关系方面发挥应有的作用。我们将同一切爱好和平、主持正义的国家和人民站在一起，为维护各国的民族独立和国家主权，为维护国际和平、促进人类进步事业而共同努力。"

发言结束后，几十个国家的代表走到讲台前与乔冠华团长握手，表示祝贺，这样的礼遇超过了任何国家在一般性辩论发言后所受到的礼遇。会前所印制的文稿在会上散发时被一抢而空，代表团成员不得不赶回旅馆重新打印，会后继续散发（当时没有复印机，需要重新打印蜡纸，再一份一份地油印出来）。

在联大所目睹的热烈感人场面，使代表团成员亲身体会到中国国际地位的提高。同时，代表团成员看到自己翻译和打印的文稿受到这么多国家代表的重视和欢迎、产生这么大的影响，深感这是对大家劳动的最大回报。兴奋之余，他们忘掉了这段时期以来经常彻夜不眠、连续工作的疲劳。

中文翻译被提到突出地位

联合国秘书处有一个庞大的翻译机构，主要分笔译和口译两大部门。中文笔译人员有100多人（包括中文打字员），中文口译人员20余人，全部是当地华人。这些人都是第一次与中国代表团的人员接触，虽然大部分均有爱国之心，但对祖国的情况不了解，有的受西方宣传的影响或因同台湾当局官方人员的关系，对中国代表团的人员心存疑虑。

中国代表团抵达纽约后，乔冠华团长和陈楚大使及时召集全体中文翻译人员，向他们郑重宣布：中国代表团十分重视中文翻译工作，主张将中文翻译人员一个不少地留下来，保留原来的职位，希望他们坚守岗位，做好本职工作，为祖国增光。此番表态使中文翻译人员倍受鼓舞，也为联合国的中文工作开创了崭新的局面。

在联合国恢复中国合法席位之前，中文虽然也是联合国的正式语言，但实际上并不受重视。台湾当局的代表不使用中文，致使译好的中文文件往往失去时效，有的成了一堆废纸。中文口译人员由于无人收听他们的翻译，因而有时在工作期间关掉麦克风，在口译厢里聊天。

中华人民共和国的代表出席联合国的各种会议均使用中文。从此，在联合国秘书处中文的地位凸显，中文的笔译、口译人员被刮目相看，深感身价倍增，个个情绪高涨。与此同时，他们也感到了工作上的压力，因为人们对联合国笔译、口译的要求提高了，那种敷衍马虎、不求进取的日子一去不复返了。

联合国秘书处翻译人员全部都是在美国的华人，有的来自我国香港、台湾，有的祖籍虽在大陆，但由于新中国成立后中美两国之间的隔绝，与大陆几乎失去了联系。他们中，一部分人已近退休年龄，一部分人是联合国刚从美国或我国的香港、台湾招来的年轻人。在翻译方面，他们都没有接受过正规训练，特别是在同声传译方面，对大陆的语言很不熟悉。因此，联合国急需从中国大陆招募一批青年人来充实翻译队伍。

然而，同声传译是一项专门技术，在中国尚属空白，无处招聘，怎么办？当时，联合国主管人事的副秘书长加拿大人戴维逊对中国十分友好，很关心中文的翻译工作。戴维逊主动建议,由联合国出资,请中国的外语学校帮助联合国培养一批口译人才。这项协议付诸实施后,连续十余年,北京外国语学院培养了一批批同声传译人才,充实到联合国的中文翻译队伍中来。

随着中国国力日益增强以及在国际舞台上愈加活跃,将来会有越来越多的青年人成为"国际组织人才",代表中国在国际组织中贡献力量,为人类福祉和可持续发展而奋斗。面临新世纪的重大挑战,青年朋友们任重而道远!

本文根据《进入联合国的最初岁月》改编而成。作者 过家鼎 ,资深翻译家,中国前驻马耳他、葡萄牙大使。

外交思索

- 中国代表团初到美国,为了做好保密工作,采取了哪些措施?
- 中国代表团第一次出席联大会议的反响如何?
- 中文翻译在联合国为何被提到了突出地位?

基辛格秘密访华背后

基辛格堪称20世纪70年代的风云人物,他在实现中美关系突破中所起到的穿针引线的作用至今让人津津乐道。很巧的是,中国前驻马来西亚兼文莱大使、中国前驻泰国大使金桂华当时正在外交部新闻司工作,得以从侧面见证基辛格的中国之行。

爆炸性新闻被扔进废纸篓里

基辛格是悄悄来到中国进行访问的,这是他外交生涯中的传奇时刻。而对一位记者来说,这绝对是其人生中错过的最大的机会。事情是这样的。

1971年春,长期以来处于对抗状态的中美关系正在酝酿着重大变化,双方都在寻找一个合适的突破口。恰逢第31届世界乒乓球锦标赛即将在日本举行,应日本乒乓球协会的邀请,我方经过审慎研判,最终决定派代表团赴日参赛。比赛期间,中国运动员庄则栋与美国运动员科恩之间的友好接触引起了世界的广泛关注。得知此消息后,毛泽东主席、周恩来总理抓住时机,果断决策,邀请美国乒乓球队访华,"以小球转动大球",打开了中美人民友谊的大门。

由于有了"乒乓外交"做铺垫,中美双方都更进一步认识到对方的态度,决定将关系向前大踏步推进。1971年5月31日,我方请巴基斯坦总统叶海亚·汗转告美国总统尼克松:毛主席表示,他欢迎尼克松总统来访。周总理则欢迎基辛格博士来华进行一次秘密的预备性会谈,为尼克松总统访华做准备工作,时间可定在6月15日到20日之间。

6月2日晚,基辛格把上述备忘录交给了尼克松,他们十分激动。尼克松看后兴奋地说:"这是第二次世界大战以来美国总统所收到的最重要的信件。"尼克松马上取来陈年白兰地,破例同基辛格干杯庆贺。

6月4日,尼克松回信表示,感谢欢迎他访华,并说由于时间短促,以及要为基辛格的旅行找个借口,建议基辛格于7月9日到北京,11日离开。基辛格将从巴基斯坦乘波音707飞机由首都伊斯兰堡直飞北京。

6月11日,周总理回信表示同意。

于是,在叶海亚·汗总统的热情帮助下,经过精心安排,基辛格于7月1日开始了他的秘密行动。为了转移人们的视线,白宫新闻秘书在例会上宣布:"尼克松总统即将派基辛格博士于7月2日至5日到越南南方执行调查事实的任务,随即到巴黎同戴维·布鲁斯磋商。在基辛格赴巴黎途中,

他将同泰国、印度和巴基斯坦的官员们会谈。"

烟幕弹放完了,就轮到基辛格装肚子痛了。在7月8日的晚宴上,叶海亚·汗总统特意高声宣布"伊斯兰堡天气太热,影响基辛格的健康,请他去那蒂亚加利的总统别墅休养",以摆脱记者们的追踪。而另外一边则是暗度陈仓,次日凌晨,基辛格偷偷地戴上墨镜和帽子去了机场,在工作人员的陪同下直飞北京。

但事有凑巧,在机场,基辛格还是被一位英国记者碰到了。那位记者很惊讶:"这是基辛格吧,怎么去中国了?"于是,该记者马上发了一个紧急电报回总社,说基辛格要去中国。可惜的是,值班编辑看了这个消息,却一边把稿子扔进废纸篓里,一边骂这位记者简直疯了,"基辛格怎么可能访问中国呢?"

到后来,事情大白于天下,那位记者很懊恼,因为对他来说,这样轰动世界的"独家新闻",一辈子也未必能遇到一次,却被扔进了废纸篓里。但对中美来说,这却是福气,双方得以在安静的环境下洽谈并最终打开局面,实现了尼克松总统的"破冰之旅"。

因错过大新闻而得了阑尾炎

同样感到郁闷的,还有一位美国记者。

当时,为了给中美关系的突破做舆论准备,外交部新闻司陆续报总理批准,请来了几位大人物,第一位被邀请的是美国《纽约时报》的副社长兼专栏作家詹姆斯·赖斯顿。当时金桂华全程陪同。

很巧，赖斯顿是7月8日到的广州，这意味着他很可能会与基辛格"撞车"。出于保密需要，外交部领导当天晚上通知金桂华，务必让赖斯顿在广州滞留几天，别急着飞往北京，拖到10日再坐火车来。

虽然金桂华并不知情，但还是很尽职地拖住了赖斯顿。等赖斯顿到北京时，基辛格已经走了。根据周总理的指示，这时新闻司司长才利用一次喝茶的机会告诉他基辛格来了中国，而中美已就尼克松访华达成一致意见。赖斯顿当时就愣住了，好大一会儿没说出话来。后来他告诉金桂华，这就像一颗大炸弹一样落下来。当晚赖斯顿便急性阑尾炎发作，被送到医院做了手术。赖斯顿后来回忆说："基辛格访华的消息既震动了我，也震动了我的阑尾。"

有意思的是，由于一位年轻的中国针灸师为他成功解除了术后不适症状，回国后，赖斯顿开始对中药和针灸大加宣传，使北美开始重视中药和针灸，一股"中医热"就从尼克松访华后开始了。

而更多事实的真相在几十年后才真正浮出水面。金桂华当时在中国常驻联合国代表团工作，一次我国大使邀请基辛格夫妇吃晚饭，金桂华也应邀作陪，坐在基辛格右边。闲谈中，大家聊起了1971年7月基辛格秘密访华的经历，也讲起了赖斯顿的事。

没想到的是，"提防"赖斯顿的不仅是我们。基辛格告诉金桂华说，他在巴基斯坦的时候，尼克松曾给他发过一个急电，让他赶紧去中国驻巴基斯坦大使馆，告诉中国人，赖斯顿要访问中国了，让中国人提高警惕，一定不能让赖斯顿知道他即将秘密访问中国。基辛格倒显得很冷静，马上回复一个电报对尼克松说:"不能那么做,那么做是很不聪明的,要相信中国人一定能够处理好这件事情。"基辛格笑着对金桂华说:"那个时候如果冒冒失失去中国驻巴基斯坦大使馆,中国大使馆是不会让我进大门的。"

  中美关系的背后充满了戏剧性。历史有偶然的一面也有其必然的一面,而必然的一面则是两个大国为了共同的战略利益走向对方,探寻合作发展之路。

本文根据《基辛格秘密访华背后 错过爆炸性新闻的两名记者》改编而成。作者 金桂华 ,中国前驻马来西亚兼文莱大使、泰国大使。

✏️ 外交思索

- 基辛格秘密来华访问,是为谁的来访"打前站"?
- 经过怎样周密的安排,基辛格登上了飞往北京的飞机?

尼克松访华：
媒体工作中的多个"第一"

20世纪60年代末，随着国际局势的变化，中美两国关系出现了改善的局面。1971年，美国国务卿基辛格第一次秘密访华，代表着中美两国的关系日趋缓和。经过多次前期磋商和精心准备，1972年2月21日至28日，美国总统尼克松正式开启了访华行程，这一周也被称为"改变世界的一周"。中国前驻巴巴多斯兼安提瓜和巴布达大使江承宗当时在外交部新闻司记者工作处任副处长，参与了对美国记者的全程接待工作，亲身经历了许多个让人终生难忘的"第一"。

近200名记者

在为美国总统访华做筹备工作的过程中，美国白宫新闻办公室向我方提出，美国将会有1000名记者来华进行采访。当时北京能够接待外宾的旅馆只有北京饭店、民族饭店、新侨饭店，我方表示北京的旅馆房间不够。美方说，那么800人呢？我方说也不行，最后确定为将近200人。这是我方经过调查研究后才同意的。这也是新中国成立以来接待来华外国记者最多的一次。

"新闻中心"

经商定，我方将民族饭店腾空，给美国记者居住。此外，为了给美国记者的工作提供便利，我方又将位于民族文化宫西面的大厅腾出，作为"新闻中心"，这也是第一次。"新闻中心"大厅两旁装配了电话、电报设备，大厅中间摆放着桌椅，记者可随时到那里写稿和发稿。大厅前端的舞台上摆着小桌椅，记者可以买咖啡、饮料和点心。"新闻中心"24 小时开放。在当年的条件下，提供这样的人性化服务也是第一次。

"记者招待会"

第一次"记者招待会"是访问开始前两天在"新闻中心"举行的。外交部新闻司司长对美国和其他国家记者的到来表示了欢迎之意，并表示愿意向记者们提供方便和协助。然后一位处长介绍了"新闻中心"的设施和服务，并表示将为他们配备陪同兼翻译。记者们热烈鼓掌表示满意。这次"记者招待会"没有现在人们常见的新闻性问答。

"三线"采访阵容

尼克松总统到达北京机场（首都机场老机场）时，我国对中外记者采访的安排共分为三线：一线为近身采访，约 10 名记者，主要为文字记者和少量摄影记者；二线采访阵容包括电视台记者、其他摄影记者和文字记者共数百人，他们位于停机坪边上搭的一长排木架上；三线记者是在机场旅客候机厅外面的阳台上工作的美国电视实况转播记者。这场活动的安排规模之大、分工之细也是空前的。

设立地面卫星站

这是在我国第一次设立地面卫星站。当时我国尚没有这种技术设备，美方提出，要把他们淘汰下来的一座小型地面卫星站运到我国安装使用，除了供他们代表团使用外，还要供新闻记者发稿，特别是电视实况转播使用。我方经商讨后同意了。为此我方专门在北京机场附近盖了一幢房子，把美方运来的地面卫星站安装在里面。

地面卫星站安装完毕，在运行测试时，懂英语的江承宗被请去，同大洋彼岸的美国技术人员通了电话。当时令他很意外的是，电话里对方说话的声音非常清晰，比当时北京当地的电话声音清晰很多。

电视实况转播

美国记者向美国国内进行了电视实况转播，这在我国也是第一次。江承宗当时就在候机厅外面的阳台上照料三线记者。12年后，他奉调到我国驻美国大使馆工作，同美国朋友谈起尼克松总统访华的情景，他们都对机场迎接、人民大会堂的国宴场面等印象深刻。更令江大使惊讶的是，许多人知道茅台酒。原来他们当时都看了电视实况转播，美国电视台对周恩来总理在国宴上祝酒用的茅台酒进行了专门的介绍，他们才知道了"Mao Tai"。

外国元首为军乐队祝酒

周恩来总理在人民大会堂举行国宴，招待尼克松总统，江承宗陪同部分美国记者也出席了。他们的席位在最后一排，紧挨着军乐队。军乐队除了在双方祝酒时演奏中美两国国歌外，席间还演奏一些轻音乐助兴，除中外流行乐曲外，还特意奏了一首美国民歌《美丽的亚美利加》。尼克松听了特别高兴，并在宴会结束时举着酒杯，从大厅前排主桌一直走到后排军乐队前，为他们祝酒，表示谢意。全场宾客为之欢欣鼓舞。美国记者抢着拍照，随后进行了报道。

新闻被别国抢先报道

尼克松总统上午到达北京，出人意料的是，毛泽东主席下午就在中南海会见了他。毛主席会见尼克松总统的消息，按理说本应由美国记者先发报道，却被常驻北京的其他外国记者抢先报道了。这引起了美国记者的不

满，因为外国记者每年在国际上要评比谁报道的重大新闻最先、最多。

怎么会发生这种事呢？原来，驻京的外国记者特别精明，他们熟悉北京的情况。尼克松一到北京，他们就联合派人在中南海门口蹲点，一见总统车队开进中南海，就知道毛主席要会见尼克松，立即进行了报道。而毛主席会见宾客时，除新华社摄影记者外，一般是不安排外国记者现场采访的。周总理同外国领导人会面、会谈都是在人民大会堂进行的。这可能是美国记者随团采访其国家元首活动第一次没有争到"第一"。

为了在某种程度上做弥补，尼克松访华结束前，双方发表《上海公报》时，中方特意让总统顾问基辛格于当日下午先举行记者招待会发布此消息。只见美国记者一拿到分发的公报稿就立即纷纷跑出会议大厅，奔向设有发电报设施的另一幢大楼，赶着发新闻稿去了。我方则在当晚的《新闻联播》节目中公布了关于《上海公报》发表的消息。

"捉迷藏游戏"

在杭州期间有一项活动，是周总理和尼克松总统种植美方赠送的红杉树。由于两位领导人住在不同的地方，外事办公室事先安排得不够周密，那一天两位领导人的车队都找不到种树的确切会合地点。那时又没有手机，车队转了几圈才找到了会合地点，两位领导人完成了种树仪式。事后，美国记者在报道中戏称，周总理和尼克松总统玩了一场"捉迷藏游戏"。这是两国领导人第一次"玩这种游戏"。

中国新闻代表访美

总统尼克松的访华很成功，他此行被誉为"破冰之旅"，双方还发表了《上海公报》。美国记者做了大量正面的报道，我们的接待工作也是顺利的。美国新闻界为了感谢中方新闻界同行的配合与协作，以美国新闻媒体主编协会的名义，特地邀请中国新闻代表团于1973年访问美国。江大使有幸成为第一次访问美国的中国新闻代表团的一员。

时光飞逝，虽然距尼克松访华已经过去半个世纪，但接待尼克松访华随团记者工作中的多个"第一"，依然恍如昨日般深深印刻在江承宗大使的脑海中，见证着新中国外交事业的突破与发展。如今，正值实现中华民族伟大复兴的关键时期，期待祖国未来的建设者们努力学习，继承并发扬老一辈外交人的精神智慧，勇担时代重任，共创美好未来。

本文根据江承宗所著文章《尼克松访华 媒体工作中的多个"第一"》改编而成。江承宗，中国前驻巴巴多斯兼安提瓜和巴布达大使。

外交思索

- 尼克松访华中有哪些"第一"？
- 此次尼克松访华的一周被称为"改变世界的一周"，对中美关系有何积极影响？

亲历英国女王访华

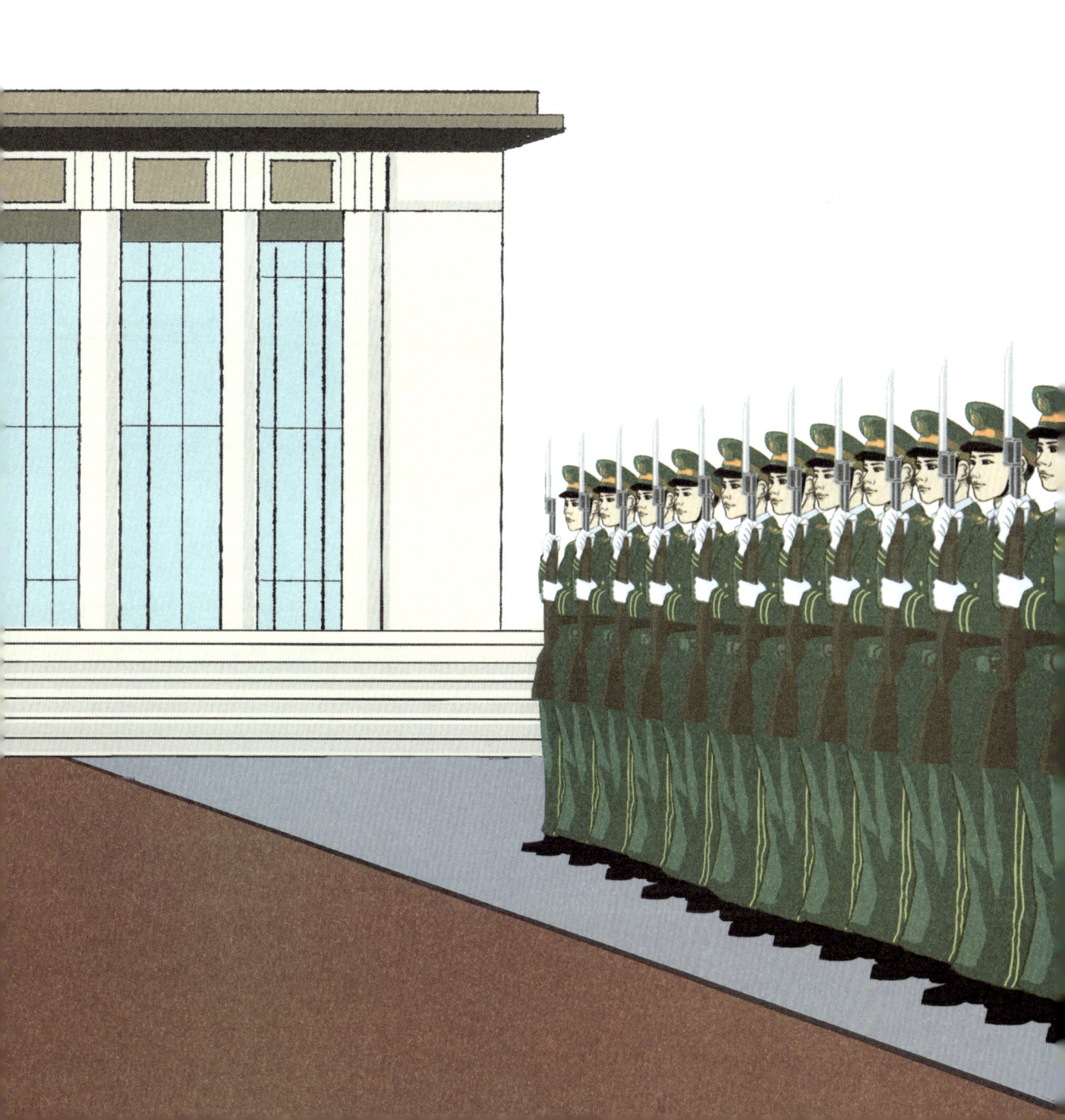

1984年12月，中英两国政府签署了关于香港问题的联合声明，清除了两国关系中最大也是最后的障碍，开启了中英关系友好发展的新篇章。1986年，英国女王伊丽莎白二世对中国进行国事访问，这是历史上英国君主对中国的第一次访问。资深外交官王义浩大使当时正担任外交部西欧司英国处处长，全程经历了中英关系史上的这一盛事。

女王出访礼仪多

女王出访是一件隆重的事情。英方提出，女王将乘坐专机BAE146来华，还要动用有"流动王宫"之称的皇家游艇"不列颠尼亚"号。这是一艘设施完备的豪华轮船，女王曾乘坐它出国访问600多次。随同女王来访的队伍庞大，除她的夫君菲利普亲王外，还有英国外交大臣及其夫人、王室成员16人，以及女王的私人秘书和新闻秘书，加上总管、侍从、医官、服装师、美容师、司库、女佣、男仆等照料女王生活起居的20人。此外，还有皇家游艇的护卫舰上的乐队、官兵和其他王室服务人员600余人。

在讨论访问细节的过程中，英方还向我方通报了一系列希望注意的事项，如觐见女王时，握手不可太用力；女王不接受商业公司和机构馈赠礼品，以免日后被做广告宣传之用等。双方商定了日程：女王先乘专机飞抵北京，然后到西安和上海访问，再去昆明和广州参观，在广州结束参观后换坐皇家游艇去香港。

中英关系里程碑

1986年10月12日上午,中国国家主席李先念在北京人民大会堂东门外举行盛大仪式,热情欢迎英国女王伊丽莎白二世和菲利普亲王来华访问。仪式结束后,两国元首进行了礼节性会见。

欢迎宴会上,李先念主席称伊丽莎白女王的访问是"中英关系史上的一个重要里程碑",将有力推动两国关系的深化和两国人民友谊的进一步发展。中英两国在维护世界和平事业以及通过全面贯彻《中英联合声明》以维护香港的稳定和繁荣等方面都有着共同的利益和责任。

伊丽莎白女王表示,到中国来访问是她的一个夙愿,她一直热切地期待进行这次访问。现在亲眼见到后,她感到中国的实际情况比用文字所描绘的要好得多。

女王还追溯了中英两国交往的历史。她回忆道:"大约390年以前,我的祖先伊丽莎白一世给万历皇帝写信,表示希望英中之间的贸易能够得到发展。可惜送信的信使途中遇险,所以那封信就一直没能送到。"接着,她风趣地说:"幸运的是1602年以来邮政事业已经进步,您邀请我们到这里来的信件平安地送到了,而且接受这一邀请给了我们极大的快乐。"她当场把当年伊丽莎白一世写给明朝万历皇帝的那封信的复印件送给李先念主席作为纪念。

邓小平谈笑风生

女王访华期间,时任中共中央顾问委员会主任的邓小平在钓鱼台国宾馆会见并设午宴款待了女王和她的丈夫菲利普亲王。邓小平特意走到古色古香的庭院中欢迎女王一行。他笑容满面，握着女王的手说："能请你们来很高兴，请接受一位中国老人对您的欢迎和敬意。"

邓小平热情款待客人，席间谈笑风生。他妙趣横生地说："北京天气太干燥了，要改变一下，能借一点伦敦的雾就好了。"菲利普亲王解释说："雾是英国工业革命的产物，现在伦敦已经没有雾了。"邓小平说："那就借点雨，雨比雾更好。"菲利普亲王接过话来说："那你们也可以借点阳光给我们。"说罢大家哈哈一笑，宾主之间的生疏感顿消。

邓小平对女王说："以前香港问题是一个阴影，笼罩在两国的头上，现在这个阴影消除了，我们对双方的合作和两国人民之间的友好感到前景光明。"女王事后回忆说，邓小平虽年事已高，但思维如此敏捷，充满活力，给她留下了非常深刻的印象。

活动中还有一段小插曲。大家都知道邓小平的烟瘾很大，平时会见客人谈话时会不断地吸烟，几乎一支接一支。他得知女王不吸烟，于是在整个会见宴请期间居然未吸一支烟，表现出了极大的自制力，这令客人十分感动。女王在访问后写给邓小平的感谢信中特别提到此事。她写道："但愿未吸一支烟没有使您太难受！实际上我们不会介意的，但仍感谢您的好意。"

女王见证历史

访华期间，女王夫妇参观了气势宏伟的北京故宫，戴上眼镜仔细观赏了当年从英伦三岛远渡重洋来到东方的古老自鸣钟和天文仪器。他们还登上了万里长城，互相为对方拍照留念。他们为西安秦兵马俑庄严威武的队伍而震撼，为江南园林的秀丽而陶醉。他们还参访了黄浦江畔的儿童乐园，在云南和美丽热情的少数民族姑娘合影。

访问结束时，女王给李先念主席亲笔写了封感谢信，信中说："我们所到之处都能感受到贵国的深情厚谊，中国处处展现着发展活力和勃勃生机，让我们非常欣喜。"她还表示，"希望这种良好关系能继续下去并得到发展。毫无疑问，这次访问已在英国国内引起了人们的极大关注。我相信，这将有助于两国政府认识到未来建立更密切关系的潜力。"告别时，李先念主席对女王说，这次访问"在中英关系史上写下了重要的一章，必将对两国和两国人民之间友好关系的进一步发展产生深远影响"。

这次访问在国际上也引起了强烈的反响。中英关系经历一百多年的风风雨雨，英国把香港交还中国，英国君主来华访问，是20世纪极具象征意义的重要事件。

本文根据王义浩所撰写文章《中英关系的一大盛事——记英国伊丽莎白二世女王对中国的访问》改编而成。王义浩，中国前驻博茨瓦纳大使。

外交思索

- 此次英国女王来访，对发展中英两国关系有什么重要意义？

日本天皇首次访华

1992年9月是中日邦交正常化20周年,应中国国家主席杨尚昆的邀请,1992年10月23日至28日,日本明仁天皇偕皇后美智子对中国进行友好访问,受到中国政府和人民的热情欢迎和隆重接待。经过中日双方的共同努力,访问富有成果,双方都感到满意。

　　日本战后宪法规定,天皇出访的对象国需由日本政府选择和决定。这种访问往往反映了两国关系发展的水平。明仁天皇夫妇在中日邦交正常化20周年之际对中国进行访问,在2000多年的中日交流史上首开了天皇访华纪录,意义非同寻常,说明中日自1972年实现邦交正常化后,两国关系有了长足的发展,进入了一个新时期。

　　时任外交部礼宾司代司长的鲁培新直接参与了日本天皇访华期间的接待工作,他自始至终都随同访问,因此感触颇多。尽管礼宾接待工作十分繁重,他仍旧笔耕不辍,以简练自然的笔触,真实地记录下了日本天皇访华期间的珍贵历史瞬间。

以史为鉴　深感痛心

　　天皇和皇后抵京当晚,杨尚昆主席在人民大会堂举行了盛大国宴,欢迎天皇访华。宴会开始前,天皇和皇后会见了约30位对中日友好作出贡献的中方人士。他们当中,有自中日邦交正常化以来的历任中国驻日本大使,有与日本各界有交往的中国文化、艺术、科技、经贸等领域的知名人士。天皇与他们一一握手,不时停下来,和他们中的一些人谈上几句。天皇对他们说:"各位都是中日友好关系史的见证人,20年来中日关系的顺利发展渗透着各位的心血。"他对大家表示了崇高的敬意和深深的感谢。

宴会上，杨尚昆主席首先发表讲话："中华民族和日本民族都是伟大的民族。勤劳和智慧的两国人民在长期的友好往来中互相学习、互相帮助，结下了深厚的友谊，为人类的文明作出了可贵的贡献。令人遗憾的是，在近代史上，中日关系有过一段不幸的时期，使中国人民蒙受了巨大的灾难。'前事不忘，后事之师'，牢记历史教训符合两国人民的根本利益。"

明仁天皇在讲话中首先提到了遣隋使和遣唐使，强调了中国文化对日本的深刻影响，说日本国民长期以来一直对中国的文化怀着深深的敬意，很有亲近感。明仁天皇还谈及自己受中国文化熏陶的情况，说他从小就读过李白的诗，对《三国志》也颇感兴趣。

讲话中，明仁天皇就日本侵华史郑重表示："在两国关系悠久的历史上，曾经有过一段不幸时期，我国给中国人民带来了深重的苦难，我对此深感痛心。战争结束后，我国国民基于不再重演这种战争的深刻反省，下定决心，走和平国家的道路，开始国家的复兴。"

破例接待　深受感动

20世纪80年代初，我国外交部对国宾访华的接待进行了一系列的礼宾改革，其中重要的一项就是取消机场及钓鱼台国宾馆门口的群众欢迎场面。但礼宾接待的安排重在准确反映两国关系的冷热程度。考虑到日本政府作出天皇访华的决定是当届政府对华表示友好的重大决策，又考虑到天皇本人在日本的地位，为做好接待工作，我国政府决定对天皇访华给予破例接待，除按接待国家元首的惯例给予正常的礼遇外，在天皇访问的北京、西安和上海三个城市组织了一些群众欢迎场面，这使天皇深受感动。

抵京当天，当车队行至钓鱼台国宾馆门口时，天皇摇下车窗玻璃，让司机放慢车速，向欢迎群众招手致意。在元首楼前，他要求停车并步行前往，走到欢迎群众面前，同他们握手，还问他们的年龄等。在西安的西大门城墙上，欢迎群众站满了城墙台阶，从城墙平台上望去，场面非常壮观。天皇和皇后十分高兴，不断向群众挥手，久久不愿离去。此前有一个花絮：日方先遣组在西安打前站，当登上西大门城墙时，发现城墙平台顶端较高，而天皇身材不高，考虑到届时城墙脚下有众多欢迎的群众，这样效果不好。陕西省外办的同志提出了一个好办法：命人特制一个较宽的木质台阶，再铺上红地毯，届时请天皇和皇后登上台阶，再向群众招手就没问题了。这个办法得到了日方的称赞。

天皇和皇后被我国群众的热情好客和接待部门的细致周到深深感动，对陪同的陕西省领导同志说："这不仅是对我个人的欢迎，重要的是对日本国民的友好表示。看到这些年轻人，我更感到中日两国人民应世世代代友好下去。"

学者天皇　热衷交流

明仁天皇还是一位造诣颇深的自然科学家、研究海洋生物的学者，在海洋鱼类化石研究领域成果显著，而且特别热衷于相关学科的学术交流。为此，中国政府特意安排了一位科委的领导作为陪同团团长。在整个访问

期间，两位学者经常在一起探讨学术方面的问题。此外，在北京中方还安排天皇参观了中国科学院，天皇同40多位中国科学家欢聚一堂，共叙两国科技合作发展前景。周光召院长致欢迎词时说，20多年来，中国科学院同日本科技界在沙漠、冰川、植物、宇宙线和加速器等许多领域开展了卓有成效的合作,并表示希望天皇的来访将进一步促进中日间的科技交流。

明仁天皇说,回顾科学发展的历史,最重要的一点是,在探讨自然界真理的科学领域,学术交流要超越国界。他希望中日科学家加强交流与合作,为世界科学的发展作出贡献。他向中国科学院赠送了一批书籍,其中包括他参加编著的《日本产鱼类大图鉴》。

在中国科学院,明仁天皇还饶有兴趣地观看了专门为他准备的旧石器、古人类和鱼类化石展览,并见到了古脊椎动物与古人类研究所的张弥曼教授。1986年,明仁天皇还是皇太子的时候,曾邀请张教授介绍中国鳍鱼类的研究情况,从那时起他们一直保持着学术交流,这次参观见到张教授,他格外高兴。

天皇吃蟹　记者扑空

日本天皇访华,是中日关系的重大事件,引起了日本各界,特别是日本新闻媒体的关注,几乎所有电视台、报社都派了大批记者,详细跟踪报道访问中的花絮。一些别有用心的记者还特别注意天皇在华活动的细节,想寻找一些天皇失礼的地方。为避免发生这种情况,日方先后多次派先遣组同我们讨论活动细节,包括天皇和皇后所有的礼仪活动,以做到一丝不苟、万无一失。他们特别要求中国的礼宾官要将礼宾安排的各个详细环节提前向日方通告,内容越细越好,方便他们报告天皇,使天皇有所准备。

日方先遣组发现,天皇访问上海时,欢迎宴会上将有一道为大闸蟹的菜。先遣组提出取消这道菜,原因是日本记者若拍下天皇吃蟹的镜头,则对天皇的形象不利。上海市的同志对先遣组说："请你们放心，我们会采取措施的。"实际上，上海厨师将蟹肉都剔出来，保留蟹盖，天皇吃时，将蟹盖掀开，直接吃蟹肉，根本不用手掰。这个情况，日方事先告诉了天皇。

宴会当天晚上，许多日本电视台记者将镜头对准了天皇，就等着拍天皇吃蟹的画面。结果，天皇从容地打开蟹盖，很轻松地吃了蟹。一群记者扑了空，什么也没拍上，扫兴而去。事后，日方仪典长连连对我们说："天皇非常满意，称赞中国朋友真有办法。"

年号语源　出自中国

日方选择陕西西安作为此次天皇访问的城市之一，有两个原因：一是西安与日本文化的历史渊源息息相关，二是天皇的年号也与西安有关。1992年10月26日，天皇和皇后为缅怀遣唐使的功绩，首先登临了长安旧迹大雁塔，大雁塔对奈良、平安时代的日本文化产生过深远影响。天皇详细询问了大雁塔修建的年代、维修情况，对我国重视文化遗产保护的政策称赞不已。

在参观西安碑林博物馆时，明仁天皇看到自己即位后的年号"平成"的语源，即《开成石经》石刻上的"地平天成"4个字，深感中日关系之源远流长。当馆长解释道"地平即平定洪水，天成即地润而丰"时，天皇还详细地询问了碑林的时代背景，并称："西安的碑林在日本颇有名气，今天能亲临目睹，真是太好了。"

在2000多年的中日交流史上，明仁天皇首开日本天皇访华的纪录，成为当代中日友好交往的一段佳话。虽然明仁天皇已于2019年4月30日退位，但他为推动中日关系发展所作出的贡献将永载史册，并为两国人民所称颂。祝愿一衣带水的友好邻邦能够进一步加强良性互动，妥善处理敏感问题，推动中日关系持续、健康、稳定地向前发展。

本文根据鲁培新所著文章《日本天皇首次访华》改编而成。鲁培新，中国前驻斯洛文尼亚大使。

外交思索

- 明仁天皇和皇后访华，分别去了哪些城市？参观了哪些景点？
- 日本发动的侵华战争一直是中日之间避不开的话题，明仁天皇此次访华表明了怎样的态度？
- 此次明仁天皇的访华之旅，对中日两国关系有何积极意义？

使馆国庆招待会上的惊险一刻

宴会厅有定时炸弹！

一年一度的使馆国庆招待会是我国驻外使馆重要的外交活动之一。从某种意义上来说，它是检验使馆工作成果和我国同驻在国双边关系的"晴雨表"。所有驻外大使作为一馆之长，都会兢兢业业、努力办好国庆招待会，不敢有半点懈怠。但是，在精心准备之后，就能保证万无一失、不发生意外情况吗？

1993年是刘彦顺任中国驻波兰大使的第二年，这时我国同波兰的关系正处于上升阶段。国庆节之前，中波两国副总理在华沙签订了新的经贸协定。这是自1989年波兰剧变以来两国之间签署的第一个规范双边关系的重要文件，为两国关系的发展注入了新的活力。中国驻波兰使馆上上下下都意识到，这一年波方出席使馆国庆招待会的规格会比往年更高，人数也会更多。大家满怀热情地投入准备工作，礼宾和安保、前台和后台，各司其职，同心协力，下定决心要办好这次国庆招待会。

9月30日晚，在一片欢乐祥和的气氛中，使馆国庆招待会开始了。果然不出所料，波兰政府和议会领导人、各政党和各界名流、各国驻波兰大使和武官等600余位尊贵的客人应邀出席，真可谓高朋满座、胜友如云。

许多波兰朋友一再热情地向刘彦顺大使祝贺节日，祝贺中国改革开放的成功和中波两国关系的发展。他们对中国的外交政策赞不绝口，称赞中国尊重波兰人民的选择，不干涉波兰内部事务，称赞中国坚持超越意识形态和社会制度的差异，努力发展波中两国的友好合作关系，并且在波兰各界都有朋友。他们说："看看今天的招待会，波兰左、中、右各派代表人物，前任和现任政府领导人都来了，他们同桌共饮，谈笑风生，这可是中国使馆招待会特有的景象啊！"

招待会在喜气洋洋的气氛中进行，宾主都沉浸在喜悦和友好的情谊之中。时间在欢声笑语中飞快流逝，一个小时又一个小时过去了，不知不觉招待会越过高潮，走向尾声。刘彦顺大使送走了波方主宾，众多的客人也开始陆续退场。这时，突然发生了一件令刘大使震惊的事件。

只见使馆办公室主任急匆匆地走了过来，用波语说了声"对不起"，打断了刘大使同一位波兰朋友的谈话，并悄声地报告说："华沙警察局通知，有人给警察局打匿名电话，说在中国大使馆宴会厅安放了定时炸弹。"办公室主任好像担心刘大使听不清楚似的，重复地讲"定时炸弹""定时炸弹"。刘大使示意已经明白。办公室主任继续说："警察局准备派出反恐专家到使馆检查，排除炸弹，请使馆同意和配合警方的工作。载有反恐专家的警车已开到使馆门外。情况紧急，怎么办？请大使指示！"

这无疑是一声晴天霹雳。刘大使感到肩上的担子一下子沉重起来，但他必须沉着应对，作为馆长不能有丝毫惊慌失措的表现。刘大使当即让办公室主任找来在场的波兰外交部礼宾司副司长卡利诺夫斯基先生，向他说明了情况，并听取他的看法和意见。卡利诺夫斯基是刘大使就读于波兰外交学院时的同学，是一位经验丰富的外交官。他听闻此事大为吃惊，沉思片刻后斩钉截铁地说："这种事情宁可信其有，不可信其无。使馆应马上关闭电灯，示意有紧急情况，要求客人立即离去。"接着他又补充说："这是我个人的看法，只供参考，具体怎么办，请大使自己决定。"

办公室主任站在刘大使身边，听着卡利诺夫斯基的话，一再轻声地重复说:"关闭电灯,关闭电灯……"刘大使分辨不清办公室主任的语气是肯定还是疑问,只感觉周围的空气似乎凝固了。很显然,刘大使必须当机立断,容不得半点迟疑,但他的第一判断是发生这种事的可能性不大。他没有说明自己的看法,因为这不是发表看法的时间和场合,他也根本没有时间。

刘大使自问:"一年来使馆在对外交往中是否得罪了什么人?谁会对我们下此毒手?"他脑海中迅速地过滤使馆对外交往各种关系的记忆。一切都是正常的。他联想到改革开放以来我国的对外政策和我国的国际形象,我们不搞霸权,不搞歧视,不树敌人,我们的朋友遍天下。大到国家,小到使馆,我们不做损害他人的事,自然不会招来"鬼敲门"。

他还想到波兰首都华沙的治安情况。华沙警方根据匿名电话的警告,封锁街道和疏散人员的反恐行动曾多次见诸报端,结果都是恶作剧。此次是否旧戏重演?接到匿名电话的警方自然不敢粗心大意,这种事情是"不怕一万,只怕万一"。

刘大使虽然心存一丝侥幸,但在卡利诺夫斯基所说的"宁可"和"不可"之间,他只能选择"宁可"作为采取行动的出发点。但是能采取"熄灯示警"的做法吗?他担心突如其来的黑暗或灯光反复地闪烁,不仅在客人间,而且在自己人间均会引起混乱和议论纷纷。不难想象,一旦惊慌的客人在黑暗中拥挤,不辨方向,不仅不利于人员疏散,如果闹出什么笑话,还会以讹传讹,影响使馆的声誉和形象。

刘大使排除了"熄灯示警"的办法,决定采取一种既可以避免混乱,又可以示意客人招待会已经结束,在形式上看来接近于正常的方式。这就是向我馆同志口头传达"有紧急情况,立即结束招待会"。他要求:一、在前台招待客人的外交官立即有礼貌地终止同客人的交谈。二、服务员立即停止续酒水,清理台面,示意招待会结束。在采取上述行动时,要和颜悦色、若无其事,不要造成紧张气氛。三、在客人离开宴会厅后再请警方进行排查。

办公室主任开始行动,前后台同志辗转相告,客人们加快了离场的速度,气氛平静如常。最后还有几位客人谈兴不减,使馆方面只得关闭了宴会厅的部分照明,以催促他们离去。作为"指挥官"的刘大使一步未离开宴会厅,前前后后不到10分钟,却仿佛度过了10年。

警员们被允许进入使馆,他们先在衣帽间和卫生间搜查,然后在招待会大厅进行搜查。大家都屏住呼吸,目不转睛地注视警员们小心翼翼的动作。结果,他们并不是一无所获,而是在一个花盆下面找到一把废弃的钥匙,令人啼笑皆非。

刘大使始终在现场关注和把握事件的进程。当他得知结果后,紧张的心才平静下来。他感到庆幸和欣慰,同时深受感动:在这一突发事件面前,使馆的同志们真正做到了令行禁止,行动迅速而不慌乱,表现出我国外交人员具有的良好素质;卡利诺夫斯基先生走在最后离去的客人中间,他最了解内情,却未先行脱身,在整个过程中配合使馆工作,表现出波兰礼宾官员忠于职守和临危不惧的优秀品格。此时此刻敬意和钦佩之情在刘大使的内心油然而生。

吃一堑,长一智。这一突发事件教育了全馆同志,在远离祖国、身处国际斗争前沿的环境下，忧患和防范意识只能加强，不能松懈。自此之后，使馆凡举办大型活动时，馆员在思想上更加强调保证安全的重要性，在工作布置上增加了防范内容，并制定应急预案，同时采取相应的具体措施，提前安排人员昼夜在大楼四周值班巡逻，提高警惕，防患于未然。这样做虽然增加了工作量，有些辛苦，但大家都能理解，也更加安心。

　　是谁制造了这场恶作剧？刘大使常常向自己提出这个问题，但始终找不到确切的答案。为什么制造这一恶作剧？从最终结果看，无论是试图戏

弄警方，还是试图破坏使馆国庆招待会，肇事者制造耸人听闻事件的目的并未达到。使馆方面采取了接近于正常的方式加速招待会的结束，客人当中知道内情的或有所觉察的人屈指可数，可能产生的负面影响已被限制到最小，肇事者期待出现的轰动效应也未出现。

这个匿名电话只是制造了一场虚惊，但刘大使深深明白，假如这一事件不是发生在宾客即将离去之时，而是发生在招待会刚刚开始或进入高潮之时，其后果如何真是难以想象。万一闹出笑话或发生不幸，人们自然而然地会提出各种非议并责难。

刘大使认为，处理突发事件本无固定的模式。他讲出这个真实的故事是想告诉年轻的朋友们，"天有不测风云"，我们在日常工作和生活中，应增强自我防范意识，居安思危，常备不懈；当面对突发事件必须当机立断时，则应保持冷静、镇定和从容，临危不惧，把可能造成的损害降到最低。

本文根据刘彦顺所著文章《使馆国庆招待会上的惊险一刻》改编而成。刘彦顺，中国前驻波兰大使。

外交思索

- 国庆招待会上收到"有定时炸弹"的消息后，刘大使是如何快速结束招待会并安排客人离开的？
- 波兰外交部礼宾司副司长卡利诺夫斯基先生在整个过程中是如何表现的？
- 突发事件教育了全馆同志，他们对于之后的大型活动都采取了哪些防范措施？

鲜为人知的"非正式外交"

在国际舞台上,"非正式外交"并不鲜见,最著名的莫过于中美之间的"乒乓外交"。那么,你听说过"电影外交""桑拿外交"吗?

中国前驻俄罗斯大使馆公使,前驻乌克兰、波兰、哈萨克斯坦大使周晓沛就是"电影外交""桑拿外交"的亲历者。在马拉松式的中苏边界谈判和两国关系正常化磋商的过程中,他不仅体验到了政治谈判斗争的复杂性,也有幸通过"非正式外交"途径了解到当时两国关系的一些真实情况,同时还结交了不少俄罗斯朋友,双方携手推动两国关系的缓和改善。

"电影外交"

20世纪七八十年代,我国与苏联的关系处于调整变化的微妙时期。然而,当时两国几乎断绝了官方交往,因此在外交方面相互间很难进行正式交流,更无法传递信息。在这种特殊背景下,"电影外交"就应运而生了。

所谓"电影外交",就是指中方外交部苏欧司和苏联驻华使馆之间各安排两名联络员,以借放苏联影片为名进行定期接触,沟通某些信息。譬如,双方开始酝酿改善关系时,苏方十分着急,想加快进程,中方通过这一渠道转告对方:不能急,要"小步走"。

那时的苏联电影故事性强,贴近现实生活,艺术内涵丰富,加之演员演技好,令人看后印象深刻,感动长存,因此它还成为中苏两国人民交流的桥梁。例如,20世纪80年代颇受中国观众喜爱的苏联电影《这里的黎明静悄悄》《莫斯科不相信眼泪》《两个人的车站》《办公室的故事》等,最先都是通过这个渠道"静悄悄"进入我国的。

在借还苏联影片时,双方联络员也可以进行自由交谈。双方联络员起初在对方大使馆接待室内见面,后来改到外面的中餐厅见面,宴请地点都不重复,双方边吃边聊,更加自在方便。

1982年苏联领导人勃列日涅夫去世后,安德罗波夫就任苏共中央总书记。他对改善中苏关系的态度较为积极,主动提出要派主管经贸的第一副总理阿尔希波夫访问中国。开始时,我方对此没有回应。为了促成这一重要访问,苏方通过"电影外交"渠道向我方放风,强调苏联新领导人是真心要改善对华关系的,而且指派这一人选也是考虑了各种因素:阿尔希波夫曾担任苏联援华专家总顾问,是中国人民的老朋友,认识陈云、李先念等老一辈中国领导人,可以借此机会进行高层接触。我方联络员报告领导后,中方答复同意。

可就在访问计划将要实施的前一天,苏方突然以"技术原因"为由推迟访华,引起我方强烈不满。此时,苏方又通过"电影外交"渠道透露:苏方对华政策没有改变,只是因中越边境武装冲突升级而暂时推迟。在双方的共同努力下,阿尔希波夫访华终于在1984年底成行,并取得了很大成功,为后来中苏关系"结束过去,开辟未来"开了一个好头。正如苏方当事人所说,"电影外交"积极推动了两国关系"解冻"的进程。

随着1989年戈尔巴乔夫访华,中苏两国关系实现正常化,持续多年的"电影外交"也完成了它的历史使命。

"桑拿外交"

1994年至1996年，周晓沛在中国驻俄罗斯大使馆任公使期间，为加深与俄罗斯朋友的关系，定期邀请他们到使馆洗桑拿浴，除俄外交部主管局同事外，有时还包括总统府官员和新闻界朋友。在热气腾腾的桑拿房中，双方都赤裸、放松，没什么"秘密"可言，谈话内容更为充实丰富，彼此也更容易坦诚相见，让人印象深刻。

第一次桑拿活动很正规：双方先后致辞，商定桑拿俱乐部的章程，喝完香槟酒后再开蒸。周晓沛公使声明："我不会洗桑拿，请大家多包涵。"俄外交部主管局别雷局长微笑着请他坐在桑拿室最下面一层，并让他在头顶上盖一条毛巾，而他们都坐在上面一层，因为他们不怕热。

干蒸几分钟后，有人往炉子里泼了一罐啤酒和水。伴随着一阵热浪，旋即散发出一股股淡雅的麦香味。大家都喊："爽！"周公使却顿时大汗淋漓，最后实在忍受不了，只好中途退出。

蒸完第一遍后，大家坐下来一起喝啤酒，接着又继续"开蒸"。周公使说蒸一遍就够了，可别雷局长不答应，他只好再进去待了一小会儿。蒸完第二遍后，大家又接着喝啤酒。这时有人用温水泡开的桦树枝拍打全身，从脖子、后背直到脚底心。据说拍打是为了加快血液循环，加速水分代谢，可以预防感冒。接下来，有的人还要蒸第三遍。

最后是吃饺子环节，俄罗斯人很喜欢中国饺子，个个都吃得肚子鼓鼓的，这次双方收获也颇丰。

作为一种非正式接触，双方在蒸桑拿时谈的内容几乎无所不包，除了一般性交换意见和想法外，有时也涉及重要的敏感问题。例如，中俄实行国家元首定期互访机制后，俄方还想进一步推动建立两国总理定期会晤制度，就利用"桑拿外交"渠道先试探我方态度。俄方一再强调：两国总理定期会晤制度与国家元首定期互访机制不仅不会有什么冲突，相反还有助于落实两国最高领导人达成的协议。当我方表示愿意就此问题进行深入探讨后，俄外交部正式提出建议，双方很快就此达成协议。

在莫斯科工作的两年半时间里，周晓沛公使先后与俄罗斯外交部主管局的别雷、阿法纳西耶夫、莫伊谢耶夫三位局长一起洗过桑拿。最让他感动的一次是俄外交部朋友还在桑拿房为他举行了隆重的五十岁生日庆祝活动。阿法纳西耶夫局长正式宣读装在红皮夹子里的生日贺词，并送上一大包特殊的生日礼物——桑拿专用桦树枝条。

2006年，莫伊谢耶夫作为俄罗斯总统特使访华，专门邀请曾在莫斯科一起工作过的中方老朋友到俄罗斯餐厅聚会，并倡议成立"老朋友俱乐部"，定期见面交流。从此，双方又开启了新的民间友好交往渠道。这些老外交人不仅每年定期相聚畅叙友谊，而且以建言献策、时评讲座、著书立说等形式，满腔热忱地为新时代中俄关系传递正能量。

时光飞逝，如今这一个个精彩的"非正式外交"故事虽然已成为过去，但它在特殊历史时期发挥了不可替代的作用。这其中饱含了我国外交人员的心血和智慧，凸显了中国外交原则性与灵活性高度结合的特点，希望青年一代借鉴已有经验并将其运用于对外交往，定会获得不同凡响的效果。

本文根据周晓沛所著文章《鲜为人知的"非正式外交"》改编而成。周晓沛，中国前驻乌克兰、波兰、哈萨克斯坦大使。

✏️ 外交思索

- "电影外交"是如何开展的？
- 作者最难忘、最感动的一次"桑拿外交"是怎样的？

香港回归：精确分秒，只为那一刻的荣耀

1997年7月1日零时零分，在紫荆花的映衬下，五星红旗冉冉升起，香港回到祖国的怀抱，洗刷了民族百年耻辱，完成了实现祖国完全统一的重要一步。香港回归祖国是彪炳中华民族史册的千秋功业，香港从此走上同祖国共同发展、永不分离的宽广道路。

主权问题不容谈判

香港自古以来就是中国的固有领土。1840年英国发动鸦片战争后，先后强迫腐败的清政府签订《南京条约》《北京条约》和《展拓香港界址专条》三个不平等条约，强占香港。中国人民一直反对这三个不平等条约。

自新中国成立以来，我国一直在准备香港回归的相关事宜。进入20世纪80年代，我方不断与英国展开磋商，虽然对话会议举行了数次，但真正的回归事宜却始终不见进展。

1982年9月22日，英国首相撒切尔带着一批英国外交官飞抵北京访问。在来北京之前，英方做了充分准备，撒切尔抱有十足的信心。英国为何会在香港问题上如此自信呢？原来，在此谈判前的三个月，英国刚刚出动了三万名士兵和近百艘战舰，夺取了南美洲的马尔维纳斯群岛，这无疑壮大了英国的国威，而且英国在20世纪80年代可以说是数一数二的强国，经济和工业化水平都远超中国。这让他们打心底里认为自己占据绝对强势，所以有关香港的问题，撒切尔自然不会让步。

在会见中，撒切尔就香港问题率先发难，她提出香港管理权的所属问题，每一条都需要经过细致的协商后才能拟定计划。英方的这些条件明摆着就是要拖延香港回归的时间，给我国制造麻烦。对于这个条件，邓小平当场严词拒绝，并且明确表示，香港主权问题绝不允许商量。

对于邓小平的答复，撒切尔坚称香港回归会给香港的各个方面带来巨大的振荡。邓小平紧接着便向她提出三点：第一，香港的主权在中国，这是绝对不容置疑的；第二，未来中国如何管理香港，我们自然有自己的办法；第三，再次提醒英国，只要考虑如何在1997年把香港妥善交接给中国即可。

听完这三点，撒切尔彻底被激怒了，她直言道："历史已经证明了一切，只有在英国的管辖下，香港才会继续保持繁荣富强，中国要收回香港，势必会给香港带来灾难性的影响。"

邓小平心平气和地再次答道："正如夫人所言，香港回归将对其带来影响，但我们会勇敢地面对影响，并且作出决策。坦率地讲，主权不是一个可以讨论的问题。现在时机已经成熟，应该明确肯定1997年中国将收回香港。就是说，中国要收回的不仅是新界，而且包括香港岛、九龙。"

会见过后，英国方面感受到了来自东方的威严，意识到香港主权问题是绝对没有回旋余地的。也可能是邓小平的态度震慑了撒切尔，她在离开大会堂时不小心踩空了台阶，摔倒在了地上。一旁的随员及工作人员立即上前将她扶起。撒切尔起身后神态自若，充分显露出其处变不惊的"铁娘子"本色。

英国在前7轮的谈判中没有占到丝毫优势，为了扭转这一局面便更换了外交人员。但在接下来的交锋中，英方依然没有占到有利条件。几轮谈判下来，我国外交人员已经掌握了英国的谈判伎俩，他们只会把香港回归的问题上升到危害香港安定的问题上。对于英国的百般阻碍，我方坚决予以回击。

经历了22轮的谈判之后，英国终于迫于压力，同意了香港回归的所有问题。中国政府声明，香港回归后，中央政府将在香港设立"中华人民共和国香港特别行政区"，直辖于中央政府，实行"一国两制"、"港人治港"、高度自治的方针。

精心彩排　确保万无一失

时间来到1997年6月，香港回归祖国的前夕。为保障回归庆典的顺利举行，从6月27日起，中英双方开始全体走场排练。我方与英方的司仪及有关人员在现场指挥、协调，按照领导人出席仪式的路线反复进行实地模拟：从领导人驻地到会展中心新翼，从会议厅到主礼台，甚至连领导人发表讲话的字数和语速也要提前确认好。这些流程都只为把完成每一道程序所需要的时间精确到每分每秒。

29日晚9时，香港政权交接仪式彩排正式开始，至此，整个演练过程所需时间已与原定方案分秒不差。那晚，会展中心新翼的5楼前厅灯火辉煌，中英双方军乐团、仪仗队陆续到齐，众多记者纷纷就位。

待所有参加庆典活动的工作人员各就各位，领导人开始按既定路线走场。当司仪宣布"请领导人讲话"时，张国斌怀着激动的心情走上了主席台，并按照事先准备好的腹稿，脱口而出"女士们、先生们、朋友们，你们好"。话毕，他猛然抬头，看见台下黑压压的记者群和此起彼伏的闪光灯，突然莫名地紧张起来，讲话竟也有些词不达意了。情急之下，他赶紧掏出事先准备好的一本《中华人民共和国香港特别行政区基本法》救场，但终因紧张，一开口，竟然把"基本法"念成了"根本法"。他为什么紧张呢？因为这不仅仅是一次简单的彩排，更是永载史册的大事。正是这种高度的紧张感，使大家在每次彩排中都谨慎细致，将所有细节放大，保证每一步都不能有失误。仅仅6月29日一天，排练过程就进行了20多次。

追赶23秒　与时间赛跑

1997年6月30日深夜，中英香港政权交接仪式正式在香港会展中心举行，一切都按照既定流程顺利地进行着，但意外还是发生了，这个意外是对我方的巨大考验。当时，查尔斯王子的发言超时了23秒，这导致的直接后果就是影响五星红旗的准时升起，所有人紧张得一下子汗都出来了。"零时零分零秒升起五星红旗"是经过16轮艰苦谈判争取来的，这是中国不可动摇的底线和原则，必须一秒不差。这也是香港政权交接仪式的头等大事！

面对如此危急紧张的时刻，总指挥启动了应急方案，所有步骤开始为升旗仪式压缩时间，从护旗手的入场速度，到军乐团的棒起棒落……所有人都在努力争取1秒，再争取1秒，只为把这23秒抢回来！

经过无数幕后工作人员紧张地与时间赛跑，终于在1997年7月1日零时零分零秒，伴着雄壮的国歌，我们的五星红旗和紫荆花区旗冉冉升起，

就像当空升起的一轮红日，骤然发出耀眼的光芒，惊醒了沉睡的黎明，将历史推入了一个新的纪元。

在这看似完美的流程背后，有着至今说起来依然能感受到的紧张和惊险，可更多的是默契和激动。那晚的中国在和时间赛跑，我们赢得了这激动人心的时刻，赢得了整个中华民族为之骄傲的时刻。无论是亲临现场，还是守候在电视机旁，亿万中华儿女的心情都是一样的：望着那冉冉升起的五星红旗和香港特别行政区区旗，一种身为中华儿女的荣耀与豪情瞬间直抵心灵，一股股热血在周身涌动。

我们这个饱经风霜的民族，在等待了155年之后，终于在那个不眠之夜，书写了香港历史新的篇章，也翻开了中国历史的崭新一页。对于有幸在现场亲历香港回归庄严时刻的人来说，这一刻虽然短暂，却如同香江两岸不断绽放的礼花，照亮每个人的一生！

本文参考文献：
《那一晚的香港在和时间赛跑》作者：张国斌
《时光如水，岁月难忘——亲历香港回归》作者：张国斌
《中国国旗必须保证在7月1日零点零分零秒升上去》作者：胡线勤

外交思索

- "一国两制"方针是哪位领导人提出的?
- 为确保五星红旗于1997年7月1日零时零分零秒准时升起,我方进行了哪些准备工作?在出现突发情况后是如何应对的?

申办上海世博会台前幕后的故事

2010年的上海世博会，相信大家都不会陌生。因为它的盛大召开，再次让世界认识中国，让中国走向世界。但是上海世博会是什么时候申办、怎样申办成功的呢？背后又发生了哪些不为人知的故事呢？

这一切，要从1999年12月8日法国巴黎那个异常寒冷的冬天说起。漫天的雪花飞落在浪漫的巴黎街头，当人们正在为圣诞节做准备的时候，一个灯火辉煌的会场里，国际展览局的第126次大会正接近尾声。会场上，参会的人员都等着快点散会，好回家准备圣诞节的礼物。可此时，突然一个声音从会场里传来，发出这个声音的正是中国首席代表刘富贵。他在会上庄严宣布，中国将申办2010年世博会。这促使中国成为当时第一个口头宣布申办2010年世博会的国家。这个消息伴随着巴黎圣母院的钟声传出，顿时轰动了整个国际社会。有人甚至认为，这只是中国人开的一个新年玩笑而已，也有的人正在等着看中国人的笑话。

2001年5月2日清晨，阳光明媚，中国驻法国大使吴建民敲开了国际展览局秘书长洛塞泰斯办公室的大门。吴建民大使代表中国政府向洛塞泰斯先生递交了中国主办2010年世博会的申请函，中国成为第一个正式递交申请函的国家。随后在2002年1月30日，吴建民大使又代表中国政府向国际展览局秘书长递交了中国的申办报告，中国成为第一个递交申办报告的国家。时任国际展览局秘书长的洛塞泰斯微笑着说道："这次你们又得了第一名！"这时，国际社会才知道，中国不是开玩笑，而是认真的。紧随其后，波兰、墨西哥、俄罗斯、韩国也陆续加入申博的队伍。

虽然中国赶在其他国家之前递交了申请，但这只是万里长征的第一步。

与申办奥运会不同，从 2001 年正式申办世博会开始，申办国要在 2001 年和 2002 年的年中与年底分别进行 4 次陈述。由于世博会的意义非凡，竞争申办的国家自然不在少数，有十几个之多。尤其是 2002 年，申博进入白热化阶段，包括阿根廷、墨西哥、俄罗斯、韩国、波兰在内的 5 个国家，都是中国强有力的竞争对手。

在这段同其他 5 国竞争举办权的时期，舆论的导向很重要，它可能影响国际展览局的决策，也可能影响一部分国家的投票立场。当时，有的国家为了抑制中国的竞争力而提出了这样的论调——"中国已经申办了 2008 年奥运会，现在又申办 2010 年世博会，怎么什么好事儿都要轮到中国？

这不公平！"意图唤起其他国家响应，共同反对中国申博。

这种"利益均沾"的论调对中国很不利。吴建民大使果断采取行动，不断通过法国电台和报社记者采访的机会来发表自己的观点："不能只看2008年和2010年，要回头看这过去的100年。中国人口占世界总人口的1/4，有5000多年的文明史，但这两项活动之前却从未在中国举办过，这本身对中国来说就是不公平的。而如果国际展览局大会能决定2010年世博会在上海举办，这也是针对过去对中国不公正待遇的一种纠正。"随着这次的发言，渐渐地，这种"好事儿不能都给中国"的论调销声匿迹了。

但事情并没那么简单，还是有很多人在人权、民主等问题上对我们有很深的误解，我们需要一个契机以实事求是地向国际社会讲明我国人权、民主的发展情况。

而这个契机也在不久后出现，2002年1月21日，《巴黎竞赛画报》主编布齐邀请吴建民大使和法国卫生部长贝纳尔·库什纳到报社总部出席午餐辩论会。

在《巴黎竞赛画报》报社宴会厅里，餐桌上摆放着丰盛的法式大餐，红酒的香味伴随着轻柔的音乐飘荡在空气中，气氛温馨而浪漫。但谁也想不到在如此优雅轻松的氛围里，中法两国重量级官员正开展着关键又机智的对话，进行着尖锐又节制的交锋。

库什纳很关心国际事务，能客观地看待中国经济领域的发展成就，但同时又自以为通过西方媒体掌握了很多真实材料，公然站出来对中国的人权进行无理指责，提出"中国在人权问题上没有任何进步"。现场气氛在库什纳的"开局攻势"中陷入凝固，所有人将目光投向坐在对面的吴建民大使身上，等着看这位中国大使将如何回应这位有"人权斗士"之称的库什纳。

吴建民大使不慌不忙地放下酒杯，睿智一笑，然后问库什纳："你们法国在大革命期间提出'自由、平等、博爱'，那时法国人真有自由、平等、博爱吗？"

库什纳狡辩道："可是我们有选举权呀！"

吴建民大使接着说："好，就说您引以为豪的选举权吧，当时谁有选举权？只有有钱的纳税人拥有选举权。后来很长一段时期，只有男性公民拥有选举权。你们是什么时候给妇女选举权的？是1945年，在法国大革命发生156年之后，而且是男性来决定妇女是否应该有选举权的。"

现场出现一阵骚动，人们交头接耳地低声议论着法国的历史。一边的库什纳听了无言以对，脸像霜打了的茄子一样，不得不点头赞成。

吴建民大使继续道："法国历史上对人权的践踏不乏其例，如贩卖黑奴、殖民战争、镇压工人等。没有一个国家可以自诩其人权纪录是十全十美的。所以你们人权状况的改善也经历了一个长期的过程。"

吴大使话音刚落，现场一位黑人服务员首先鼓掌，随后现场顿时爆发出雷鸣般的掌声。

在这场交锋中有些言词是尖锐的，但双方互相尊重，没有出现打断对方发言的情况，现场的记者和观众共同见证了这场精彩的辩论。

10天后，《巴黎竞赛画报》中国专刊出现在巴黎各大报亭，吴建民大使与库什纳的谈话作为重点导读文章被刊登在首页。这篇文章对提升中国国际形象发挥了巨大作用,而傲慢的库什纳从此也对吴建民大使尊敬有加,从反对到支持中国申办世博会。后来,两人还成了好朋友。

2002年12月3日,在摩纳哥举行的国际展览局第132次大会,将决定中国能否举办2010年上海世博会。

摩纳哥是一个非常美丽的袖珍国家,三面被法国包围,南濒地中海,全国面积仅约2平方公里,是世界上唯一能够坐着电梯出国的国家——从山脚坐电梯,上到半山腰出来就到了法国,而且不用经过海关和边防。摩纳哥的海边矗立着一座颇具特色的建筑——格林马迪会议宫。它的外立面用一块块巨大的蓝色玻璃镶拼而成,与地中海蔚蓝色的海面相得益彰。其主体建筑掩在地下,装饰得富丽堂皇,内有一个可容纳700余人的大剧场,这里就是多国即将角逐2010年世博会举办权的地方。

摩纳哥的精致对于很多人来说是一种享受,但是对于时任中国驻法国使馆办公室主任、负责申博后勤工作的张国斌来讲,一点都轻松不起来。为了准备好出席这次会议,他和同事们已经紧张鏖战了数个日日夜夜。因为大家知道,申博成功对上海、对中国意味着什么,前期在全国人民的共同努力下中国已经取得了一定成绩,越到后面的关键时刻越不能出一点差错。后勤工作事无巨细,包括代表团的餐饮、住宿、交通,以及整个活动的安排,办公室主任必亲力亲为,不敢有一丝懈怠。

又是一个不眠的夜晚,这对于张国斌来说已经是习以为常。墙上的钟敲了5下,已经凌晨5点了。窗外,黎明的曙光渐渐将黑暗赶入山谷,森林里传来小鸟的鸣叫。如果没猜错，这应该又是阳光明媚的一天。

正准备安排当日工作的张国斌，突然接到妻子打来的电话，这让他感到非常不安。原来早在2001年妻子就被查出患有癌症，同时还患上了红斑狼疮。这是两种互相矛盾的病症，治疗其中一种就会引起另一种病症的恶化，非常棘手。当法国医生检查诊断后说出病人只剩三个月时间的时候，张国斌只觉五雷轰顶，缓了许久才慢慢接受了这个残酷的现实。

他强忍着悲痛，没有将诊断结果告诉妻子，而接下来的治疗期间，也正是他最忙的阶段。一边是爱人病痛下日渐消瘦的脸庞，一边是国家赋予的使命与担当，两边都无比重要，他恨不得一天再多出24小时，以便在做好工作的同时还能抽出时间陪伴爱人。妻子也看出了他的为难，主动要求他别担心，别耽误工作。每天张国斌工作到半夜才回家，妻子心疼他，不忍心占用他难得的睡眠时间，就在他进屋前躺在床上装睡，其实身体传来的痛楚和心中的千言万语又让她如何睡得着呢？

这次接到妻子的电话，张国斌感到非常意外和紧张，但电话中妻子的语气异常轻松，也没有谈及任何与病情相关的话题，只是简单地聊聊家常。在这一年里，两人一起聊天的机会实在太少了。张国斌回忆道，这次电话，是他和妻子聊得最多的一次。在这个雾气还未退的清晨，这对夫妻像久别重逢的朋友一样，从5点一直聊到七八点……张国斌哪里知道，电话另一头的妻子，放下电话后马上就要进入化疗室。她始终保持微笑，只想把最美的时光留给爱人，丝毫没有提及自己的病情。

时间很快就到了2002年12月3日下午，2010年世博会申办进入了最后

34	54
韩国	中国

的投票表决阶段。此时的会场气氛异常凝重，无论是前方的代表团成员还是后方的同事、领导，乃至全国人民，都心系着即将到来的投票结果。当组委会开始计票的时候，电子屏上，中国票数的每次跳动都牵动着所有人的心。

第一轮投票，中国遥遥领先，得到36票；韩国28票；波兰仅得2票，被淘汰。结果宣布后，身在现场的张国斌内心充满喜悦，对胜利的信心越发坚定。

第二轮投票继续进行，结果在大屏幕上一显示，就听到现场和会场外韩国代表团的欢呼声。我们被反超了吗？张国斌抬头一看，中国38票、韩国34票，原来是韩国增加了6票，而我们只增加了2票，韩国与我们的差距一下子缩小很多。虽然一些韩国人开始叫嚣说接下来那些支持波兰、墨西哥的人肯定会支持韩国，韩国也将在下一轮反超中国。但结果没出来之前，说什么都言之过早，沉住气，谁笑到最后才笑得最好！

第三轮投票开始，每个代表的投票都关乎接下来的选举结果，气氛凝重得有些压抑。终于所有代表都投票结束，结果在大屏幕上公布出来，韩国人预料的反超并未出现，我们反而拉开了与韩国的距离——中国44票、韩国32票。张国斌长吁了一口气，吴建民大使等三位中国投票代表的表情也慢慢舒展开来，如果没有意外情况出现，我们应该是会赢的，但最终结果未出，变数依然存在。

随着计票人员宣布开始，吴建民大使作为第四轮投票代表，用力按下了中国的赞成键，大屏幕上的数字在快速跳动着，现场所有中方人员的心跳也不断加快。下午 3 点 55 分，大屏幕上的数字在这一特殊的历史时刻停止了跳动——中国 54 票、韩国 34 票，中国胜利了！中国赢得了 2010 年世博会的举办权！

现场欢呼起来，很多中国人都流下了激动的热泪，其他国家代表团纷纷向我们表示祝贺！会场外也一片沸腾，记者、华侨、中国企业家等各界人士都激动地拥抱，挥舞国旗，高唱《我和我的祖国》。这一刻，所有中华儿女的心都紧紧地凝聚在一起，震撼的场面让每个外国人都为之侧目。

此刻张国斌默默地走出会场，拨通了妻子的电话。听着那熟悉的声音，他难掩激动之情，一字一顿地说："我——们——赢——了！"这简简单单四个字，包含了太多的心酸和付出，也承载了太多思念与牵挂。电话的另一头没有传出其他声音，只有默默的抽泣声，两个人就这样，隔着电话，泪水滑落脸庞，温暖着彼此的心。

2010 年世博会如期在上海举办，世博会以"城市，让生活更美好"为主题，总投资达 450 亿元人民币，创造了世界博览会史上最大规模的纪录，同时超过 7000 万的参观人数也创下了历届世博之最。上海世博会的成功举办，让中国的国际地位和国际影响力再上新阶，也让我们在实现中华民族伟大复兴的道路上迈出重要一步。此时此刻，我们"使命必达"的共和国外交官们，早已踏上新的征程，在维护祖国利益的使命与任务中勇往前行！

本文参考文献：

《不打不成交》作者：吴建民

《解读申博岁月》作者：张国斌

外交思索

- 吴建民大使在与库什纳的辩论中，是如何阐述人权问题的？
- 中国最终与哪个国家角逐 2010 年世博会的申办权？
- 上海世博会的成功举办有何重要意义？

外交官亲历"9·11"事件

2001年9月11日，在美国纽约发生的恐怖袭击事件震惊了全世界。恐怖分子劫持4架民航客机，其中两架撞向美国地标建筑世贸中心"双子大厦"，造成纽约世界贸易中心的北楼和南楼坍塌。滚滚浓烟中，无助的人们慌乱逃生，甚至从数百米高处纵身跳下，纽约一瞬间仿佛"人间炼狱"。这次袭击事件令曼哈顿岛上空布满尘烟，近3000人遇难。

中国前驻坦桑尼亚大使、外交部领事司前司长张宏喜，当时正担任中国驻纽约总领事，全程目击这一事件，并采取果断行动，与同事妥善处理好后续相关工作。

这一天，张宏喜总领事如往常一样，一早准时乘001号车前往总领馆办公大楼上班，刚进办公室，忽听外面传来连续不断的刺耳警笛声。在曼哈顿天天有警笛响，平时大家都习以为常，但今天持续不停，太不寻常了。

张总领事往窗外一看，只见一大队警车正疾驰着朝世贸中心方向驶去，顺着警车前进的方向一望，他马上发现世贸中心北楼正冒着滚滚浓烟，两架直升机围绕大楼飞来飞去无法靠近。当时他以为是世贸中心大楼着火了，后来才得知是一架从波士顿起飞的飞机被恐怖分子劫持，于当地时间8点46分撞了世贸中心北楼，机上乘客全部遇难。

向远处望去，只见滚滚浓烟向新泽西州方向飘去，拖着长长的尾巴，令人悚然，可以想象大火之烈，张总领事赶紧喊同事去取来照相机和摄像机记录。而就在他们找照相机和摄像机的几分钟工夫，又看到远处一架飞机从新泽西州方向飞来，在海面上空拐个大弯后，斜着就朝世贸中心大楼飞去。张总领事心想，世贸中心大楼正着火，这架飞机怎么还往那边飞？

不对，难道是……

最可怕的局面出现了，只见这架飞机直直地撞上了世贸中心大楼的南楼。因为总领馆离世贸中心将近 5 公里远，所以他们所在的地方是暂时听不到声音的，但眼见一团巨大的火球腾空而起，接着耳边传来一声巨响。他们事后得知，这是另一架从波士顿起飞的波音 767 飞机，这架飞机撞击了南楼，该机为联合航空公司的 175 号航班，载有 65 人。

一切都在一瞬间发生，这时同事才找到摄像机并架好，所以飞机撞楼的画面未被拍下，但之后的情况都被拍摄下来了，特别是两座大楼坍塌的情况。先坍塌的是后被撞的南楼，因为它被撞的楼层低，60 吨航空汽油燃烧所产生的 800 摄氏度以上的高温使被撞楼层的钢架软化，上面二十几层的楼体压下来，下面必垮无疑。同时由于撞南楼的飞机速度快，以撞击力最强的弯度和角度飞行，那么一座高耸入云的雄伟大楼在爆炸与烟尘中坍塌倒地，实在令人难以置信。不一会儿，北楼也在刺耳的警报声和绝望的哭喊声中断裂坍塌。一座用 8 年时间建成的辉煌建筑就这样在极短的时间内毁于一旦。

事发 5 分钟左右媒体开始报道，这一消息当即传遍全世界。

当看到第二架飞机撞楼后，张总领事就当即判断这是一件极其严重的事件。他立即下达命令关闭总领馆，进入紧急状态，并马上召集馆领导开会研究形势和讨论应对措施，与此同时安排馆员继续观察，收集各种信息。

果然过了不久，在华盛顿的中国驻美国大使馆就打来电话了解情况，张总领事对刚才发生的情况进行了报告。之后电话系统出现故障，他随即

用卫星电话同国内进行联系,并向李肇星副部长汇报了世贸中心大楼里我国公司及人员的伤亡情况。幸运的是,当时只有13家中国公司在世贸中心办公,工作人员共计30人左右,且都在较低楼层,特别是当时很多人尚未上班,所以伤亡不大。

此后张总领事连续在办公室里住了3周,夜以继日地工作,时刻准备应对各种突发事件并与国内保持联系。他回忆说:"当时首先考虑的是如何保卫总领馆,特别是我馆全体人员的安全。'9·11'事件不但对美国人是当头一棒,他们被打得晕头转向,而且我们同样也是完全摸不着头脑,不知道后面还会发生什么,更无法预料事情会延续多久,因此必须做好各种准备,保证我馆所有人员、机密、财产安全。当我们在政局不稳的国家工作时,思想是常备不懈的,可无论如何也不会想到在美国会遇到这样的事情。美国宣布进入战争状态,我们也做好了战时的准备。当时除我馆馆员外,还有几百名为我们修建馆舍的工程人员住在同一楼里,我当然也要对他们负责。不说别的,保证近500人的吃饭、饮水就是一大挑战。那些天,我们几个主要领导经常开会,有时一天开几次,交换看法,分析形势,统一步调,力求做好应对各种突发情况的预案和准备。"

接着,张总领事组织人员尽快了解了我国公民的遇难情况。他们把每一位中国人的安危放在心上,对照名单一一打电话核实,生怕落下一位同胞。当时电话曾一度中断,由于没联系到一位在世贸中心工作的中国职员,总领馆的同事四处寻找,心急如焚地找了很久,后来得知他回北京了,大家才松了一口气。

此外，同国内保持联系，随时报告新情况、新进展，并提出意见和建议，是当时必须做好的另一项重要工作。那些日子已不分昼夜，张总领事已记不清写了多少篇报告，但肯定是他进入外交部37年以来写报告数量最多、最密集的时期，同时这些报告也受到了国内领导的高度重视。

为了向"9·11"事件的遇难者表示哀悼，美国决定降半旗一周。得知此消息后，张总领事意识到这是一个表明中方立场的重要时机。事不宜迟，他当机立断，直接打电话向李肇星副部长请示，建议我馆也降半旗。国内不但第一时间接受了建议，而且通知驻美使领馆与驻联合国代表团都要降半旗。事后证明，我们降与不降将会产生两种截然不同的结果。这一及时、善意的举动，充分表明了我们同美国人民站在一起、反对国际恐怖主义的鲜明态度和立场，一定程度上对改善当时的中美关系发挥了积极作用。

恐怖主义是全世界人民共同的敌人，任何国家都无法独善其身，它不仅仅发生在遥远的边境，也不仅仅出现在文艺作品中，而是可能存在于每个人的身边。因此，守护国家安全人人有责，我们要自觉树立安全防范意识，不断提高抵御风险的能力，维护国家安全稳定的发展局面。

面对突如其来的恐怖袭击，张宏喜总领事带领全体馆员经受住了严峻的考验，团结协作，沉着应对，圆满完成了组织交给的任务。这离不开日常的经验积累、健全的防控机制，以及随机应变的能力，对于外交人员来说这几点尤其重要。

本文根据张宏喜所著文章《外交官亲历"9·11"事件》改编而成。张宏喜，中国前驻坦桑尼亚大使、驻纽约总领事。

外交思索

- "9·11"事件发生后，张总领事带领馆员开展了哪些工作？
- 我国驻美使领馆、驻联合国代表团降半旗的做法对中美两国关系有何积极影响？

利比亚大撤侨：
中国外交史上的空前行动

清晨，外交部领事司司长黄屏从办公室那张临时搭的行军床上起来。他和他的同事已经两天没有回家了，这仅仅是大战开始的前夜。利比亚的形势每天都在恶化，其发展速度根本无法预料。从2011年2月19日开始，我驻该国大使馆向国内发来的电文一封比一封加急。

"从20日晚起，这里已陷入全面动乱状态……"

"形势已万分危急，我在利建筑工地多处遭遇袭击和破坏，有的公司财物被抢劫一空，并有成百上千人被暴徒残忍地赶到荒无人烟的沙漠……"

利比亚政府已经失去对多个地区的控制，这对我在利工作的数万名建筑人员和在利生活的公民形成万分危急之势。对领事司的外交官们来说，现在他们面临的这场战斗绝对是超级大战——要从远在万里之外的非洲战乱之地，将几万名处在生死危急之中的同胞接回来。

可是，怎么接？什么时候才能接完？要动员多少人力物力？拖上十天八天，要是出现伤亡怎么办？一系列难题接踵而来。对于领事司和领保中心的年轻人来说，近些年也经历过大大小小十余次撤侨行动，但是这么遥远，这么多人，又这么紧迫的情形，他们可从来没有遇到过。几万人的生命安危与他们息息相关，亿万民众和数千万海外侨胞在热切关注，其压力之大可想而知。

"我们是领事司，维护海外中国公民的生命和财产安全义不容辞。我们必须时刻坚守岗位，全力以赴投入战斗！必须把同胞接回来！必须让他们平平安安地回到自己的家！"这是黄屏和同事们共同的心愿，也是他们掷地有声的誓言。

2月21日早晨的紧急会议上,平日总是笑容可掬的外交部长杨洁篪此刻脸上已没有了一丝笑意,他用极其深沉的语气再次强调:"继续密切关注利方局势发展,尽快制订撤离我同胞的方案。"领事司和领保中心的几十号人开足马力,有的收集前方信息,有的研究撤离路线,有的测算运力,有的与驻利比亚和周边国家的使领馆联系,还有的与公安部、民航局等部门沟通。总之,同志们以最快的速度做了一份高质量的撤离预案。

撤侨行动上升至国家层面

下午4点,由外交部牵头,公安部、安全部、交通运输部、解放军总参谋部等多部门联动的部际协调会正在紧张而有序的进行中。作为主持人的外交部副部长宋涛高声强调:"局势已经到了十分危急的时刻,大家必须怀着对人民负责的态度,迅速行动,争分夺秒,尽可能地确保我在利公民的安全,顺利完成撤离任务!"

"那就把任务分配给我们吧!"

"对,叫我们干什么,尽管说!"

"还有我们……"

各部委的态度令外交部的同志们非常感动。这时,有人来报告:"宋副部长,戴国委马上到,他要见你。"宋涛一听,立即中断在会议上的发言,匆忙赶往办公室。

作为主管国家外交事务的国务委员,戴秉国曾在外交部工作30多年,非常有亲和力。但是此刻,微笑着打过招呼后,戴秉国脸上的笑容很快消失了。他听完简短的汇报后说:"事关重大,外交部恐难独立应对,此事应当上升至国家层面来研究。"宋涛的内心就是这么期待的。

国务委员戴秉国只在外交部停留了不到半小时,但就是这半小时,完全改变了外交部原先的撤离预案,撤侨行动从外交部层面一下子升至国家层面。在他的大力推动和各部门的协同配合下,一场中国有史以来最大的海外撤侨战役打响了!

24 小时应急状态,直到撤离结束!

黄屏接到新的任务——全力开展利比亚撤侨工作。他像个前线指挥官,站在领保中心那间办公室中央大声说:"大家听着,我们要打大仗了!从现在开始,全体人员都要进入 24 小时应急状态,直到撤离战斗结束!"

"今晚要在中央电视台《新闻联播》节目和新闻频道上滚动播出有关撤侨的热线电话,接电话的同志安排好了吗?我看还是安排女同志好一些,她们态度亲和,公众容易接受。赫雨和陈枫吧!今晚开始你们就要提前进入战斗了!有没有问题?"黄屏吊着嗓子问。

"没有问题!"这两位女同志异口同声答道。

晚上 7 点,《新闻联播》节目开始,亿万人民都看到了屏幕下方一行不断滚动着的文字——外交部在利比亚中国公民领事保护中心应急热线电话……从这一刻起,领保中心的电话铃声片刻没有停息过,它连着亿万国人牵挂的心,连着世界各地。

陈枫回忆说:"第一天和第二天我还能扛得住,后来我的胳膊全都麻了,麻了也要不断地抬着，习惯性地伸缩。要问我一天接多少电话，我根本记不清，有好几百个吧！"热线电话里，有人"求政府""求外交部""求大使馆"救救他们的亲人；也有人从战乱中的利比亚打来电话，请外交部向他们国内的亲人报平安；还有人惊慌失措，说不出话，只是一味地哭泣……所有人都在着急，所有中国人都为远在万里之外、身处险境的同胞们着急！

撤！不惜一切代价！

眼泪救不了命。在万里之外的异国他乡，人们一旦沦为战争难民，生命比鸿毛还轻。

此刻，外交部从其他渠道获悉，欧盟诸国已开始实施撤侨行动，他们要从利比亚撤离侨民1.5万余人。再不抓紧，利比亚政府很有可能关闭港口和海关，其后果将不堪设想！外交官们立刻敏感地意识到，如果出现这种情况，那意味着我们的几万同胞将会成为利比亚内战的人质！杨洁篪外长斩钉截铁地说："不惜一切代价，赶在最严重事态发生之前进行我们的撤离行动！"

熟谙国际事务的外交部理应担此重任，可一个"撤"字，谈何容易！

几万人，到底要派多少架飞机？200架，还是300架？这么多的飞机能一下子从国内抽出来吗？即使抽得出来，飞机就能一下子飞到途经好几个国家的利比亚？再说，那边的机场、海关都已瘫痪，怎么飞得进去？

飞机不行，同胞们靠双脚跑出来？往哪儿跑？利比亚一面临海，距对岸的欧洲大陆快速轮船要开几个小时，跳海必定是死；另外三个方向皆是大沙漠，白天温度高达五六十摄氏度，夜间零摄氏度以下，走进去同样必定是死。

真的都是死路一条？

不，过海可以用船；

不，走沙漠可以坐车子甚至骑骆驼；

不，飞机还是要用的，即使海关没了，机场封了，只要跑道还在，就有办法。

经中央军委批准，中国人民解放军随时可出动军机参与撤离！海、陆、空……一切可以用的手段，全都可以动用！

"这不是我们撤离所要找的'诺亚方舟'吗?"

此刻的宋涛副部长凝视着西亚北非地图,陷入了深深的思考。忽然,他眼前一亮!利比亚地处非洲北部,整个国家最重要的城市几乎都在北部海岸线一带,中国承包的工程和劳务人员3/5都聚集于此。从直线距离来看,马耳他和希腊的克里特岛离利比亚仅有150海里和360海里。走海路,把他们尽快运送到安全地区是撤离大批人员的最佳选择。"这不是我们撤离所要找的'诺亚方舟'吗?"宋涛内心一阵激动,赶忙俯下身,开始不停地用尺子在地图上测量着各点之间的距离,并向海洋专家请教从海路撤离的可行性。最终,经过精密测算和部署,打通海上生命通道的方案获得通过。

宋涛拨通了中国驻希腊大使罗林泉、驻马耳他大使张克远的电话:"驻希腊、马耳他大使馆,请你们马上勘察是否可以接收从利比亚撤出的1万至1.5万名的同胞,关键是看看能不能租到船,安排我方人员进行中转……"

"是,我们马上行动!"中国驻希腊、驻马耳他大使馆立即展开工作。

之所以选择希腊和马耳他,不仅因为这两个国家与利比亚隔岸距离较近,而且这两个国家还是欧盟各国中与中国关系相当亲近的友邦。事后证明,这个决策既英明又正确。

中马两国关系"够哥们儿"!

当晚,张克远大使紧急拨通了马耳他外交部常务秘书的电话,通报了中方的请求。对方有些犹豫地说:"你得答应我两个条件:一是你们的人都得持有效证件;二是必须提前办签证。"张大使一听急了:"这肯定不可能!尊敬的常务秘书先生,我们的同胞都是从战乱地撤出来的,他们中很多人的证件被暴徒抢走或丢失。利比亚政府已经瘫痪,什么也做不了。我们是紧急撤侨,上万人一下子过来,哪里来得及提前办理签证?"

一听这话,对方沉默了,而后又说:"我们有几十名使馆人员在利比亚,你们能不能帮我们将他们带回来?"张大使当即回答没问题。

对方口气稍稍变了一些,又说:"大使先生,你知道,我们是欧盟国家,对外来的公民要求非常严。你们一下子来那么多无证人员,这对我国的压力太大了。如果我们放松了对你们公民的入境条件,其他欧盟国家也不会轻饶了我们。"这位常务秘书所言不假,欧盟国家非常害怕难民非法入境。但张大使深知,为了同胞的生命安全,必须取得对方的支持,否则就没法完成好祖国交给的使命。

张大使以中国政府的名义向他保证:"中国是讲信用的,只要同意我们过境,我们一定遵守规定,绝不会出任何问题。"

"那好吧,你等我消息。"对方终于松口了。

大约过了30分钟,常务秘书回电话说他们总理指示:"全力以赴支持和帮助中国撤侨!"

这个时候,张克远大使真正感觉到了国家的分量,也感觉到了作为中华人民共和国驻马耳他特命全权大使的分量。他连声表示感谢,声音不禁有些哽咽。他知道,马耳他政府作出这一决定很不容易,证明中马两国关系"够哥们儿"!

"中方人员全部上船,一个不留!"

向希腊撤侨的方案执行起来也并非轻而易举,其难度不亚于打通马耳他海上通道。中国驻希腊大使罗林泉凭借着丰富的外交经验、过人的胆识、真诚的态度和在当地深耕多年结交的重要人脉,带领使馆的同事们克服重重困难,最终使希腊同意了中方的请求,接收中国公民经克里特岛中转回中国。我方又经过多方紧急协调,租用了"希腊精神"号和"奥林匹克冠军"号两艘邮轮,将受困同胞从利比亚接往希腊。

沈健是使馆委派的执行"奥林匹克冠军"号撤离任务的总指挥,从接到任务到上船只有一个半小时的时间,他来不及看一眼发烧多日的幼女,匆匆给妻子打了个电话,便马不停蹄地赶往码头。这是他第一次登船走海路。停泊在码头的"奥林匹克冠军"号看上去庞大而雄伟,可一出海,尤其遇上地中海少有的飓风恶浪之后犹如一叶小舟。

经历了剧烈的海上颠簸,怀揣着对妻女的牵挂,十几个小时后,当沈健从舱底来到甲板,看到码头上人山人海等待撤离的同胞在那里又哭又喊、争先恐后抢着要上船的情景时,他仿佛一下子恢复了元气和力量。他"噌"地跳到邮轮的一个门舱高处,挥动着国旗,手持扩音喇叭,高声喊道:"同胞们,要相信祖国不会放弃你们中的每一个人!请你们有秩序地排队上船,我们一定会把你们带回家的!"

先于"奥林匹克冠军"号到港、刚刚完成接侨任务的"希腊精神"号满载着2100名中国同胞（另有64名外籍雇员）率先关闭舱门离港后，人群一下子全跑到"奥林匹克冠军"号这边来，原先的两条长龙变成了4条，而且慢慢散开，有连成一片的趋势。

就在这时，港区下起了小雨，乌黑的天空暗示着很快滂沱大雨将至。沈健分配好人员负责安抚工作后，赶忙跑去找船长"网开一面"。按照欧盟的规定，这条船的标准载客量是1600人，即使最危急时刻，最多也只能载2100人，可船舱里和外面正在淋雨的人肯定不止这个数。船长是个性情中人，沉思片刻后，应允带走港区内每一个中国人，但要求中方承担由此产生的一切后果。

经紧急请示，半个小时后驻希腊大使馆接到国内指示：码头上的中方人员全部上船，一个不留！沈健马上将这一好消息通过扩音器发出。他欣慰地发现，话音刚落，方才还是一片混乱的场面就静了下来，人们开始按照指挥，一列列自觉有序地排队上船了，直到岸上的每个同胞都上船为止。最终，船超载近800人。

当看到自己的同胞一个个登上船，美美地吃上意大利面，伸展开四肢躺在干净温馨的床上鼾声如雷时，他感到了幸福，感到了自己的价值，感到了一种前所未有的责任和使命。这位年轻的外交官第一次深切和强烈地体会到老外交官常挂在嘴边的那句"我们是国家的代表"其中真实的含义。

撤侨行动首战告捷

当地时间24日下午2点多，"奥林匹克冠军"号和"希腊精神"号满载着首批撤离的 4370 名同胞出现在克里特岛。罗林泉大使早已率使馆全体前方工作人员在那里翘首以待。在场的除了中国记者外,还有很多外国媒体。此刻,不仅国内高度关注,而且世界都在看着中国的撤侨行动。在西方人的眼里,中国不可能在短期内完成组织好几万人撤离的行动,所以当第一批 4000 多人从利比亚圆满撤离到希腊领土时,一些西方国家惊呆了。

欢迎的人群中最多的要数当地的希腊人,他们中还有一位重量级人物——克里特省的省长阿尔纳乌塔基斯先生。省长先生这一天似乎比罗林

祖国万岁!

泉大使等人还要兴奋。他对罗大使说:"我一定要把我国总理和我们国家对中国人民的这份友谊带给你们。"他还亲自在码头上与一位位上岸的中国侨民亲切握手,说着并不标准的中文"欢迎"二字。

码头上停着救护车,希腊医生和护士急匆匆地迎向艰难下船的伤病员。舷梯口还有几位美丽的希腊姑娘,她们是志愿者,手里举着面包和矿泉水,给每位下船的人分发一份,把克里特岛的微笑送给他们。

"罗大使,现在前方情况越来越紧急,望你们迅速安置好已抵达的同胞之后,立即命令'奥林匹克冠军'号和'希腊精神'号返回利比亚的班加西港,那里还有数千人等候撤离,越快越好!"欢迎仪式尚在进行之中,罗大使即接到了国内的指示。

"明白!已抵达的两艘邮轮在完成补给后,傍晚将先后出发,其目的地——班加西!"罗林泉大使坚定有力地回答。

回到祖国母亲的温暖怀抱

撤离利比亚的 3.5 万余名中国公民陆续被运送到埃及、突尼斯、希腊、马耳他、苏丹、约旦、埃塞俄比亚、阿联酋、阿曼等数个国家聚集。逃离了战火硝烟的同胞们此刻最渴望的就是回到祖国、与日夜思念的家人团聚。

孙应是一名年轻的外交官,撤离行动中被派往前线。他的工作岗位在马耳他,负责协助使馆,护送同胞登机。马耳他是个小国家,机场也小,每当我们的包机出现在机场时,当地人和游客都会惊叹一声:"哇,大飞机来啦!"大飞机虽然给马耳他人一种惊喜,但也为机场增添了不少麻烦。

每次我们的飞机加油都得两辆加油车，这不仅是时间问题，还有地勤工作的协调调度问题，而且我们每天有8—9趟大飞机起降，其工作量可想而知。好在马耳他有关部门热情好客，给我们提供尽可能的方便。

协调工作虽繁杂而琐碎，但最难的还是如何组织好队伍，安全有序地登机。孙应和同事们的做法是：到机场后，使馆工作人员举着国旗在前面引路，后面皆是举着小红旗的同胞，整整齐齐地排队进机场，过安检。

有个外国人奇怪地问孙应："你们为什么总举着国旗？国旗代表一个国家政府的形象，可是你们的人看上去都不像总统和政府的高级官员。"

孙应回答道："是的，我举着中国国旗就是代表中国政府，是我们中国政府在这里接送从利比亚撤离的同胞。他们虽然不是政府高官，但他们是我们国家的人，所以他们享受国宾的待遇。"

外国朋友听到这里敬佩地伸出大拇指说："你们中国了不起！"

一队队中国同胞在五星红旗的引导下，登上了祖国派来的大飞机。他们不时挥动着手中的小红旗，这种情绪强烈地感染着马耳他机场内外，外国人在一旁纷纷向中国人投来敬佩的目光并赞誉："China is really powerful!"

响彻中外的英雄交响乐！

"回家了！"飞机即将进入中国领空时，机上同胞们个个无比兴奋，有的甚至开始倒计时："5、4、3、2、1……"瞬间，机舱里"祖国万岁！"的欢呼声压过了引擎的轰鸣。北京南苑机场，前来迎接亲人回家的人们站得里三层外三层。当机舱门打开的那一刻，机上的同胞奔向自己的亲人、朋友，相拥而泣。一位获救的工人一下飞机就长跪在地，久久亲吻着祖国大地……

中国的利比亚撤侨行动圆满收官。12天时间里，中国调派182架次中国民航包机、24架次军机，租用70架次外航包机、22艘次外籍邮轮、1000余辆次客车，动用5艘货轮、1艘军舰，海、陆、空三路出击，涉及40余个国家，无一例伤亡事件出现，将35860名同胞安全撤离和转运回国！

2011年3月5日23点，国务院应急指挥部第三次全体会议召开。总指挥宣布：在党中央、国务院的英明领导下，在国家各部门、各省市自治区和全国人民的全力配合与支持下，中国的利比亚撤侨任务胜利完成！

这回，国务委员戴秉国也恢复了往日的笑容，情不自禁地高声说："此次行动，是中国人集体奏响的一曲响彻中外、气势恢宏的交响乐！是英雄交响乐！"

几个小时之后，全世界的媒体都在报道和传颂东方巨龙的又一次精彩亮相。

"这么快！这么好！这么有序！这么安全！这就是中国力量！这就是中国速度！"

"中国的以人为本是在实际行动中体现出来的。"

"让世界震惊的，还有他们长期积累下来的友善与和睦的外交经验。"

"中国人可爱。中国外交官的能力与风采更值得称道！"

"中国是个负责任的大国，他们不仅圆满地解救了自己的几万名公民，而且帮助其他国家撤离了两千多名难民。"

中国的利比亚撤侨行动是一次被世界公认的中国外交的完美亮相，也是中国外交史上前所未有的行动。毫无疑问，它将被载入史册。

本文根据何建明所著《国家——2011·中国外交史上的空前行动》一书摘编而成。何建明，中国作家协会原副主席、中国报告文学学会会长。

外交思索

- 此次利比亚撤侨，我们的撤侨路线是怎样的？具体是怎么实施的？
- 此次利比亚撤侨，我国得到了哪些国家、哪些方面的协助？
- 此次利比亚撤侨，让你记忆深刻的片段有哪些？

外交视界

那个年代并不遥远，所见、所闻、所感还是这么新鲜。

钟情于中国文化的希拉克总统

作者：施燕华，曾任中国驻卢森堡大使、
中国驻法国使馆公使衔参赞。

法国历任总统，从戴高乐、蓬皮杜到德斯坦、密特朗，都有着剪不断的中国情结，尤其是希拉克总统，他对中国文化的热爱可以说已到了痴迷的程度。希拉克总统深厚的中国文化修养从何而来呢？他小时候居住的地方有一个博物馆，馆内陈列了包括青铜器在内的许多中国艺术品。年少的他被深深地吸引了，一有空就往博物馆里钻，慢慢培养起了对中国文化的感情，而且逐步达到了高深的境界。希拉克情系中国文化，研究中国文化，一生为中法文化交流作出了卓越的贡献，被亲切地称为"中国人民的老朋友和好朋友"。

2003年10月6日晚，往常披着金纱的埃菲尔铁塔突然从上到下裹上了鲜红的大袍，红光四射，染红了周围的建筑物，映红了塔下观光客的脸。各国的游客们都情不自禁地发出了欢呼声。在中国的传统文化中，红色代表喜庆，象征着热情、乐观，代表着中国。中国在法国的文化年就这样以"涂红铁塔"的奇特方式拉开了序幕。

2003年10月到2004年7月，中国在法国举办文化年。2004年春节，在香榭丽舍大街的彩装大游行轰动了全巴黎。从北京来的演出队和旅法华侨在香榭丽舍大街敲起中国锣鼓，奏响乡土味十足的中国民乐，表演了高难度的杂技。中国妇女在引领世界时尚的香榭丽舍大街扭起了秧歌舞。

香榭丽舍大街是法国人的骄傲,沿街遍布各种名牌商店和露天咖啡馆,它代表着法国的文化和生活方式。这是寸土寸金之地,每年法国国庆时才能封路,举行阅兵式。无人敢想象,外国人能到香榭丽舍大街游行庆祝自己的新年。但是在2004年的春节,中国人来了,这也许是空前绝后的。来自巴黎和法国各地的群众把香榭丽舍大街挤得水泄不通,他们都渴望了解中国文化。许多人看了游行后兴奋不已。他们不仅对"古老的中国"开始有所了解,对现代中国人的面貌也有了深刻的印象。

2004年10月9日晚,在中国首都的中心——天安门广场的正南边,正阳楼变成了红、白、蓝三种颜色,好似披上了一面巨型法国国旗,法国文化年正式开幕。雅尼音乐会、戴高乐生平展、法国印象派画展……各种文化活动接踵而来,令人目不暇接。北京充满了浓浓的"法国味儿",中国人被法国文化的魅力吸引住了,也从这些文化活动中看到了法国人的创新精神,受到了启迪。

中国和外国互办文化年,这是第一次。但为什么是法国,而不是别的国家?中法互办文化年的主意是谁首先提出来的?

希拉克提出互办"文化年"

2000年10月,希拉克总统访华时,向江泽民主席提出了互办文化年的建议。江主席认为这是个好主意,立即表示同意。两国元首达成协议:2003年10月至2004年7月,中国在法国举办文化年;2004年秋季至2005年7月,法国在中国举办文化年。

此后，希拉克一直关心着中法文化年的筹备工作。最初筹备工作进展缓慢，缺乏生气，希拉克亲自点将，让他的文化顾问泰拉·诺瓦加盟，加强领导班子。泰拉·诺瓦提出，中国在法国的文化年应突出三点：古老的中国、多彩的中国、现代的中国。这三点完全体现了中国文化的特点。

希拉克还提出，"文化"是个大概念，不只是办几场文艺演出或文化展览，还要包括科技、教育等领域，也要发动地方的积极性，不仅在首都办，在地方也要办，可以称作"中国年""法国年"。他的想法赢得了中国领导人的支持。最终，中国文化年、法国文化年都取得了圆满成功。

只有热爱并懂得文化重要性的人才会有这样的创意、这样的点子。希拉克一贯主张文化多样化，对美国大片、美国生活方式泛滥十分警惕，担忧各国独有的民族文化会因此而衰弱、消亡。和所有的法国人一样，希拉克为法兰西文化感到骄傲，但并不排斥其他文化。在他的倡议下，巴黎塞纳河畔建起了一座风格独特的非洲博物馆。

希拉克喜欢东方文化，尤其痴迷于中国文化。他不仅对青铜器研究颇深，还对李白情有独钟。他亲口告诉我们，他正在编写一本关于李白的电影脚本。李岚清副总理访问法国时，希拉克提出，想了解中青年学者对李白的看法。李岚清副总理回国后，立即托人把北京大学等高校的4位青年学者的论文和法语译文送到我驻法使馆。当时正好有一场授勋活动，我应邀参加，便将论文交到了希拉克的手上。他拿到装着论文的大信封，第一句话就问："有法语译文吗？"我回答说："中法文都有。"他高兴地笑了，说："了解当今青年学者的观点很重要。"

所以，由希拉克提出中法互办文化年的主张，再自然不过。

"开小差"研究中国青铜器

希拉克从小就喜欢中国文化，这同他的启蒙老师有很大关系。这位白发苍苍的俄罗斯家庭教师懂得十几国语言，酷爱东方文化，经常带着才十几岁的小希拉克到吉美国立亚洲艺术博物馆参观，那里陈列着中国、日本、印度等国的文物。老师的讲解和眼前各种神奇的艺术品令希拉克心驰神往。他乘着想象的翅膀飞到了中国，飞到了日本，飞回了久远的年代。他思考着为什么铜器是青灰色，考古学家怎么测定这是哪个年代的器物？他越看越想了解这些文物背后的故事。

希拉克上中学时，家搬到了吉美国立亚洲艺术博物馆附近。这为他去博物馆提供了方便。一放学，他就背着书包到那里去，站在各种文物前左看右看。博物馆的管理员看这位男孩如此着迷，常常热心地走过来解答他的问题。希拉克尤其喜欢中国的青铜器。青铜器上的图像各异，它们都代表什么？希拉克想弄明白。吉美国立亚洲艺术博物馆成了他最爱去的地方，青铜器也成了他的终身爱好。

希拉克在年轻时就从政，而且十分投入。不管是在财政部当一名官员，还是后来成为巴黎市长，甚至在1995年当选为法国总统后，他对青铜器的热情也丝毫未减。一位大国的总统，日理万机，怎么会有时间去研究青铜器呢？有一次我向希拉克夫人提出了这个问题。她告诉我，希拉克每天只睡三四个小时，每晚睡觉前必定要读关于中国考古的杂志。

其实，何止是睡觉前读呢！2002年7月，希拉克出席北约首脑会议，大概因为有的发言内容重复，他索性从公文包里拿出一本书读起来。会议厅楼上的记者厢里，一位法国记者发现总统在"开小差"，眼疾手快，立即用长镜头拍下，并在法国报纸上登了出来，标题是"总统忙里偷闲，研究中国青铜器"。照片上的希拉克低着头，全神贯注地在看一本书。

类似"开小差"的事件时有发生。他的顾问曾告诉我，在一次国际会议上，希拉克趴在桌上，边听发言边认真地在一张纸上写着什么。顾问以

为总统在记发言要点。没料到过了一会儿，希拉克转过身来，递给他一张纸，说："请帮我核对一下。"顾问一看，大吃一惊，总统哪是在记笔记，他默写下了全部中国朝代纪年表！顾问自知才学疏浅，无法核对，便一个电话打到巴黎，找到研究中国历史的专家，一个朝代一个朝代地核对，居然全部正确，希拉克得了满分！

义务讲解员

希拉克对青铜器的研究达到了专业水平。他参观中国出土文物展时，基本上不需要讲解。他与有关中国专家的关系，像同行、似朋友，一边看一边交换心得。对于陪他前往参观的人，包括他的夫人，他都不厌其烦地向他们讲解，而真正的讲解员却"失业"了。

上海博物馆前馆长马承源是青铜器专家，与希拉克交上了朋友。1997年希拉克参观上海博物馆，原定参观一小时，结果他逗留了一个半小时。法国外交部礼宾司司长不断提醒他该去机场了，但他还是兴致勃勃地与马馆长讨论青铜器问题。法国总统的专机为此在机场多等了半个多小时。

作为国家元首，希拉克只见重要的外国客人，而青铜器专家马承源是个例外。每次马承源到巴黎，只要希拉克有空，肯定要见他，两人讨论青铜器，谈得十分投机。

有一次，马承源把他编写的一套青铜器书籍送给希拉克，希拉克爱不释手。虽然书是用中文写的，但他还是一页一页地翻看。当他翻到河南偃师二里头出土的青铜器时，抬头问马承源："这是二里头二期还是三期的青铜器？"马承源惊呆了，如此专业的问题，只有考古学家才能问得出来。二里头的青铜器，埋的土层有深有浅，形体也有差别，可看出不同的年代。一位外国总统居然对中国青铜器有如此之深的研究，怎能不令人吃惊！后来马承源去世，希拉克还专门发了唁电，足见他对马承源的尊重。

1999年，江泽民主席访问法国，希拉克总统夫妇为此做了精心安排。希拉克总统知道江主席也喜欢文化，所以在国宴的安排上突出了中国文化。他曾对我们说："欢迎江主席的宴会要与众不同。"在宴会厅旁边，布置了一个小小的中国艺术品展览，有一尊中国辽金时期的罗汉，还从赛努奇博物馆借来了镇馆之宝——中国青铜器"虎卣（yǒu）"（一种盛酒的器具）。听说迄今为止世界上只有两只"虎卣"，一只在巴黎，另一只在东京。这两件文物是展览的"亮点"，因为在中国是看不到的。希拉克总统陪着江主席在展品中间转来转去，兴致勃勃地向江主席讲解这些展品的艺术价值。这时的希拉克像一位博学的博物馆馆长或考古学家，谈起青铜器来眉飞色舞，忘了时间。法国外交部礼宾司司长在一旁干着急。出席宴会的法国部长们也只好面带宽容的微笑，跟着他们的总统在展品中间转悠。

"班门弄斧"，同中国人辩论中国历史问题

希拉克总统对中国历史的了解之深使他十分自信，敢同中国人辩论有关中国历史的问题。

2000年10月，希拉克总统访问中国，他先到了扬州。这是他多年的愿望。他知道江主席的家乡是扬州，还知道江主席是一个文化底蕴很深的

中国领导人。他常说:"我和江主席有一个共同的爱好,我们都喜欢李白。"

"故人西辞黄鹤楼,烟花三月下扬州。"但希拉克总统访问扬州时,是10月下旬,扬州已经入秋。总统专机抵达南京禄口机场时,正下着滂沱大雨,高速公路上烟雨蒙蒙。车队穿过扬州街道时,扬州居民几乎是倾城出动,冒雨等待这位中国人民的朋友。正如法国报刊所评论,希拉克总统为人热情,此时看到这么多人冒雨欢迎他,深为感动。他打开车窗,伸出胳膊向群众招手,整个袖子都淋湿了。

一到宾馆,希拉克总统换了衣服就去见江主席,进行小范围的会谈。当天晚上,江主席设宴招待希拉克总统,并安排演出了扬州道情等富有地方特色的文艺节目。

席间,希拉克总统提出要看大运河,由此引起了对隋朝兴衰的议论。中方有人问:"隋朝有几个皇帝?"一位同志不假思索地回答说:"两个,隋文帝和隋炀帝。"希拉克总统听了,立即胸有成竹地纠正说:"不,是三个。"那位同志不服气,坚持说:"是两个。"希拉克寸步不让,重复了一遍:"不,是三个。最后一个是恭帝,在位时间是617—618年,李渊是摄政王。""李渊"两字发音还很准确。这时江主席说:"希拉克总统对中国历史的了解真是让人惊叹呀!"

第二天早上,江主席与希拉克总统在国宾馆的茶室共进早餐。宾主双方一边品尝扬州点心,一边轻松地交谈着。江主席对希拉克总统说:"您说对了,隋朝是有三个皇帝,第三个是恭帝……"希拉克总统啜一口清茶,表情得意。希拉克"班门弄斧",这次胜了"鲁班"一着。

希拉克总统对中国文化的痴迷程度令人敬佩，他为中法两国的友好交流作出了不可磨灭的贡献，愿中法两国友谊长存！

外交思索

- 希拉克总统为了促进中法两国文化友好交流提出了什么倡议？
- 希拉克总统痴迷于我国古代青铜器，体现在哪些事情上？
- 希拉克总统访华时，就什么问题与我方工作人员展开争论？最终结果如何？

莫舒舒一世的故事

> 作者：李肇星，曾任中国常驻联合国代表、特命全权大使、中国驻美国大使、中国外交部长。

李肇星部长曾在非洲工作10个年头，到过近50个非洲国家。身为外交官的他，长期远离亲人和祖国，不能陪伴儿子成长，他就以书信的形式带儿子周游世界。本文是李肇星部长在非洲工作期间写给儿子的一封家信。

莫舒舒一世是非洲的一位民族英雄，他励精图治，实行一系列政治、经济、文化改革，领导人民反抗殖民统治，展现了不屈不挠的民族气节。莱索托人民至今仍骄傲地称自己为"莫舒舒的儿子"，并将每年的3月11日定为"莫舒舒纪念日"。

儿子，来信收到了。真羡慕你呀，又看了那么多有趣的国产电影，还到少年儿童活动中心看了那么美妙的演出。我们在这里的业余生活是另外一种样子：马塞卢的夜晚宁静而迷人，天空一尘不染，星星离地球格外近。银河低垂，好像就发源在不远处某一座平顶山上。此时此地，听莱索托朋友"摆龙门阵"，不也是一件乐事吗？

他们最爱讲莫舒舒一世的故事。他们说，如果没有这样一位民族英雄，很可能不会有今天的莱索托。从19世纪20年代离开故乡到1870年逝世，莫舒舒一世一生都在为国家的生存发展而运筹、奋斗。今天，他的青铜塑像矗立在首都中心区的一座小山上，广大青少年常在假日里前往瞻仰。他那数不清的奇闻轶事在民间不胫而走,成为人们汲取精神力量的一泓清泉。

根据推算,莫舒舒一世大约生于1786年,20多岁便出任酋长。他的家乡在闭塞的北部山区。莫舒舒一世小时候没有机会上学,也不知道世界上有文字这种东西。随着欧洲传教士和探险者的到来,许多新鲜事物出现了。他发现,要使自己的部落繁荣强大,就得努力学习,弃旧图新。40岁时,他第一次见到马和火枪,便立即用牛羊去换来一些,带头学习骑马和射击。

有弯弓放箭的基础,他很快便成为一名优秀的步枪射手,但学骑马就不那么顺利了。第一次爬上马背时,他心里发慌,样子笨拙。因为怕摔下来,他一只手握住一根木棍,在空中摇晃着,帮助维持身体平衡,简直比杂技演员走钢丝还困难。没有好东西来装备马,他便自己用橄榄木制造笼头,自己打草绳做缰绳。他不怕丢领导人的架子,反复练习,终于成为一个驰骋高山深谷的骑手。

人到中年,学文化最困难。莫舒舒一世的办法是,先送孩子到传教士那里去读书,他在家里再请孩子当老师。这位酋长到50多岁时,还每天花2个小时向自己的儿子学习拼写。

在那相当原始的年代,人们难得的一种乐趣是喝自制的烈性啤酒。好多人饮酒成瘾,欲罢不能。年轻的莫舒舒一世也不例外。但自从当上酋长,他就以惊人的毅力戒了酒。他并不反对别人喝酒。有一次,一个醉醺醺的部下毫无道理地骂了他,大家主张严加惩处,他却一笑了之。但这件事更加坚定了他戒酒的决心:"我是首领,我更没有资格去醉醺醺地胡言乱语。"

由于科学不发达，莫舒舒一世的部落里有不少神汉、巫婆、巫男之类的角色在诓害百姓。他们给人看病时，可以信口雌黄地指控是某个人的精灵制造出的疾病。仅凭这样一句话，那个无辜的人便可能被活活打死，而病家则要交一大笔"诊断费"。

起初，莫舒舒一世也相信他们的"法力"。有一天，临近一个部落发兵进犯他在布塔布泰的根据地。莫舒舒一世下令紧急修筑工事，准备抗敌。不料，一位老巫婆出来告诉他：不必兴师动众，由她用"妖术"引出一条巨蛇，就能把敌人吓跑。莫舒舒一世听她口气很硬，同意让她试一试，并给她派了一名助手。结果不难想象，老太太根本引不出什么蛇。敌人刚一露面，她就吓得抱头鼠窜，后来被敌人追上杀死了，莫舒舒一世的兵阵顿时陷入混乱。来犯的敌人把这件事编成歌唱："莫舒舒一世真聪明，靠女人引蛇打冲锋……"

这次遭受的失败和嘲弄使莫舒舒一世头脑清醒了。他对种种愚昧的陋习提出了疑问：既然会法术、妖术，与天神相通，神汉们为什么还会失败呢？既然自称能治百病，万无一失，巫婆、巫男们为什么自己还会生病死亡呢？莫舒舒一世越想越明白。1843年，他发布命令，禁止神汉欺骗百姓、谋财害命。

他还想了很多办法，劝人不要迷信。一天，他当着众人的面，把一串项链藏起来，然后招来一批神汉，让这些自称无所不知、洞察一切的神汉找出项链。结果，神汉们一筹莫展、威信扫地，令老百姓大开眼界。

有一个老头硬是相信神汉，莫舒舒一世就教他无病装病去找神汉诊断。

那神汉煞有介事地把他端详一番，照例胡编一通，说他鬼魂缠身，必须宰一只羔羊敬谢鬼魂。当然，最后还必须拿出两只肥肥的山羊敬谢他这个神汉……之前不开窍的老人终于恍然大悟。

莫舒舒一世懂得，只有破除迷信，社会才能进步。据记载，为了揭穿巫师们的骗局，他曾调集人力，对所谓的魔力、咒语和神药进行试验。试验方法很简单：有个巫师宣称，他的咒语能让人心烦意乱，甚至生病。莫舒舒一世便专门请来一位健康活泼的少女让巫师诅咒。几天过去了，那姑娘照样生活得生气勃勃、健健康康；巫师倒是灰溜溜的，快急出病来了。

刚当上酋长时，莫舒舒一世的脾气有些粗暴。自从拜了莫洛米为老师，他逐渐变成了另外一个人，智慧、谨慎、宽厚。他问莫洛米："怎样才能做一个受人拥戴的领袖呢？"得到的回答是："靠发脾气和耍小手腕不能成大器，要帮助危难的人、讲信义、顾大局。"他颁布命令：和平时期，对过路的陌生人只能帮助，不能欺侮；战争时期，要优待俘虏，奖励投降的人。

欧洲殖民主义者奴役南部非洲，手段既残忍又狡猾。除了用枪炮镇压，欧洲殖民者还对不同民族和同民族中的不同家族、部落进行分化瓦解。因此，莫舒舒一世特别珍视民族团结。

有些反对过他的部落遭到殖民主义侵犯时，他从不趁火打劫，而是慷慨提供山洞和食物，帮助他们避难。邻近部落里有个叫拉考措纳的人，曾在战乱中杀死莫舒舒一世的祖父，后来被莫舒舒一世的部队逮住了。谋士们提议立即将他处死，莫舒舒一世却派人给他裹好伤口，送他几头牛，嘱咐他回家好好做人。不少人感到莫名其妙，莫舒舒一世便召开大会，宣布："我们民族在内部纠纷中受的苦难够多了，让我们一笔勾销旧账吧！今后，不许任何人再掘开祖辈的坟墓诉说仇恨。"

尽管如此，仍有人违背他的指示，找人算旧账、寻衅滋事，莫舒舒一世就毫不留情地处罚他们，即使对自己的亲戚也不例外。他的一个表弟偷了一家老仇人的牛，他愤怒地作出判决，让这位表弟加倍偿还偷的牛。

历史上还记载这样一件事，颇能说明莫舒舒一世的胸怀和眼光。有一年，一个强悍的部族出兵攻击莫舒舒一世的部落，莫舒舒一世请求一向与他关系不错的姆皮迪部落紧急救援。不料，姆皮迪人害怕惹火烧身，竟然按兵不动。不久，那个部族矛头一转，前去侵犯姆皮迪人。对此，莫舒舒一世不仅没有幸灾乐祸，反而主动派兵支援姆皮迪人，帮他们从入侵者手中夺回大群牛羊。姆皮迪的酋长羞愧交加，主动接受了莫舒舒一世的领导。

当年侨居莱索托的一位法国人说，莫舒舒一世是以自己的伟大人格魅力把各部族、各部落凝聚成一个统一国家的。他的魅力就是宽宏大度。宽宏大度并不是草率从事。莫舒舒一世成为国王后，曾经聘请几位法国传教士担任经济和外事顾问。他注意听取顾问的意见，允许自己的亲属信仰外国宗教。但当顾问们千方百计、不厌其烦地劝他皈依基督教时，他却以种种理由一推再推。经过深思熟虑，他向一位他最敬重的传教士交了心："是的，基督教讲究文明和仁慈，欧洲来的基督徒中没有偷牛、偷羊的。但是，他们从这块大陆偷走的是一个又一个的国家啊！"莫舒舒一世到死也没有成为基督徒。

军事上,莫舒舒一世擅长打山地游击战,多次以少胜多、以弱胜强。外交上,他足智多谋,注意争取舆论同情,极力避其锋芒,保全自己的力量。他充分利用荷兰和英国之间,以及荷兰、英国政府同它们的殖民地当局之间的各种矛盾,抓住时机,让军事斗争和外交斗争互相补充,有机配合。

有一年,邻近一个叫恩德贝莱的部落因闹饥荒,发兵进犯莫舒舒一世,抢夺牲畜,结果被打得落花流水。敌兵准备撤退时,莫舒舒一世派使者带上几头牛,赶到敌军阵营慰问。使者说:"莫舒舒一世向你们致敬。他料想你们是因为饥饿才到我们这里来的。这批牛长得相当肥壮,谨供贵军回

家途中享用，也算不白跑一趟。"这种"一笑泯恩仇"的慷慨行动感动了恩德贝莱军队，他们此后再也没有进犯过莫舒舒一世的军民。

这样的事，莫舒舒一世干过不止一次。1865年，得知奥兰治自由邦的殖民主义当局要侵犯莱索托，莫舒舒一世一面加紧部署备战，一面致函英国政府，他雄辩地指出，没有任何人能找到对他进攻的任何正当理由，他的罪过仅仅在于"拥有一个美丽富饶的国家"。这封信义正词严，首先在道义上压倒了敌人。

在那些充满危机和凶险的岁月里，莫舒舒一世是一位深深扎根在民众之中的巨人。他沉着、勇敢、机智、幽默，千方百计地在悬崖绝壁上为莱索托寻找生路。他传奇般的事迹，永远是莱索托和第三世界国家人民的宝贵精神财富。

外交思索

- 请简要说说莫舒舒一世是一个怎样的人？具有哪些优秀品质？
- 为了破除人民的迷信思想，莫舒舒一世做了哪些事情？
- 在战争期间，面对敌军或友军，莫舒舒一世是怎样做的？

古巴用我的名字命名黄瓜

> 作者：徐贻聪，中国前驻厄瓜多尔、古巴、阿根廷大使。

国家之间友好关系的建立与维系，不仅在于政府首脑之间的友好往来，还体现在日常交往的各个方面。不论是何种形式的交往，关键在于事事为对方着想、处处以诚相待。即使像黄瓜这么一种简单又朴实的小小蔬菜，也能抵得上价格昂贵的礼物，成为中古两国人民深厚友谊的见证。

1995年4月，古巴农业部在哈瓦那举行隆重仪式，将一种中国黄瓜命名为"徐贻聪黄瓜"，以表彰我对推动古巴农业发展及促进古中友谊所做的贡献。这在我出使古巴的经历中留下了一段佳话。古巴政府用我的名字命名黄瓜，并非因为我培植或发现了什么新的黄瓜品种，而完全是对中国友好的体现。

1993年，我到哈瓦那就职时，古巴正处于经济极其困难的时期。美国对古巴采取的长期封锁并未因冷战结束而中止，而来自苏联的经济援助也因苏联解体而难以为继。古巴人民的生活面临前所未有的困难，甚至影响到像我们这样的驻古巴外交人员的生活。

蔬菜是人们日常生活中不可或缺的食物，而当时古巴的蔬菜市场供应严重不足，怎么办呢？我们中国人比较讲求自力更生的精神，于是我开始积极想办法。中国驻古巴使馆位于哈瓦那市的一个重要街区，馆内除几栋楼房和一块5000平方米的草坪外,还有点儿闲散地块。我开始打这些空地的主意,带领馆员们自己动手解决"菜篮子"的问题。

使馆工作人员把空地整理出来种了一点儿蔬菜,有冬瓜、茄子、西红柿,还有韭菜,这里就变成了一个菜园,红红绿绿的,倒也挺好看。为了丰富品种,1994年我和夫人回国休假的时候,在北京市场上买了几种蔬菜种子,其中就有最普通的黄瓜种子,然后带回了古巴。黄瓜是大众菜,很容易栽培,而古巴的气候一年四季都比较热,非常适宜黄瓜生长。

1994年下半年的一天晚上,当时古巴的二号人物劳尔·卡斯特罗副主席带领几位军队领导人应邀到使馆做客。就餐前,我陪他们在使馆的院里散步,走到了馆员种菜的一角。在菜地旁,劳尔·卡斯特罗看到架子上结有细长的黄瓜,那是古巴没有的品种,就问我那是什么植物。我告诉他那是来自中国的一种黄瓜,馆员们种植它,用于调剂生活。他听后产生了浓厚的兴趣,问可不可以尝尝。我告诉他不仅可以品尝,而且馆员们会感到非常荣幸。

劳尔·卡斯特罗走进菜地摘了一条黄瓜,用手抹了抹就咬,边吃边说从未尝过这么美味的黄瓜。他问我,能否让同行的其他几位将军也见识见识。我上前把大体上能吃的黄瓜都摘了下来,但仍然不够每人一条,只得掰成几段分给了他们。古巴当地产的黄瓜口感不好,大家品尝过我们种植的黄瓜之后,赞不绝口。劳尔·卡斯特罗开玩笑地对华裔将军邵黄说:"你在古巴生活50多年了,怎么从未跟我们说过中国有这么好的黄瓜?"大家听了哈哈大笑。

"言者无心，听者有意"，邵黄将军和我都对劳尔·卡斯特罗的话若有所思。晚上我把此事告诉了夫人，她说还剩下一些黄瓜种子，建议我考虑要不要送给邵黄将军。第二天，我把剩下的黄瓜种子找了出来，打电话问邵黄将军是否需要。他在电话里大笑起来，说我一下子就治好了他的失眠症。原来昨晚他一直在想着黄瓜的事情，竟然没睡着觉。

邵黄将军的办公室离我们使馆不远，开车大约5分钟即可到达。由于工作的关系，可能还因为我与邵黄将军都是炎黄子孙，又是同岁，脾气也很相投，所以我们的交情甚厚，来往非常密切。他给我的信笺往往只署名"兄弟"。我经常到他的办公室去，他也经常到我们使馆来，相互走动不拘形式。我与卡斯特罗兄弟的许多交往都是他帮忙安排的。我记得，他的办公楼前有一块约500平方米的菜地，是既当试验田又作为局机关工作人员蔬菜供应点的几块土地之一。我有机会看过他的所有菜地。有时候，他还派人将新鲜的蔬菜给我们使馆送去，让馆员改善生活。如何种好蔬菜，往往也是他和我交谈的话题之一。

那天晚些时候，我来到邵黄将军的办公室，把种子交给了他。邵黄将军和他的几名助手向我详细地询问了这种黄瓜的特性以及种植中应注意的问题。我是有备而去，基本上回答了他们的问题。

古巴是个热带国家，除一二月份稍微凉爽点，大部分时间很炎热，最热的时候是八九月份，热得连蔬菜都不长，所以邵黄将军的菜地都用黑尼龙线网罩住，以减少阳光的照射，有利蔬菜的生长。在类似的气候下，黄瓜随时均可下种，也随时都可收获。未过多久，邵黄将军就告诉我，黄瓜苗长出来了。其后，他又不断打来电话，告诉我黄瓜每个阶段的生长情况，并谈及他的喜悦心情，其对此事的重视程度可见一斑。由于此事直接与我有关，所以我也理所当然地对这些种子特别关注，并对它们的顺利发育和茁壮成长感到由衷的高兴。但我绝对没有想到，这种黄瓜会在古巴传播得那么快，古巴人会那么重视它。

1995年4月的一天，邵黄将军直接给我打电话，问我第三天的上午能否到他办公室去一趟。我翻了翻日程表，看那天没什么重要的活动，就一口答应下来，也没有问要我去干什么。

当天，我按约定的时间到了国家物资储备局，只见楼前聚集了有好几百人，这令我感到惊奇和纳闷。邵黄将军在大门口等着我，没有像往常那样领我去他的办公室，也没有回答我"为什么有那么多人"的问题，而是带着我直接走向主席台，并将在主席台下等候的农业部长、哈瓦那市和邻近的几个省的负责人介绍给我。我和他们都不陌生，还与其中一些人是老朋友，所以以为他们是在那里参加一次内部活动，顺便要我见见他们。我向他们问候后正想离开时，农业部长拉住我说："你不能走，今天这个会没有你可开不成了。"

他边说边示意主持人宣布会议开始，同时领我上了主席台。主持人讲了会议的目的后，我才恍然大悟，明白会议与我的关系，但也感到忐忑不安。不过，我想，大家都是朋友，更何况会议已经开始，除了出席也别无退路，只能"既来之，则安之"。

邵黄将军、农业部长先后在会上讲话，介绍了我带给古巴黄瓜种子的过程及黄瓜在古巴培育、生长、传播等情况。农业部长宣布：经商有关部门并报国务委员会批准，决定将这种在古巴从未有过的黄瓜品种命名为"徐贻聪黄瓜"，以表彰徐贻聪大使对古巴农业发展所做的重要贡献，也肯定他为推动古中两国的友好合作关系作出的具体努力。农业部长结束讲话后，代表古巴政府将一份很正式、上面写有"徐贻聪黄瓜"

字样的证书授予了我，并请我致辞。

登上主席台时我就想到，他们在讲完话以后一定会邀请我说几句，因而在会议进行过程中我边听边打好了腹稿。农业部长宣布要我讲话后，我没有也无法推辞，就走近话筒，做了即席发言。我说道："这次活动令我吃惊，这项荣誉令我意外，实际上是'无功受禄'。在中古两国人民深厚的传统友谊中，我所做的其实真的微不足道，何况其中的主角并不是我，而应该是我的夫人，因为是她带来了种子。"我的讲话赢得了广泛赞赏和肯定，还引起了阵阵友好、会心的笑声。

后来，我离开古巴赴任阿根廷，有一年巧遇古巴农业部长。他告诉我，"徐贻聪黄瓜"已经在古巴各个省普及，不仅对古巴农业，而且对古巴的旅游业也起到了很特殊的作用。我听了以后感到非常高兴，不仅仅因为这上面有我的名字，更多的是因为中古两国同舟共济、守望相助的友谊得到了进一步升华，两国人民之间的深情厚谊历久弥新！

外交思索

- 什么原因使作者带领馆员在大使馆种起了蔬菜？
- 邵黄将军栽培的黄瓜，其种子从何而来？
- "徐贻聪黄瓜"为何在古巴如此受欢迎？

胡志明:从54号房到高脚屋

作者：李家忠，中国前驻老挝、越南大使。

已故越南共产党主席、越南民主共和国主席胡志明为祖国鞠躬尽瘁、奋斗一生，给后人留下了许多宝贵的精神财富，其中之一便是伴随他终生的勤俭廉政。胡志明不仅是越南人民衷心爱戴的伟大领袖，也是中国人民十分敬重的老朋友。他在60多年的革命生涯中曾多次到过中国，与毛泽东、周恩来等我国老一辈革命家结下了深厚的友谊。这位伟人曾为越南人民的民族解放事业，为增进中越两国人民友谊贡献了毕生心血，值得我们永远崇敬与怀念。

凡是到访越南的外国代表团，几乎都有一项必不可少的日程安排，就是参观越南主席府内的胡志明故居。

没有空调的54号房

1954年抗法战争胜利后，越南领导人从战区回到了首都河内，胡志明身为越南民主共和国主席，于同年12月住进了主席府。

为了保持与人民群众同甘共苦的作风，胡志明主席并没有住进主席府的主楼，而是把当年印度支那总督府内法国电工居住的三间平房打扫干净，分别作为自己的办公室、卧室和用餐间。由于这件事发生在1954年，后来人们便习惯地把这三间平房称为"54号房"。

平房的条件很差，夏天屋外的水泥墙面被烈日照晒得发烫，使室内异常闷热，胡主席只得用芭蕉扇扇风。外交部领导看到这种情况后，便从国外采购了一台空调机送给胡主席。

一天上午趁胡主席外出，工作人员把空调机安装在了室内。胡主席回来后问工作人员："房间里怎么有一股味儿？"主席所说的"味儿"，并非臭味儿，而是因为空调机内有一个自动喷放香水的装置，打开空调后，

雾状的香水便会喷放出来。

听到胡主席这样问,管理人员只好把装空调的事如实做了汇报。胡主席未多说什么,工作人员以为问题已经解决。但到下午,胡主席把管理人员找来说:"请你们把这台空调机给河内面粉街医院的伤病房送去。那天我去看望他们时,感到那里很热。至于这里,我什么都不需要,而且中央的其他领导同志也都没有空调机,我为什么要有?"管理人员只好遵照胡主席的意见,把空调机拆下,送给了医院。

胡志明高脚屋

1958年4月,越南党中央政治局决定在主席府院内为胡主席建造一栋新的住房。经过3个多月的施工,胡主席于5月17日搬了进去。这就是著名的胡志明高脚屋。

它是一座木质结构的两层小楼,长10.5米,宽6.2米。根据胡主席的意见,小楼的外形与抗法战争期间他在越北根据地住过的高脚屋十分相像。楼下没有墙壁,只有几根木柱支撑,中间放有1张长桌和12把椅子,是越南党中央政治局开会的地方。四周砌有约50厘米高的水泥矮墙,上面铺有木板。胡主席说,这是为了少年儿童来看望他的时候有较多座位。

高脚屋楼上有两间小屋,分别作为胡主席的办公室和卧室,每间的面积只有11平方米。办公室内有1张小桌和1把藤椅,没有沙发。任何国内官员和国外贵宾,只要走进了胡主席的办公室,都毫不例外地同胡主席一起席地而坐。屋内有一个书架,上面摆有各种报纸、杂志和一台旧打字机。胡主席多年来养成了自己动手写东西的习惯，简短的文字用手写，较长的文字便用打字机。

卧室内有一张宽1.2米的木床，四周装有4根固定的木棍，用来挂蚊帐。床面铺有凉席，放有白布枕头。晚上胡主席入睡前可躺在床上看报，困了可随手关掉电灯、电扇和收音机。床边放有一个小闹钟和一个小暖水瓶，都是中国产品。床头小凳上放有一把芭蕉扇，是中国首任驻越大使罗贵波送给胡主席的。中国领导人周恩来、刘少奇、邓颖超、郭沫若和著名诗人萧三都曾走进过胡主席的高脚屋。

高脚屋没有卫生间和餐厅，连自来水也没有。胡主席每天要三次回到54号房就餐。从高脚屋到54号房的距离约200米。胡主席说，步行去用餐也是一种锻炼。遇有雨天，工作人员提出要把饭菜送到高脚屋来，胡主席不同意。他说："这样虽自己不会淋雨，但工作人员会淋雨。你们是愿意让一个人辛苦，还是愿意让更多人辛苦？"

胡主席的衣柜一直放在54号房内，里面有两套中山装、一套捷克政府赠送的黑色毛呢制服、几件农民常穿的褐色无领布衫，还有一双用橡胶轮胎制作的凉鞋，也叫"抗战鞋"。

一次，一位高级干部看见胡志明上身衣服的肩部有一个补丁，便顺口说了出来。胡志明听到后说："党的主席、国家主席穿带补丁的衣服，这是人民的福气。不要把这个福气丢掉。"

胡主席的一日三餐十分简单。早餐经常是一碗粥、几块白薯或一小片面包和一杯牛奶，有时也吃一碟糯米饭。两次正餐基本上是三菜一汤。三菜是"两咸一淡"。"两咸"中一道是瘦肉、鸡肉或烤鱼，另一道是茄子蘸鱼露、柠檬汁，有时加一点辣椒；"一淡"是一盘水煮蔬菜。一汤则根据时令的变化，有时是白菜汤，有时是酸豆角汤。胡主席从不吃生菜。他最喜欢吃加一点姜丝的干烧鱼，主食只吃两小碗米饭。胡主席要求炊事员掌握好饭菜的量，争取做到每一次全部吃光。如有饭粒掉在饭桌上，他肯定会捡起来吃掉。他饭后一般吃一根香蕉或一个橘子，有时也吃一个苹果。

花5年时间写遗嘱

胡主席晚年用了大约5年的时间书写遗嘱，并反复修改。他在其中的一稿里说："我去世后不要举行盛大追悼活动，以免浪费人民的时间和金钱。我要求将我的遗体烧掉，就是'火葬'。我希望这种'火葬'的做法能够推广开来。因为这在卫生方面对活着的人有好处，而且不浪费土地。等我们有了更多的电，'电葬'就更好了。我的骨灰分成三份，放入三个瓦罐里，一个留在北方，一个留在中部，一个留在南方。请每个地区的同胞找一个山丘，把这个瓦罐埋下。墓地上不要有石碑、铜像，而要修建一间简单、宽敞、坚固、凉爽的房子，好让前去凭吊的人们有地方休息。墓地上和四周要有计划地种树，谁去凭吊，就种几棵树作为纪念。时间一长，树木多了，就会变成树林，对风景和农业都有好处。看墓的事可以交给父老乡亲。"

胡主席逝世后，高脚屋作为革命文物对外开放，供国内群众和国际友人参观。为了保护这栋历史建筑，越南主管部门在高脚屋外围修建了铁制楼梯，参观者从楼梯上就能清楚地看到高脚屋的内部陈设。只有外国领导人和高级代表团，才能获准穿上布制鞋套，走进高脚屋参观。

我担任驻越南大使期间，曾多次陪同我国党政领导人和其他重要代表团参观胡志明故居，几乎每次都由故居管理局局长陈曰环出面接待并亲自解说。由于每次参观的时间有限，不可能讲很多，为此，我曾对陈曰环说，能否为我单独安排一段时间，请他做更详尽的讲解，他爽快地答应了。但由于我工作太忙，直到2000年7月离任回国也未能实现这一愿望。

2005年1月，我和夫人应邀去河内参加庆祝中越建交55周年研讨会，在河内停留期间，我再次表达了上述愿望。越方立即表示欢迎，为我和夫人单独安排了一整个下午的时间，并准许我们穿上鞋套，走进高脚屋。由于时间比较宽裕，陈曰环向我们讲述了不少胡主席生前的故事。

已故越南总理范文同曾说："胡主席没有任何属于自己的东西。国家和人民的事情就是他的事情。国家的最高利益、人民日常的切身利益就是他终日思考的问题。胡主席的家就是越南这个大家庭。"

20世纪60年代末，郭沫若访问越南后，曾用6个字来评价胡志明的一生——简朴、清廉、孤独。之所以说胡志明"孤独"，是因为他将全部精力和心血都献给了越南革命事业，没有妻子儿女陪伴左右。胡志明曾说过："祖国越南就是我的大家庭，所有越南青年都是我的子女。"时至今日，走在越南的大街小巷，胡志明的肖像、照片随处可见，人们讲起胡志明的故事如数家珍，这充分体现了越南民众对伟大领袖由衷而真挚的热爱之情。

外交思索

- 胡志明主席为何放弃主席府主楼而选择住在 54 号房？
- 这篇文章中哪些事情体现了胡志明主席处处为人民着想？

在古巴"游击司令"格瓦拉家做客

> 作者：黄志良，中国前驻圣保罗总领事、驻尼加拉瓜、委内瑞拉大使。

作者有幸来到古巴革命英雄家中做客，被这一家人浓浓的亲情所感动。在许多人看来，格瓦拉经过长期的残酷斗争，已变成了一个铁石心肠的硬汉子。可有谁知道，这个革命战士的感情竟是如此细腻，他的心里装着那么多的爱。格瓦拉不只热爱自己的母亲、女儿和妻子，更加热爱千千万万拉美人民的母亲、子女和家庭。他甘为美好理想献身的动力，不正是源于这种动人心弦的爱吗？

在外交官的驻外生涯中，参加宴请是常事，但在格瓦拉家中的那次做客却深深地铭刻在我的记忆中，让我终生难忘。

记得那是1960年7月，当时我随中国政府贸易代表团访问革命刚胜利不久的古巴。古方负责接待代表团的主要官员是埃内斯托·切·格瓦拉少校。那时他已不再担任首都警备司令，而奉调担任国家银行行长的要职。

革命战争的硝烟尚未散尽，古巴人民又面临新的严峻挑战——重建经济，战胜美国封锁可能造成的困难。格瓦拉临危受命，担负起了革命政府中主管经济的重要任务。我们在古巴的第一个星期里，几乎同格瓦拉朝夕相处，白天会见、会谈、签约、参加集会，晚上经常一起出席各种社交活动。

我注意到格瓦拉在古巴人民中享有极高的威望，可以说仅次于卡斯特罗总理。无论他到哪里，群众都会发自内心地为他欢呼，亲昵地称呼他为"切"，表达他们对格瓦拉的拥戴，而格瓦拉本人则总是表现得十分谦和。

在我与古巴人的接触中，听到过许多关于切的传奇故事。总之，大家印象中的切，是一位伟大的革命者、勇敢的游击英雄、杰出的古巴国家领导人，他总是身穿橄榄绿军装，腰间佩着手枪，有一股让敌人望而生畏的威严。

在中国政府贸易代表团访问哈瓦那期间的一天晚上，格瓦拉少校邀请团长卢绪章带一名翻译到他家中"吃便饭"，于是作为翻译的我有幸走进了格瓦拉的家门。这次做客给了我一个宝贵的机会，使我得以窥见这位传奇人物个人生活中的另一个侧面。

应该说，那是一次既平常又不寻常的晚餐。说平常，是指那晚没有高规格的排场和过分丰盛的肴馔；说不寻常，因为这是一次打破外交礼仪的完全属于家庭式的非工作便宴。

格瓦拉从未在家中宴请过外国宾客。我们到了他家后才知道，这次晚宴不单为款待中国朋友，同时也为他次日即将返回阿根廷的老母亲践行。格瓦拉的家就在市内著名的贝达多区，那里是革命前哈瓦那富豪们集居的高级住宅区。可是他住的那幢两层楼房却极其普通，既没有漂亮的花园，也没有豪华陈设，会客室同餐厅加在一起也不过40来平方米。关于住房，格瓦拉有次曾向报界做过解释，说他作为起义军军官，月饷125比索（相当于125美元）是租不起豪华别墅的。

我们一到，格瓦拉的母亲就从楼上下来，一同入席。格瓦拉解释说，他的母亲身体欠佳，不能久坐，让我们边吃边谈。事后我们才知道，老夫人几年前做过乳腺癌切除手术，医生预言她至少还能活十六七年。

一张长方形餐桌四周摆了5把椅子。格瓦拉安排母亲坐在主人位置上，请卢团长坐在老夫人左侧，我坐在卢团长的左边，他自己坐在母亲右侧，他的右边是妻子阿莱达，但这个座位几乎一直空着，因为阿莱达一边忙着为宾主换盘上菜，一边还要照看尚未入睡的孩子。阿莱达是位美丽的古巴青年妇女,在游击区同格瓦拉相识并与其结婚,是他的战友和秘书。

晚宴是地道的飨客西餐,一道菠菜汁奶油汤,一道凉拌海鲜,主菜是煎牛排。我们吃得很随意,很开心,席间气氛更是非常融洽。

格瓦拉的母亲50岁出头,鬓发已斑白,清癯的面容端庄慈祥,谈吐温文尔雅。老夫人出身于阿根廷的名门望族,受过良好教育。自从与身为建筑工程师的丈夫结婚后,她便把全部的爱倾注给了她的丈夫和5个孩子。切·格瓦拉就生长在这个生活富裕且具有民主、社会主义思想倾向的家庭里,自小就受到了良好的教育和进步思想的熏陶。在西班牙内战时,格瓦拉家站在共和派一边,结交了许多西班牙反法西斯战士。第二次世界大战期间,他们坚决拥护同盟国,反对纳粹法西斯。在国内,他们一向同情劳苦大众,但格瓦拉父子从未参加过阿根廷的任何政党。

我们和格瓦拉的家人虽初次见面,却有一见如故之感。团长卢绪章和老夫人亲切交谈着,问她多久没有见到儿子了,想不想念。"6年没有见到这个儿子了,哪能不想念?"说起儿子,老夫人显得格外兴奋,眼睛都发亮了。她说,1953年7月,她和丈夫老格瓦拉在布宜诺斯艾利斯火车站送别儿子远行时,切还是个毛头小子,现在变得成熟了。这6年里,她天天思念儿子,常为他的安危担惊受怕。儿子到哪里,她就关心哪里的局势,寻找报刊上有关的消息。

格瓦拉也总是不忘给母亲写信,不管到哪里,他总要给老母亲写上两句,有时用调皮的口吻,有时用只有他们母子二人才能懂的双关语。这使母亲感到十分欣慰。说到这里,老夫人用慈祥的目光看了看儿子说:"我为儿子感到骄傲，不是因为他成了世界上的有名人物，而是因为他有崇高的革命献身精神。"

或许是因为这母子二人又面临着一次新的别离，老人家常常陷入对往事的回忆之中。她说："格瓦拉自小聪明好学，2岁得了哮喘病，不能正常上学，由我为他补课。他要比别的孩子付出双倍的努力，才能取得优异成绩。在家学习期间，他读了大量课外读物，12岁时就具有18岁青年的文化程度。"

老妇人眼中闪动着慈爱的目光，接着说："切自小富有正义感，常为受欺负的小伙伴打抱不平，与大孩子打架。切还喜欢冒险，爱做那些一般孩子不敢做的危险事情，因而很早就培养出了沉着冷静、果敢处理危机情况的能力。为了战胜疾病和锻炼意志，切少年时期就特意参加足球、橄榄球、游泳、骑马、远足、登山等剧烈运动。"

微笑着在一旁静听母亲讲述他少年往事的格瓦拉，这时打断了母亲的话头，亲了亲老太太的手，风趣地对我们说："我非常爱我的妈妈，她是一位很伟大的母亲，她把她所有好的东西都给了我，唯独这个不好。"他指了指自己的胸部，意思是说他的哮喘病。

的确，格瓦拉的这一痼疾使他在战斗的一生中经受了比任何人都要多的痛苦，有好几次还差点因此而丧命。格瓦拉告诉我们，越是战斗激烈、情况危急时，这病越发作得厉害。他在那次"格拉玛"号远征途中就哮喘大发，本应作为医生照顾别人，结果是一路上别人照顾了他。

他还讲了个故事，说在马埃斯特腊山区，有次他率领一支游击队去袭击巴蒂斯塔军队中最凶残的莫斯克上校的部队。在完成任务撤退时，留下他一人。他藏在一块巨石后面，躲避敌人搜山。谁知，在这期间，他的哮喘病发作了。他想，这回没有被敌人的子弹打死，准得被哮喘折磨死。幸亏没有被敌人发现，几小时后哮喘减轻，他才在一位躲藏在附近的战友的搀扶下脱险回营。

格瓦拉在玻利维亚打游击时写的日记中多处提道："哮喘折磨得我好苦！""我的哮喘病正在剧烈发作！""经常剧烈咳嗽，痛苦难忍，多次像死了一样瘫倒在地！"

据在玻利维亚实地采访的外国记者分析，格瓦拉在被俘前两三个月里病情很重，身体孱弱，有时不得不骑着骡子或马指挥战斗。要不是因为疾病和体弱，10月8日的那次遭遇战中，格瓦拉是完全可能突围脱险的，没想到哮喘病竟成了敌人的帮凶。

"因为他从小有病，又特别聪明，在几个子女中我最疼爱的就是他。"老夫人继续说。这时，格瓦拉给客人和母亲分别添了些菜，接过母亲的话，动情地说道："这么多年里，母亲为我的毛病和安危操碎了心，而我这个狠心肠的儿子却抛下了多病的老母亲浪迹天涯。按照你们中国的传统道德观念，我该算是个不孝儿子吧！"

卢团长忙说："哪里，哪里，你们是革命的儿子、英雄的母亲，值得我们学习。"

格瓦拉接着又说，他非常希望跟母亲在一起多待一段时间，但他和妻子工作都太忙，又常出差，实在照顾不了母亲，不得不送她回家乡。

这时,格瓦拉的女儿由阿莱达领着,喊着"爸爸、奶奶",走过来道晚安。格瓦拉一把将她抱到怀里,亲昵地吻了又吻,又让小姑娘跟奶奶亲亲,还教她喊我们中国"蒂奥"(伯伯、叔叔的意思)。

母子情、父女爱充满了这个温馨的家。我被眼前的情景深深感动了。在许多人看来,格瓦拉经过长期的残酷斗争,已变成了一个铁石心肠的硬汉子。有谁知道,这个革命战士的感情竟是那样的细腻,心里装着那么多的爱。我相信,他不只热爱自己的母亲、女儿和妻子,更加热爱千千万万

拉美人民的母亲、子女和家庭。他甘为美好理想献身的动力，不正是源于这种动人心弦的爱吗？

2个多小时的晚宴在不知不觉中结束了。我们担心老人会太累，而且我们觉得应该把更多时间留给这对即将别离的母子，便起身告辞。格瓦拉和他的家人把我们送到门口，怀着依依不舍的心情，我们和这位可敬的母亲热烈拥抱，同时对格瓦拉这位革命者的伟大胸怀也有了更深刻的认识和理解。

后来我从一些朋友处获悉，格瓦拉的母亲自1961年从古巴返回阿根廷后，在报刊上写了一系列的文章，并应邀到处做报告，介绍古巴革命的情况，受到了进步人士和团体的热烈欢迎。但她也遭到了政府当局的迫害，甚至被关了2个月监禁，还被迫流亡到邻国乌拉圭。她的唯一"罪过"就是因为她是切·格瓦拉的母亲！

过了几年，格瓦拉去了非洲刚果，等待时机去玻利维亚，从那里再去阿根廷实现他解放事业的理想。格瓦拉没有把他这一计划告诉母亲。

在格瓦拉从报刊、电视和公众场合消失后不久，母亲病倒了，监狱生活和思子心切加重了她的病情。在病床上，她通过报纸和广播继续关心拉美局势。同时她不断要求打电话到古巴去，她要知道儿子的情况，她不明白为什么儿子不回话，不答复她的呼唤。这一切使她焦虑不安和痛苦。

1965年5月18日，57岁的塞莉亚·德拉塞尔纳与世长辞了。她在弥留之际还喊着儿子的名字。卡斯特罗把塞莉亚逝世的消息辗转告诉了在丛林中战斗的格瓦拉。格瓦拉听到这个消息后，坐在一块石头上，沉思了很久，很久……

斗转星移，世事变迁，格瓦拉英勇牺牲已几十年，但其革命精神、人格魅力及在他家做客时的所见所闻，至今仍常萦回在我的脑海里。

外交思索

- 作为一名坚强的革命战士，格瓦拉细致入微的爱体现在哪些方面？
- 格瓦拉因为哮喘在战斗中遭受了哪些痛苦？请简单举例。
- 请查阅资料，列举格瓦拉在古巴革命运动中的成就。

护馆一日
——外国雇员和中国国旗的故事

作者：郭天禄，中国前驻卢旺达使馆参赞。

国之交在于民相亲，国与国友好的基础是否牢固，关键在于人民友谊是否深厚。中国外交官是传递友谊的使者，驻外期间始终坚持深交朋友、广交朋友，不仅重视与政府官员、华人华侨密切往来，更注重与当地普通百姓交朋友、善待身边的每一个人。正因为如此，当我们遭遇困难、危险的时候，外国雇员让·鲁克才会挺身而出，像保护自己的家一样保护中国使馆，捍卫中国国旗的尊严。这充分体现了"以心换心，方得人心"的真谛。

卢旺达，一个位于非洲中部的内陆小国，境内丘峦纵横，湖泊遍布，气候宜人，民风淳朴，有"千丘之国"和"非洲瑞士"之美誉。然而，一场迷雾重重的空难打破了卢旺达往日的平静。

1994年4月6日，载着卢旺达总统和布隆迪总统的飞机被导弹击落，两位总统同时罹难。这次空难点燃了部族仇恨的烈焰，打杀抢烧现象横扫卢旺达全国，尸横遍野，血流成河，约有100万人在"卢旺达大屠杀"中丧生。

当时，形势十分紧迫，作为坚守在卢旺达的最后一个使团，中国使馆的人员也不得不选择撤离。临行前，使馆办公室主任拉着让·鲁克先生的手说："我们很快会回来的，你的任务就是尽量不让外人进来。"虽有不舍，但守护使馆的任务更为重要，让·鲁克先生还是点了点头。让·鲁克先生是中国使馆的一名当地雇员，能讲不少中国话。他先在一个中国专家组干活，后来被介绍到使馆，与中国人打交道有10多年的时间，到使馆工作也有5年光景。

又是新的一天。像往日清晨一样，让·鲁克先生不自觉地拿起扫把。这是他一天生活的开始——打扫使馆大院，升中国国旗。可不一样的是，今天整座使馆大院空荡荡的，除了他，就剩下2条狗和2只皇冠鸟。"唉，都是战乱闹的，好好的日子变成了血雨腥风，家家户户停水、断电、缺粮……"想到这里，让·鲁克忍不住攥紧了拳头。望着湛蓝的天空，昨日与中国使馆人员依依告别的情景不禁浮现在他的眼前。想到自己与中国人共同生活的日日夜夜，想到平日里从大使到普通馆员对自己的尊重，想到中国人临行前对自己的重托，他望了望使馆主楼顶端临时加挂的三面五星红旗，心里平静了许多。他回过身去，2条狗和2只皇冠鸟立刻围了上来，看着动物们相安无事的神态，让·鲁克的心里泛起一阵酸楚。动物们尚且如此友好共处，往日的邻居又怎能反目成仇呢？

忽然，一阵呐喊声由远及近，紧接着是一阵急促的敲门声。让·鲁克从门缝窥去，是一群拿着棍棒、锄头、砍刀和狼牙棒的家伙，正气势汹汹地向使馆涌来，这其中还有他认识的邻居。

"快开门，拿些吃的给我们，还有酒和水！"来人大声喊叫着，还有人补充说要可口可乐之类的饮料。

"这里是中国大使馆，你们看看上面的中国国旗。我们这里已经断水断电 2 个星期了，正为断粮发愁呢！"让·鲁克大声回答道。

可他的回答并没有打消这群人的疯狂，有人开始用脚使劲踹门，还有人操起锄头用力砸墙，眼看着情况越来越危急，忽然，远处传来一阵闷滚滚的雷声，很快，一片乌云压了过来。高原的雨说来就来，还没等这伙暴徒反应过来，倾盆大雨就夹杂着冰雹浇了下来，暴徒们顿时被砸得作鸟兽散。让·鲁克心中暗暗说道："看来老天爷也不高兴了，活该你们被砸。"远处被雨打湿的五星红旗紧贴在墙壁上，显得更加夺目，仿佛守护着使馆，也守护着使馆里的人。

雨来得急，走得也快。中午阳光很毒，雨后的空气也热乎乎、湿漉漉的，人们都忙于打、杀、抢、烧，城市许多天已无人打扫了，各种腐尸、枯叶、垃圾的恶臭似乎也凝固在空气里，赶也赶不走。让·鲁克的心里一阵烦躁，他打开收音机，播音员正在宣读当局要求支持者像掐死臭虫一样除掉反对派的通告，他们声嘶力竭地鼓动着，然后又是激烈火爆的歌曲响起。

"咣咣咣，咣咣咣"，又是一阵急切的敲门声传来，使馆的大门又遭了殃。让·鲁克从墙头看去，是几个持枪的士兵在敲门，声称受上级指派，向中国使馆借车。看到来人并非那么蛮横无理，他便上前解释："中国使馆的车都开走了，面包车被中国医疗队借走了，别说车，就连车轮子都被带走了。"士兵的头儿是一个中尉模样的年轻人，听到中国医疗队也走了的消息时愣了一下，思索片刻，然后便挥挥手带着士兵离去了。"可能中国医生救治过这个中尉或者他的家人朋友吧。"让·鲁克自言自语地猜测，"是啊，自从中国和卢旺达建交，不少中国医生便来到卢旺达工作了，他们高超的医术拯救了我们无数的卢旺达人,就连卢旺达国家电台和报刊都多次报道过中国医生救死扶伤的事迹呢。"

终于到了傍晚时分,天气一下子凉爽了许多,让·鲁克也松了一口气,那些狂热分子也该回家了吧。天空中出现了大群的乌鸦,黑压压一片,像一条无尽头的大河流向西北方向。乌鸦红着眼,长得很肥,据说是吃腐尸长大的。

乌鸦飞去,刺耳的砸门声却又突然传来,声音大得震天响,惹得狗叫了起来,皇冠鸟也发怒了,发出刺耳的叫声。这是一批散兵游勇,想趁着天黑前捞一把。他们拿着枪,高喊着要钱要物,不给的话就要破门冲进来烧掉这里。

危急时刻,让·鲁克把中国国旗披在身上,向那些来人大声解释:"这里是中国大使馆,是中国的土地,不容侵犯!中国人是我们的朋友,你们想想,他们帮我们修路、看病、盖体育场、建碾米厂,就连你们吃的大米都是那个碾米厂碾出来的,你们盖房的水泥也是中国援建的水泥厂生产的!谁要是破坏中国使馆,谁就是上帝的敌人,上帝一定会惩罚他的!"看着披着红旗怒吼的让·鲁克,散兵们的气焰似乎也收敛了一些,他们哪见过这阵势。

让·鲁克在使馆时见过不少军官,他灵机一动说:"你们的金少校是中国大使的朋友,刚才姆加马中尉也过来说要保护中国使馆,你们还要违抗军令吗?"望着大门上的五星红旗,听到上级的名字,再看看眼前这位同族兄弟大义凛然的神态,来人有点沮丧,随着同伴"找另一家去"的招呼，便很快放弃这里，向下一个目标冲去。

就这样，从早到晚，有民兵、有暴徒、有军人、有散兵游勇，一波又一波，一茬又一茬，让·鲁克估摸了一下，前前后后大概有十几拨人马前来"光顾"中国大使馆，虽然他们最终都没得逞，但想到主任的嘱托和这不知何时结束的折磨，他的心头始终紧张不安。中国朋友走了，但使馆还在，中国的国旗还在，中国人留下的业绩还在，中国的影响是任何人不能抹掉的。想到此，让·鲁克的心里似乎又坦然了一些，明天再说明天的事吧！

几年后，我到驻卢旺达使馆工作才得知，当时许多外国驻卢旺达的使馆都被洗劫一空，有的甚至连门窗都被拆卸带走，唯有中国使馆始终安然无恙，库房里的物品一件没少，甚至冰箱里的饮料也都没动。

见到让·鲁克先生时，他看起来老了不少，又有了2个孩子，加上收养的1个孤儿，一共5个孩子。他更忙了，主业是使馆的勤杂工，还兼着司机和招待的工作。他的中国话说得更溜了，能讲出"小舅子""大姨子"之类的北京话，但仍然不会写。当有人问起他："当年，当兵的拿着枪要冲击使馆时你怕不怕？"让·鲁克摸了摸头，笑着说："当时好像还是很英雄的，但事后回想真有点儿怕。"

时光荏苒，如今，中国与卢旺达的友谊日益深厚，双边经贸合作发展迅速，双方的文化交流与民间友好往来也日益频繁。在2019年庆祝"卢旺达解放25周年"的阅兵式上，由中国军人训练的卢旺达受阅部队高喊着中文口令，迈着中国式正步，英姿飒爽地走过检阅台，一时间成为世界新闻媒体关注的焦点，这也是中卢友好合作取得的丰硕成果之一。愿中卢友谊历久弥坚，在新的历史时期焕发新的生机与活力！

外交思索

- 导致中国使馆的人员撤离卢旺达的原因是什么？
- 让·鲁克为何要独自守护中国使馆？
- 面对暴徒来袭，让·鲁克是如何应对的？

有幸与"指挥帝王"卡拉扬面对面

作者：胡君亶，曾在中国驻奥地利、瑞士、西德、荷兰使馆工作。

赫伯特·冯·卡拉扬是享誉世界的著名指挥家，曾在欧洲众多顶尖乐团担任指挥，并且与柏林爱乐乐团保持长达30余年的合作关系，被称为"指挥帝王"。能够与世界顶级的指挥大师近距离接触，这样的机会自然令人欣喜不已、深感荣幸，但在接下来的工作过程中，如何让偶像对自己留下深刻的印象呢？这就需要极高的职业素养和深厚的文化底蕴。这也充分证明了一句话——机会总是留给有准备的人。

初识卡拉扬

我很幸运。1979年4月的一天早晨，受外交部领导的指派，我到文化部去接待以音乐指挥大师赫伯特·冯·卡拉扬为代表的柏林交响乐团，并被告知，有关该团指挥卡拉扬的接待任务，包括他的安全和一切事情都由我负责。

第二天，我一早来到机场等候，一见到卡拉扬，他那非凡的气质给我留下了极深刻的第一印象。说我幸运，是因为卡拉扬毕竟是世界上数一数二的音乐指挥家，和他每天在一起，我能学习许多从一般人那里学不到的东西。再者，不论是在国外还是在国内的大剧院里，我也只是远远地望见过这位指挥大师。这次有机会朝夕相处、目睹他的风采，对我来说是一件

非常幸运的事,也算我和卡拉扬有缘吧。

卡拉扬,个子不高,人瘦瘦的,一双眼睛闪烁着睿智的光芒。我接触的外国人太多了,知道他不属于那种夸夸其谈的人。他为人不太热情,使人有些望而生畏。不过,我这个人几十年来在外国人面前从未胆怯过。我想,正经的任务就是卡拉扬的排练了。

排练场上"较真儿"的卡拉扬

在卡拉扬排练时,我真正体会到了他的认真、一丝不苟、不讲情面、严厉。他让我站在他旁边,当然是为了让我随时能被"召唤"。那天排练时，音乐厅里来了许多人，想要观看卡拉扬的排练，目睹他的风采，于是音乐厅里不断地响起"吱扭扭"的开门声和椅子响的声音。这惹烦了他，于是忙问我："他们都是什么人？如果没有事，让他们都出去！"我答曰："他们都是慕名而来，景仰您的大名，想一睹为快。"他思索了一下，对我说："让他们在远处听，不要坐在椅子上，以免发出声音。"我照办了，把已经坐到椅子上的朋友叫了起来，让他们到远处欣赏。

然而，事情还没有完结。

卡拉扬对全体演出的团员交代，按排列好的当晚演出的曲目排练。当一切准备就绪时，后面的大门"吱扭"一声又开了，又进来一个观赏者，接着又是慢慢腾腾的一个，他们都要看一看指挥大师卡拉扬的风采。而此时此刻，卡拉扬把要举起的指挥棒放下来，神速地转过头来对我喊道："胡女士，快，快告诉他们，门不可以再开动！"我赶快过去解决这事，让工作人员赶紧派人把守几个大门，然后让他们快速贴出一张"禁止入内"的布告。几分钟之后，厅内终于安静下来。

卡拉扬这才举起了指挥棒，先稍稍偏过头来向我露出一丝微笑，然后头向上一振，就开始指挥这"千军万马"了。此时，全体演奏家们立刻集中精力，就像每一根弦都被调动起来一样。优美的音乐终于响了起来，轻快的、优雅的、辉煌的、悠扬的曲调充满了排练场的每一个角落。

卡拉扬微闭双眼，激情澎湃地指挥着。我真感觉奇怪，他经过长时间的旅途劳顿，如何能将这一场音乐会的总谱牢记脑海并且丝毫不乱呢？真佩服他！

排练一遍之后，卡拉扬用手心朝下摆了摆，告诉大家"OK"。这一声"OK"，使大家吃了定心丸。但他接着说，有两个地方音色不够美，下午再过一下就可以了，团员们这才长吁了一口气。

等到柏林交响乐团在京演出的音乐会真正开始了，我紧绷的弦也松弛了下来。因为我非常坚定地相信卡拉扬，经过他那一丝不苟的排练，乐团音乐家的素质又是高水平的，演出一定会百分之百地不出任何纰漏，完美无瑕！

结果正是如此。观众爆发出经久不息的、雷鸣般的掌声、欢呼声，我国领导人最后上台祝贺演出成功，已然充分地证明了这一切，当晚的演出直播以及第二天各大报刊的报道也好评如云。这一切说明演出是多么精彩，多么成功！

卡拉扬关于"高山流水"的谈话令我吃惊

柏林交响乐团抵京的当天晚上，文化部负责人在当时北京最好的饭店——北京饭店的小礼堂里，设宴欢迎以卡拉扬为首的乐团全体朋友。不大的礼堂被布置得优雅而温馨，桌子上摆了鲜花，团员们都穿着笔挺的西装，打着领带或领结前来赴宴。我记得那一晚，卡拉扬先生穿的是一套考究的深黑色西装。席间由文化部姚仲明副部长和卡拉扬两人讲话，讲话没有稿子，需要即席翻译，而这个任务是临时给我加上的。

在卡拉扬起身答谢姚副部长热情洋溢的讲话之后，他又接着说："我深知贵国有5000年的悠久历史和文化，有许多震惊世界的、用文字记载的音乐曲谱，有孔子的礼乐，有可以吟唱的《诗经》，还有关于梁山伯与祝英台的音乐等，中国有许多我要寻找的东西。"他还说："姚副部长刚才也说到'高山流水'的故事，我很欣赏，并有同感，弹琴就是要有知音。我就是那个弹琴的音乐家，是来中国寻找知音的！"此时，小礼堂爆发出此起彼伏、雷鸣般的掌声，大家都对卡拉扬的讲话表示赞同。卡拉扬讲话完毕，也拿起桌上的酒杯一饮而尽。姚副部长马上过来又和卡拉扬碰杯，并说："这次碰杯，一是庆祝演出成功，二是我们相信卡拉扬先生作为西方音乐的杰出代表人物，会在中国找到知音的！"在场的人们又鼓起掌来，气氛十分活跃和热烈。

过去，我对卡拉扬没有什么感性认识，只是听闻较多，从书本上的认识较多，而这次有机会面对面接触，听到卡拉扬的讲话，才识得庐山真面目。

卡拉扬无意中给我一份"问卷"

演出结束的当晚，乐团的音乐家们，尤其是年轻乐手们都去寻找当时北京少有的可以在夜晚消遣的地方。他们无非是去酒吧和五星级酒店里的咖啡厅，或去逛逛茶馆，去戏院听听京剧折子戏。而卡拉扬哪里都不想去，他只想早些回去休息，于是我和他的秘书负责把他送回房间去。

一路上，卡拉扬格外兴奋。大概是受乐团演出时观众对这场音乐会欣喜若狂的气氛所影响，他迫不及待地问我："你喜欢音乐吗？"我答："是的，很喜欢。我从小就喜欢音乐，后来有机会在德国留学，之后又在中国驻奥地利使馆工作了好几年。生活在维也纳这样一个'音乐之都'，使我更加受感染，更加熟悉西方音乐了。"卡拉扬听后笑了，他点了点头对我说："难怪，你翻译音乐方面的内容那样精准、熟悉，什么术语都懂，我很为你高兴……"

卡拉扬急于了解中国人是否喜欢西方音乐的心情，使我记忆犹新。随后，他突然给了我一份"问卷"。见我们谈得很投机，他的秘书建议去他们下榻（指住宿的地方）的宾馆酒吧再聊一聊。我考虑的主要是卡拉扬要好好休息，于是说只能稍坐片刻。卡拉扬点点头说："好，胡女士愿意和我谈谈，我很高兴。"于是我们到了那个酒吧，要了咖啡就聊了起来。

卡拉扬从歌剧《图兰朵》问起："中国人熟悉《图兰朵》吗？你看过没有？"我答："我只知道歌剧《图兰朵》是关于一个中国公主用猜谜的方式选夫的故事。可惜我没看过这部歌剧，但我熟悉这个故事，并知道歌剧里引用了中国民歌《茉莉花》的曲调。"我接着告诉他："我喜欢《微笑的国土》里的优美曲调，特别是莱哈尔谱写的主旋律或称主题曲。"他睁大了眼睛，问我："你指的什么？"我不由得小声哼唱起《你是我的欢乐》那段曲调。

卡拉扬又向我微笑起来，此时，他已不像刚见到我时那么令人不可接近了。他说："噢，你也喜欢弗兰茨·莱哈尔，真不可思议！"我感觉，此时的他特别开心，就像一个人终于知道了他想知道的秘密一样。我接着说："在奥地利时，我就买了《微笑的国土》这张唱片，时常听听，百听不厌。"他点头小声嘟囔着："真没想到。"

这时，卡拉扬又问我："中国人多数都能欣赏、接受西方音乐吗？"我说："卡拉扬先生，您提的是一个概括性的问题。我只能讲，一般文化程度比较高又喜爱音乐的人都会喜欢西方音乐。但是，他们的欣赏水平各有不同，音乐知识也有深浅不同。"卡拉扬高兴地说："你回答得真好。我想请你再举几个例子，一般人都爱好什么，歌剧，交响乐？"我听了，感觉这问题容易回答，就马上说："比如说我自己吧。我喜欢歌剧，但也喜欢交响乐。如威尔第的《阿依达》《奥赛罗》《茶花女》等，柴可夫斯基的芭蕾舞剧《胡桃夹子》、歌剧《叶甫根尼·奥涅金》等，普契尼的《图兰朵》《蝴蝶夫人》等，比才的《卡门》，我都喜欢。噢，还有罗西尼、瓦格纳等大作曲家的歌剧我也喜欢。"

我告诉卡拉扬，他不必找出小本子记，如果需要，我可以写给他。之后我讲到，中国人的欣赏水平都提高了。改革开放后，人们有机会接触国外名曲、名歌剧，比如对《茶花女》《蝴蝶夫人》《卡门》等都可以接受；但如果突然给中国人送来生僻的，比如说《叶甫根尼·奥涅金》或《汤豪舍》之类的，那就需要媒体大力度推荐介绍，并帮助中国观众开拓欣赏面了。卡拉扬此时又用了一个"太好了！"他脱口而出："胡女士，你帮助了我，我在家里苦思冥想，不如你的一席话。"我也赶紧说："不必夸奖我，这是我应该做的。"

记得他当时聊天的兴趣越来越大，一杯咖啡已然喝完，还要与我讨论施特劳斯的歌剧《莎乐美》，以及为什么中国人偏爱柴可夫斯基的芭蕾舞剧《天鹅湖》，等等。我说："卡拉扬先生，我把您的健康看得很重要，您还是早些休息吧！"卡拉扬想到我还没谈交响乐，便问起来，我只好极为简单地说了两句："中国有极为宏伟壮丽、气势磅礴的《黄河大合唱》，我们国家也有非常优秀的指挥家李德伦等。优秀的中国指挥家，我一口气能给您说出十几个来。外国的交响乐很早就被介绍到了中国，如贝多芬的第一到第九交响曲，我们都比较熟悉。特别是《第三交响曲"英雄"》和《第四交响曲》，简直太美了！我仿佛能倾听到平静的河流突然变得浪花四溅，突如其来的瀑布咆哮的声响。但是……"我话锋一转，"卡拉扬先生，我真不能讲下去了，您要休息！"

卡拉扬此时像个"老小孩"，他嚷道："不，不，胡女士，妙极了！

我要听下去……"他的秘书马上悟出来,就对卡拉扬说:"胡女士也要回去了……"卡拉扬感到意犹未尽,轻轻地吸了一口气,耸了一下肩,无可奈何地不再坚持了。我忙说:"好,下次一定再给您讲第九交响乐,您没想到中国人也喜欢和懂得欣赏您这样的指挥大师指挥的音乐会吧!"

我们送卡拉扬回到他的房间,互道了晚安。离开后,我回味着他的问话,也感到很兴奋!我兴奋的是,我们中国确实日益强大了,人们的文化素养也提高了,懂得了欣赏外国的文化精品,这都是中国人民很光彩的一面。

卡拉扬已经离开我们多年了。每次一想到他,我就必然会回想起和他面对面接触的那几天,眼前就浮现出他与我谈话,以及两次赠予我珍贵签名照片的情景。每念至此,我深深觉得卡拉扬真不愧是极有魅力的世界级的音乐指挥大师。他所指挥的交响乐团的演奏,真是令人震撼的、最优美动听的乐章。

外交思索

- 卡拉扬排练时的"较真儿"体现在哪些方面?
- 从哪些事例可以看出卡拉扬对中国文化研究颇深?
- 为何卡拉扬对待翻译胡女士的态度从一开始的"不太热情"转变为有聊不完的话题?

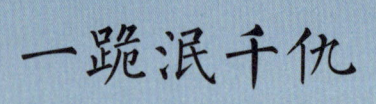

一跪泯千仇

作者：刘彦顺，中国前驻波兰大使。

碑前一跪泯千仇，当回忆起这一历史瞬间时，谁人不称赞这位德国总理的胆识和勇气！这一跪，化解了波德两个民族之间的血海深仇，赢得了受害国人民的谅解和信任，获得了国际社会的普遍赞誉。这一跪，也为二战战败国如日本的某些政要，在如何承担侵略战争的罪责、承认和遵守历史的判决、正确地面对历史等问题上树立了榜样。正是这位德国总理，在现代国际关系史上为世界留下了一个值得记忆的日子——1970年12月7日。

几十年前，我在华沙工作期间，见证了一个永远难以忘却的历史瞬间，这就是1970年12月7日，联邦德国总理维利·勃兰特在华沙犹太人起义英雄纪念碑前跪拜请罪。

纳粹占领　血雨腥风

华沙犹太人起义英雄纪念碑坐落在以英雄莫·阿涅莱维奇命名的街边。

莫·阿涅莱维奇是1943年4月19日华沙犹太人起义的领导者。当德国纳粹血腥镇压起义，占领了起义指挥中心的时候，莫·阿涅莱维奇及其战友宁为玉碎，不为瓦全，用留下的最后一颗子弹结束了自己的生命，表现出一个民族不可侮辱、不可欺凌的高贵尊严。

华沙犹太人起义英雄纪念碑就是用这种高贵的民族尊严，用数以万计牺牲者的热泪和鲜血铸造而成的。自1948年4月19日华沙犹太人起义5周年纪念日落成之日始,它就高高地耸立在华沙犹太区的废墟上,记录着民族的苦难和悲愤。

如今犹太区的废墟早已不见踪影,但人们不会忘记德国侵略者占领时期的残暴和屠杀。德国纳粹曾在这里修建起3米高的围墙,将45万犹太人集中在一片狭小的街区,实行种族灭绝政策。他们日复一日地从这里将犹太人用火车押送到奥斯维辛等地的集中营,不分男女老幼,实施集体屠杀。他们杀人手段之凶残,远远超出人们的一切想象,仅奥斯维辛集中营的焚尸炉一日之内即可焚烧尸体近万具。

在一个当时只有3000万人口的国度里,纳粹德国的杀人机器吞噬了多少无辜的生命!这是一个惊人的数字——全波兰死亡人数为600万,首都华沙死亡80万。波兰家家户户都有殉国者和死难者。这是德国纳粹以其反人类的滔天罪行在波德之间制造的仇恨、挖掘的鸿沟。

边界争端　新仇旧恨

第二次世界大战结束了。正义战胜了邪恶,历史作出了结论。根据波茨坦会议的安排,战败国德国将奥得－尼斯河以东10万余平方公里的土地划归给波兰。由于历史上这片土地曾属于波兰皮亚斯特王朝,因此波兰称之为"收复地区"。

1949年,在德国的土地上诞生了两个德意志国家:德意志民主共和国(民主德国,简称"东德")和德意志联邦共和国(联邦德国,简称"西德"）。东德自诞生之日起即承认奥得-尼斯河是波兰的西部边界，是波德两国间的"友好边界""和平边界"；西德则对此边界持有异议。波兰强调，波兰和西德之间"没有边界问题，只有和平问题"，西德否认波兰西部边界线是在走"复仇之路"。

边界领土变化和随之而来的波德两国居民的人口大迁徙，为战后波德关系制造了新的冲突和紧张气氛。波德之间争吵不休，这无异于在原本充满仇恨的伤口上撒盐，致使旧恨和新仇长期困扰着两个民族、两个国家。

碑前一跪　化解千仇

20世纪60年代末，勃兰特开始在联邦德国执政，提出了"新东方政策"。他试图通过同波兰等东欧国家修好，重塑德国的国际形象，争取为联邦德国在欧洲和国际社会中发挥更大的作用打开新的局面。

对勃兰特的"新东方政策"，波兰也采取了迎合的态度。双方开始就两国关系正常化问题进行谈判。1970年12月7日，勃兰特敲开波兰的国门，实现了联邦德国总理首次访问波兰。在华沙，他做了两件载入史册的大事。

一是他同波兰总理西伦凯维兹签署了《两国关系正常化基础条约》。该条约确认波兰的西部边界及其不可侵犯性，并彼此保证无条件地尊重对方的领土完整，现在和将来都不向对方提出任何领土要求。条约的签订，开辟了联邦德国和波兰关系新的发展阶段，标志着两国关系出现了历史性的转折。

二是他在华沙犹太人起义英雄纪念碑前跪拜请罪。

如果说这第一件事是从政治和法律层面上，开始解决两国间历史遗留的边界和领土纠纷问题，引起世界各国的瞩目，那么这第二件事，则从道义和感情的层面上，开始抚平波兰人心底的历史伤痕，震撼了世界各国人民的心灵。

1970年12月7日，寒风凛冽，勃兰特前往华沙犹太人起义英雄纪念碑前敬献花圈。当他缓步登上石阶时，映入眼帘的是栩栩如生的起义者群像，是45万华沙犹太人的血和泪、绝望和反抗、仇恨和怒吼。

他肃立在纪念碑前，低下了头颅。四周一片寂静，时间似乎凝固了。突然间他弯下高大的身躯，双膝跪在冷冰冰的大理石上，向受害者忏悔、请罪。

一位来自不共戴天的敌国领导人跪下了！这并非礼宾手册中事先注明的举动，使他的随行人员惊呆了，使波方的陪同人员惊呆了，也使围观的人们惊呆了。从惊呆中猛醒过来的摄影记者急忙用相机固定了这一具有划时代意义的历史瞬间。

这一瞬间，勃兰特重塑了德国的形象。世人真切地看到了联邦德国的"另一种德国人"形象，他们不是杀人不眨眼的纳粹屠夫，他们承认对犹太人的屠杀是德国历史上最恶劣和最无耻的事件，国家本身成了有组织犯罪的凶手。不仅如此，他们还真心诚意地为纳粹德国的滔天罪行向受害者跪拜请罪，以表明他们愿同受害国重修于好，不再做伤害受害国人民民族感情的事。

勃兰特跪下了。他有罪吗？

没有，他没有罪。谁人不知，他是一位反法西斯战士。1933年，他年仅20岁，就因为从事反对德国纳粹的活动而受到迫害。他背井离乡，更名改姓，流亡挪威，逃难瑞典，直至二战结束始返回祖国，恢复德国国籍，并跻身德国政坛，于1969年出任联邦德国政府总理。

他曾说，他明确区分罪过和责任，罪过只能由希特勒等战犯去承担。但他感到，德国人不能阻止希特勒上台搞法西斯主义，也"有连带的责任"，更"有替纳粹时代认罪和赎罪的社会责任"。正因为如此，他情不自禁地跪下了。他是代表国家和人民跪在纪念碑前，跪在受害国人民面前的，为德国不光彩的历史请罪。

瞬间扫除了波兰人心头的阴霾

勃兰特跪下了。常常有人问，这是不是事先设计好的举动？

勃兰特回忆说："不是。事先没这样的计划。我面对德国人的历史灾难，面对千百万受害的生灵，只是做了当语言已经苍白无力时人们所能做的事。"

当时一位记者曾这样写道："他跪下了，他本不必为那些应该下跪而未下跪的人跪下，因为那些人没有、不会有或不想有这样的勇气。"20年后，勃兰特感慨地说："我仍然难以找到比这更好的表述。"

精诚所至，金石为开。这一瞬间拉近了波兰和联邦德国两个国家和人民的距离，扫除了压在波兰人心头的阴霾。第二天波兰总理西伦凯维兹在机场送别勃兰特时，握着勃兰特的手，激动地说："你昨天的举动打动了波兰许多人的心，我夫人打电话到维也纳告诉她的朋友，她俩在电话中都情不自禁地哭泣了。"

事实上，哭泣的何止是波兰总理夫人和她的朋友，谁能准确地统计在电视荧屏前有多少波兰人眼中噙满了泪水！

勃兰特跪碑请罪的形象深深地铭刻在波兰和各国人民的记忆中，传为民族和解与世界和平的佳话，被誉为"千年欧洲最强烈的认罪表现"。1971年，勃兰特荣获诺贝尔奖。可以说，这既是表彰这位为缓和欧洲紧张局势作出贡献的德国总理，也是肯定敢于直面历史进行深刻反省的德国人民。

人们称赞这位德国总理，正是他，以其智慧和勇气、语言和行动，为第二次世界大战战败国的一些政要树立了一个如何正确对待历史的榜样。但人们又不能不看到，在国家之间要和平、民族之间要和解、国际社会要和谐的当今世界，仍有人逆潮流而动，一而再，再而三地向日本甲级战犯的灵位顶礼膜拜，为日本军国主义招魂。他们的这种行径同勃兰特跪碑请罪相比，两者之间何止是天壤之别！

外交思索

- 联邦德国总理勃兰特为何在华沙犹太人起义英雄纪念碑前下跪？
- 波兰人民对于联邦德国总理勃兰特的这一举动有何反应？

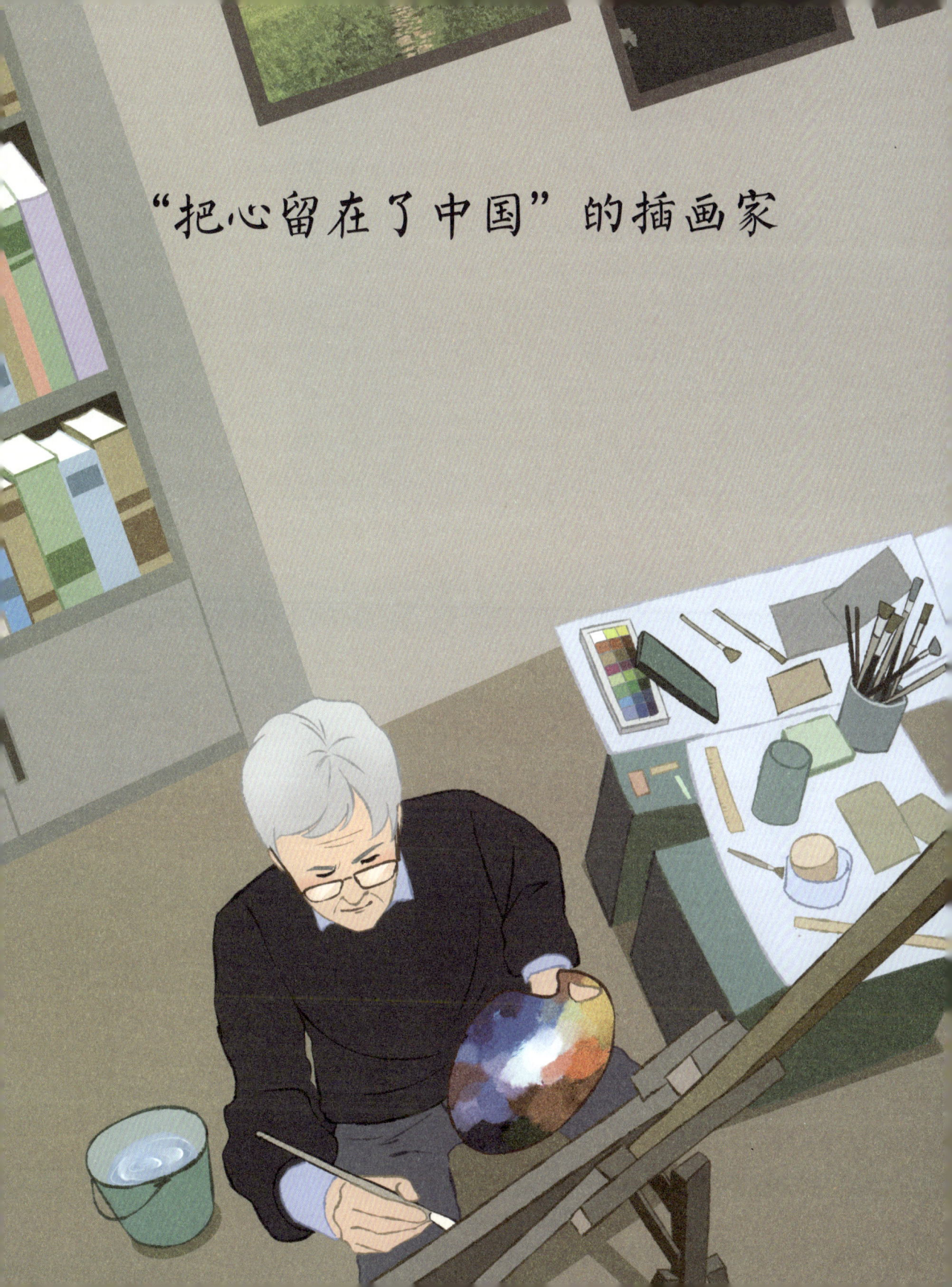

"把心留在了中国"的插画家

> 作者：孙琪璋，中国前驻丹麦大使馆文化参赞。

著名插画家斯汶·奥托（Svend Otto's）第一次来到中国就被深深吸引，从此把心留在了这里。他运用手中的画笔，描绘了中国不同地区的民俗风貌、自然风光和人物，展现了当代中国人积极、乐观、平和、豁达的精神风貌，讲述了真实的"中国故事"，以绘本插画的方式向全世界的少年儿童传递友善、乐观、温暖和友谊。

在丹麦，有一位画家，出版了3本关于中国儿童的图画故事集，他就是"安徒生奖"获得者、著名插画家斯汶·奥托。

我在1987年春结识了这位中国人民的老朋友，那时他已是满头银发的花甲老人。第一次见面，他完全不像我见过的某些"欧洲标准的"画家那样去用胡子和头发包装自己。他穿着驼灰色的鹿皮西服上装、条绒西裤，高高的额头，眼镜后面是一双沉思的眼睛，给人一种质朴、稳重、真诚的感觉。

这位画家，以用色彩和线条给孩子们"讲解"安徒生童话而闻名。由他绘制插图的安徒生童话已经在欧美各国有13种文字版本。那些不识字的娃娃是通过他的插图去"读"安徒生童话的。

1981年，他偕夫人第一次到中国访问，沿着长江而上，直到重庆。那一年长江发大水，他了解到很多关于中国儿童和家人一起奋勇救灾、保卫家园的动人事迹。回国之后，在不长的时间内他便创作出两部描绘中国儿童的图画故事书——《红小鬼》和《扬子江畔的孩子们》。前者描绘了在革命战争年代，中国儿童对敌斗争的故事。斯汶·奥托先生深入生活，满怀着对中国人民的友好感情，以饱满的创作激情，讴歌中国的革命历史。后者反映了扬子江畔无情的自然灾害，赞扬了中国儿童爱祖国、爱家园、爱劳动、不怕牺牲敢于斗争的精神。他用画笔为增进中国与丹麦两国人民之间的彼此友好和相互了解作出了贡献。

在第一次相见时，斯汶·奥托先生送给我的就是这两本画册。我们的话题便很自然地转到他的第一次中国之行。他说永生难忘那次中国之行，还历数了在中国结识的画家朋友，并关切地问及这些画家的近况，怀念之情溢于言表，镜片之后的那双眼睛沉浸在深深的回忆之中。

他说话很慢，带有很重的喉音，他说："我到中国实现了多年的梦想。我把心留在了中国！我很怀念中国和我的中国同行。我真希望再去一次，会见这些老朋友，再创作一部关于中国儿童的绘画册。"我相信人间是存在着缘分的，奥托先生和中国有缘，他的愿望一定能够实现。

当我得知《扬子江畔的孩子们》一书已经由丹麦文译成中文，并在两三年前已交稿，然而是否出版还不知道时，我想应该尽可能地促成此事。

不久，斯汶·奥托先生接到中国美术家协会的邀请。为安排其第二次访华，我们曾多次会面。我还清楚地记得，在落实访华路线和住宿安排时，他一再地说："不要为我在生活上花费太多，我不要住什么大饭店，世界各地的大饭店都差不多。在大饭店里看不到普通人的生活，我想了解那些普普通通的人。"他要求到我国内蒙古地区进行创作访问，并特别提出来："我希望和牧民生活在一起，就住在蒙古包里。"

　　我听了不由自主地看了看他那满头白发，他马上很激动地说："不要担心我的身体，我完全可以。"当时我感到很不安，担心伤害了老人的自尊心，但我确实是出于对他的关心。我去过牧区，知道那里的生活条件并不是所有人都能很快适应的，何况他是一位外国人，还是一位老人！他似乎看出我的不安，转而耐心地解释："我要去写生，去搜集创作素材，不和牧民生活在一起，怎么能了解他们？怎么能熟悉他们？"我很快将他的强烈愿望如实报告国内。

一天，我收到邮局送来的一大包国际邮件，打开一看，是《扬子江畔的孩子们》的样书，我高兴地长长呼了一口气。我没有把这个消息马上告诉斯汶·奥托先生，准备给他一个意外的惊喜。说来也巧，他给我打来了电话，邀请我和文化处的同事一起到他家吃饭。

斯汶·奥托先生的家在市区，但在我的感觉里总认为是在乡村。那天晚上，我们看错了道路标牌，提前一个路口下了高速公路，车在穿过一大片麦田时迷了路。我们绕过这片麦田，又重上高速公路，终于找到了斯汶·奥托先生的家。他已站在门口等着我们，还有一位银发女士站在他身旁。我早就听说奥托先生和夫人离婚了，他俩分居两地，很多认识他的中国朋友都为此感到惋惜。可是当时站在他身旁的这位，分明是我在照片上看见过的奥托夫人。

我们下车以后赶紧迎上前去："真抱歉，我们来晚了，让二位久等了！"

奥托先生笑着说："我怕我做的饭不好吃，特地请我的'家庭主妇'过来帮忙招待客人。饭菜早已准备好了，可是她想见见你们再走。"

奥托夫人接着说："很高兴见到你们，很抱歉，今晚我还有事，不能多陪你们。"由于他们这种状况，又怕耽误了奥托夫人，我们只得客随主便。

因为奥托夫人曾陪奥托先生访问过中国，我事先为她准备了一份中国的小纪念品，原打算看情况由奥托先生转交，现在便直接送给她，并抓紧时间一起照了几张相。然而奥托夫人坚持等我们就座，亲自送上热咖啡和茶，方才离去。我们将她送到门口，奥托先生和她吻别，看着她开车离去。关上房门，他微笑着说了句："她就是这个性格。"

　　我与奥托夫人是第一次见面，虽然没有来得及交谈，可是她却给我留下了非常好的印象。在她身上我感受到了一位丹麦老人对中国人民的友好感情。今晚她原本有事，为了招待中国客人，特地赶来操持饭菜；我们来

迟了，为了要见见中国客人，她翘首以待；她曾访问过中国，了解中国待客的习惯，专门备了茶水，并坚持要亲自为客人斟上一杯热茶，方才离去。我从心里感激奥托夫人的这份情谊。

用过奥托夫人为我们准备的可口饭菜之后，奥托先生请我们参观他的工作室。这是四间隔开的房子，两大间是他的画室，和客厅一样，画室的墙上也挂满了画。画室有一张大大的画桌，一长溜直顶着天花板的书架上摆满了书。

我们走进一间书房，墙上挂着一个幻灯荧光屏幕。奥托先生邀请我们看他非洲之行的一些幻灯片。他亲自按动着幻灯片遥控器，并为我们讲解。非洲的原野景象展现在屏幕上，忽然出现了一组"巴扎"（集市）的图像，图像显示着穿着色彩鲜艳的非洲农妇用头顶着各种农产品在集市上叫卖的情景。在集市的一角，我发现了奥托先生的身影，他正光着一双脚，蹲坐在一个马扎上写生。接着是一幅马路边的矮墙，墙边有一张行军床，奥托先生坐在床上，背靠着矮墙，用双膝支撑着写生夹子作画。他说："这是我在非洲创作旅行时的临时卧室和工作室。"还有一张图像，他站在路旁，司机坐在越野吉普车驾驶座上，两个人正端着盘子吃饭。非洲气候炎热，他们都是一身短装打扮。他笑着告诉我们，一路上他和司机都是在"马路餐厅"用餐的。

看到这儿我才恍然大悟，原来他是继续着我们上次的谈话。为了真实地、艺术地再现生活，创造出艺术精品，他虽然年迈，却不畏条件艰苦。他对深入生活的执着追求，对普通人的热爱，以及他朴实无华、吃苦耐劳的精神,都深深地打动了我。这位老画家的形象在我心中更加高大起来。

看完幻灯片,奥托先生从画室里取出两本精装书,一本是彩色插图的《安徒生童话》,另一本是关于插图画的论文集。这时,我把《扬子江畔的孩子们》的中文版样书从书包里取出来,送给他。他非常激动,默默地、不停地用手抚摸着书的封面。

当我们离开奥托先生家时已是夜里11点多钟了,怕我们不识夜路,他坚持开车带路,直到把我们送上高速公路,方挥手告别。

1988年初秋,奥托先生访华回来,我在使馆设宴为他洗尘。大概是内蒙古草原的风把他的脸吹得有些黑红,他手里拎着大提包,笑着走进客厅,情不自禁地谈起内蒙古之行,说非常感谢中国美术家协会的热情接待,并让他又见到了老朋友们。

他打开提包,取出一大摞照片和两本写生册。我从照片上看到了奥托先生在进草原的路上所遇到的风风雨雨:连日暴雨差点切断了草原的路,汽车陷进了泥坑,奥托先生和很多人在推车;汽车行驶在草原上,中途休息时,奥托先生挥动着双手打虫子(他介绍说草原上有一种小飞虫,专门盯着咬他);在蒙古包里,奥托先生在为小朋友写生,身边围绕着一群孩子;奥托先生和孩子们在放牧骆驼……

他不知疲倦地写生,带回丰富的创作素材。虽然刚回来不久,他早已开始构思第三本描绘中国的画册。

时间过得真快,转眼之间我已在丹麦度过了三个冬春。奥托先生的中国内蒙古之行又结出硕果,第三本关于中国的画册面世了。在这本画册里,他一改过去清淡的色调,用绚丽的色彩,饱蘸着激情的笔触,直抒胸臆,把内蒙古草原上千变万化的旖旎风光渲染得淋漓尽致,歌颂了中国牧民的幸福生活,反映了蒙古族的风俗,刻画了一个蒙古族少年经历了种种磨炼,成为英勇的牧驼人的故事。

奥托先生的第三本画册描绘了一名内蒙古少年午夜遭遇狼群的故事。为保护驼群,少年奋力与狼群搏斗,身受重伤昏倒在无边的雪野里。亲人们四处寻救少年,少年九死一生重新又站立起来。当你看到少年迎着初升的朝阳重返驼群时的画面,真令人心情激荡、精神振奋!真正的艺术应该让人热爱生活,珍惜人生。看了斯汶·奥托先生的画,心灵会受到鼓舞,你会觉得生活是美好的,会在儿童的心里播种下战胜困难的勇气和力量。

1990年3月底,奥托先生听说我将离任回国,特意打来电话,热情地邀请我和客居使馆的丈夫到他家做客。无论行前多忙,我也要安排出时间应邀拜访。这将是我在丹麦最后一次到他家做客。

那一天,奥托先生不仅请来了他的"家庭主妇"和我们共进晚餐,而且饭后我们又被盛情邀请到奥托夫人家吃了茶点。奥托夫人这一晚显得特别高兴,她一头银发,穿一袭白软缎长裙,虽然早已年过花甲,但从背后看身材依旧保持着青春的风采。她谈起9年前和奥托先生访华,指点着房内一些从中国带回的东西,触景生情地说:"奥托早把心留在了中国!"

餐桌上烛光摇曳,杯盏交错,气氛十分融洽。奥托先生除了让我们品尝一下奥托夫人的手艺,还要我们尝尝他种的土豆。他惋惜地说:"真可惜,你们每次来都是晚上,否则一定带你们到院里看看我的小菜园。"

我知道丹麦政府出于对环境保护的考虑，规定每家盖房要保证庭院占地70%、住房只占30%，所以每家都有一处很大的院落，任凭主人的爱好不同，或栽种绿植，或养护花卉，或栽种果菜，或饲养宠物。很多庭院里，灌木、花卉布局有序，彩色缤纷，十分悦目。

艺术家的庭院布置肯定不同一般，他曾几次提到自己心爱的小菜园，可见他对于种植蔬菜情有独钟。后来，奥托先生看到我丈夫一头黑发，便自认为自己是全桌最年长的一个。结果一问，我丈夫实际比他还大，便风趣地说："那一定是与你们中国人常吃新鲜蔬菜有关了！"他的幽默使大家都笑了起来。这天晚上，我们度过了一个令人难忘的愉快夜晚。

虽已离开丹麦多年，但每每想起在遥远的北欧，有一位银发老人在明亮的灯光下，默默创造着美，为中丹儿童奉献着爱，我便在心里祝愿：奥托先生，健康、长寿！

外交思索

- 斯汶·奥托创作了哪几本中国题材的儿童绘本？
- 对于内蒙古的写生之行，奥托先生提出了怎样的请求？
- 为什么称奥托先生是"把心留在了中国"的插画家？

大象传友谊

作者：江勤政，中国前驻斯里兰卡兼马尔代夫大使。

善解人意，勤劳能干，聪明灵性的"象"，在中国传统文化里与"祥"字谐音，故被赋予了吉祥的寓意。我国的友好邻邦斯里兰卡也将大象视为吉祥之物。在这个佛教国家，大象具有特殊的宗教、文化含义。斯里兰卡领导人曾将大象作为"国礼"赠送给中国，凸显两国之间的互信与友谊。

斯里兰卡是亚洲南部的印度洋岛国，风景秀丽，素有"印度洋明珠"之称。

我同斯里兰卡有缘，在那里学习、工作多年。那个国家的东西南北，我都去过，给我印象最深的莫过于那里生长的大象。它们在工地、在庙宇、在宗教和节日游行队伍里，都担当着举足轻重的角色。

在佛教中，大象被视为"神兽"，唯有大象才有资格驮负镇国之宝——佛牙。

大象被视为最珍贵的礼物，赠送大象，代表着友善和敬意。

北京动物园有过3头斯里兰卡大象，分别是"米杜拉""阿拉丽雅"和"米盖拉"。它们是斯里兰卡领导人赠送的"国礼"，深受中国人，特别是少年儿童的喜爱。据说，在北京动物园，外国象总共才7头，斯里兰卡象就占了3头，足见斯里兰卡和中国友谊之深厚。

家喻户晓的"米杜拉"

1972年6月,斯里兰卡总理班达拉奈克夫人(以下简称"班夫人")访华时,带来了一位特殊的使者,它就是一头被班夫人称为"中斯两国友谊象征"的小象——"米杜拉"。6月18日,北京首都体育馆举行了隆重的赠象交接仪式,周恩来总理和班夫人出席,并发表了热情洋溢的讲话。

在斯国语僧伽罗语里,"米杜拉"是"朋友"的意思。对这位友谊小使者,斯里兰卡方面非常重视。班夫人结束访问回国前,特意到北京动物园看望它。7月11日,班夫人还写信给北京动物园领导,感谢他们"给予小象'米杜拉'的一切注意和关心,希望'米杜拉'能够成为北京动物园的一个具有吸引力的娱乐源泉"。班夫人回国时,留下了一位老饲养员和一位驯兽师在北京动物园进行指导。

北京动物园上上下下也对这个来自远方的小朋友给予了最好的照顾。"米杜拉"在北京动物园开始了无忧无虑的新生活。

和同龄的小象相比,"米杜拉"肤色较深,体形偏瘦。它喜欢和饲养员一起玩耍,经常用它那特有的武器——长鼻子,吸足水,趁饲养员不注意的时候喷他一下。这对"米杜拉"来说,也许仅仅是一种有趣的游戏。然而对参观者来说,正是它的这种淘气和叛逆,才引起人们格外的关注。

渐渐地,"米杜拉"长高了,体重也增加了,成了北京动物园里的小明星。全国各地的动物爱好者和游客纷纷慕名前来观看。因为有"米杜拉",北京动物园的象房顿时闻名遐迩。

"米杜拉"在北京动物园生活了7年,于1979年被送到天津动物园。2008年,为了让人们了解它的身世,中央电视台精心制作了一档节目《友谊的使者——小象"米杜拉"》。遗憾的是,当节目即将制作完成时,从天津动物园传来不幸的消息:一天早晨,打扫卫生的饲养员发现,从来不躺下睡觉的"米杜拉"居然躺下了,而且再也没有站起来。那一年,它37岁。"米杜拉"走了,它把一生献给了中斯友谊,我们永远不会忘记!

表演明星"阿拉丽雅"

"阿拉丽雅"是一个靓丽的词汇,意为"庙花"。斯里兰卡总理府就是以"阿拉丽雅"命名的,而且斯方赠送给中国儿童的第二头小象也以"阿拉丽雅"命名。

那是1979年9月,"阿拉丽雅"刚满8个月就由斯里兰卡总理作为礼物赠送给中国儿童。它原本是来给"米杜拉"配对的，但这时"米杜拉"已去了天津动物园。作为北京动物园的表演明星，"阿拉丽雅"一直长期居住在北京。

"阿拉丽雅"清心寡欲，生性倔强，对异性非常挑剔，因而当了多年的"单身贵族"。从1996年开始，北京动物园就开始忙活"阿拉丽雅"的"终身大事"。2002年，北京动物园向全国发出"征婚启事"，并带着它先后到石家庄、天津、济南等动物园"相亲"。最终，"阿拉丽雅"和比它小3岁的济南动物园的"亚昆"结成夫妻。

生性活泼的"米盖拉"

"米盖拉"是斯里兰卡赠送给中国儿童的第三个宝贝。和"米杜拉""阿拉丽雅"不同，它不是出生在动物园，而是出生在大象孤儿院。

平纳瓦拉大象孤儿院始建于1972年，1975年搬迁到现在的地方，专门收养、收治在深山老林失去母亲的幼象或患有伤病的成年大象。它是世界上第一个大象孤儿院，也是世界上最有名的大象繁育中心。目前生活在孤儿院中的大象有百十来头，它们受到工作人员的悉心照料，它们的进食、散步、游戏、洗澡、睡觉都按作息时间表安排，有些成年大象已在这里生儿育女。小象长大后大都要接受"工作培训"，搬运木材就是其中一个项目。智商较高的，由驯象师进行专门训练，让它们熟悉指令，听懂几个外语词汇，表演节目，掌握与游客互动的"分寸"。平纳瓦拉大象孤儿院已成为斯里兰卡著名的旅游景点。

"米盖拉"在平纳瓦拉大象孤儿院出生,又受过多年培训,成为大象家族的佼佼者。它被拉贾帕克萨总统选中,作为"国礼"赠送给中国。它是平纳瓦拉大象孤儿院里享受如此殊荣、担负如此使命的"第一象"。

2007年2月25日下午,"米盖拉"乘专机先期抵京。据饲养员介绍,"米盖拉"出国前,斯方特意给它做了两套服装:一套是日常"家居服",另一套是豪华"礼服"。

2月26日下午,正在中国访问的斯里兰卡总统拉贾帕克萨和夫人来到北京动物园,出席大象赠送仪式。拉贾帕克萨总统发表热情洋溢的讲话。他说:"大象是斯里兰卡人民最热爱的动物。大象'米盖拉'代表着我们对中国人民和中国儿童的爱,相信在你们的关心和照顾下,'米盖拉'一定会很快适应在北京的新家。"

"米盖拉"在北京,人生地不熟,加之天气寒冷,它显得有点羞涩,迟迟不肯从象房中出来。饲养员几经努力,最终在香蕉的诱惑下,才把身披红色丝绒象衣的"米盖拉"牵到了捐赠台前。

据介绍,为了迎接"米盖拉"的到来,北京动物园进行了精心准备。斯里兰卡地处热带,终年如夏,气温较高。动物园对"米盖拉"的住所进行了改造,使室内的温度保持在25℃—28℃之间。此外,北京动物园还专门从广州、南宁运来了大量椰子树叶和其他大象喜爱的食物,确保"米盖拉"吃得开心。

除此之外,饲养员担心"米盖拉"孤独,还安排了它和雌性非洲象"晶晶"住在一起。"晶晶"像个慈爱的大姐姐一样照顾"米盖拉",隔壁的雄性非洲象"壮壮"对"米盖拉"也很友好。

后来,"米盖拉"又和包括"阿拉丽雅"在内的两头雌性亚洲象住在一起。可顽皮的"米盖拉"不断地挑逗两头雌象,用它新长出的象牙在雌象身上划出了很多小口子,因而没少受到两头雌象的"惩罚"。

"米盖拉"逐渐适应了在中国的新生活。它住在单独的展区里,还配有一座游泳池,令其他大象羡慕不已。

40余头大象列队迎接中国元首

2014年9月16日中午,习近平主席和夫人抵达卡图纳亚克国际机场,开始对斯里兰卡进行国事访问。当习近平主席的车队缓缓驶出停机坪时,

道路两边的两根旗杆下各有一头披挂鲜艳彩衣、体形格外魁梧的成年大象伫立着向贵宾"致敬"。两头大象背上，分别骑坐着两位帅气小伙，他们身着白衣白帽，英俊威武。他们当中，一人高擎斯里兰卡国旗，另一人高擎中国国旗。

在习主席车队行经道路的一侧，一头领头大象后面紧跟着身披各色彩衣的40头大象，有的还带着活泼可爱的小宝宝。它们身姿优雅，温顺地一字排开，缓缓前行，不时抬起长鼻，向客人致意。据说这些大象是乘坐大卡车从斯里兰卡各地赶来的，从早晨6点一直等到中午，为的是迎接中国国家元首习近平主席。

大象象征吉祥。用大象迎接尊贵客人，早已有之；用40余头大象迎宾，则绝无仅有。这充分体现了斯里兰卡人民对中国人民的一片真情。愿中斯友谊代代相传，历久弥新！

外交思索

- 大象在斯里兰卡文化中有何象征意义，占有怎样的地位？
- 大象孤儿院对保护大象起到了怎样的作用？
- 为了迎接中国国家元首到访，斯方举行了怎样的欢迎仪式？

毛里塔尼亚印象

作者：王四法，中国前驻中非、喀麦隆大使。

中国与毛里塔尼亚于1965年正式建交。任凭国际风云变幻，两国友好合作关系始终持续稳定发展，成为可信赖的"全天候朋友"。作者在毛里塔尼亚履职期间，与当地普通民众结下了深厚的友谊。虽然那里的条件艰苦，但是毛里塔尼亚人火一般的热情和独特的风土人情给他留下了深刻的印象，令他难以忘怀。

毛里塔尼亚对华友好，可以称得上是"全天候"的铁杆朋友。1994年11月，我有幸出任中国驻毛里塔尼亚使馆政务参赞。初到毛里塔尼亚，那里可谓是一片"不毛之地"。正如前辈们所说，那是一个"只有沙子没有泥"的国度，全国3/4的国土是沙漠。其国名源于主要民族摩尔（又译"毛里"）人，即"摩尔人之国"。根据肤色，摩尔人有黑、白之分，当地称之为"黑摩尔""白摩尔"。乍一听，以为是"黑木耳""白木耳"，还为此闹出不少笑话。

毛里塔尼亚独立之初，建都在努瓦克肖特——一个"风口"上的村落，新政府只能在搭建的帐篷里工作，条件非常艰苦。在此情况下，中国为其提供了真诚的援助：1973年，我们为毛里塔尼亚打了18口水井，铺设水管线60多公里，每日向努瓦克肖特及沿线城镇供水1.35万立方米，初步解决了当地居民的基本用水难题；1979年，援建"友谊港"，这是我国援助非洲的第二个大项目，使毛里塔尼亚在大西洋上有了最大的出海口，承担着毛里塔尼亚90%以上的货物进口卸载任务，同时也为非洲大陆西北部国家提供了重要门户。

在这里，因所处的地理位置特殊，我们喜欢西风多过东风——东风给我们送来沙尘，而西风给我们带来大西洋的凉爽。旱季，我们喜欢迎着凌晨的凉风，漫步在高高的沙丘，眺望日出，这令人精神振奋，觉得别有一番风味。雨季，我们喜欢踏青，东部洼地变成了片片沼泽，远远望去，一片翠绿，宛如人间仙境，使人心旷神怡。

短暂的3年使馆生活，我亲身感受到了毛里塔尼亚兄弟对华友好的热忱远胜过这里酷热的天气。

一天，我开车外出，不巧车轮陷入了路中的沙坑。我费尽全力，车子不仅不能动弹，还越陷越深。天热加上心急，我浑身是汗。一位路人见到我的窘境就问："希努瓦（中国人）？"我说："是。"他二话不说，立即招呼附近村里的年轻人出来帮忙，硬是用人力把我的车抬出了沙坑。当我感谢他们时，他们说："不用谢！希努瓦给我们送来了自来水，帮我们修建了'友谊港'，是我们的'大朋友'。"

尽管毛里塔尼亚生活条件十分艰苦，桌面上天天落一层沙尘，但苦中有乐，其奇景趣闻给我们的生活增添了无穷的乐趣，让我印象深刻，难以忘怀。

毛里塔尼亚人和我们一样，也喜爱喝茶，不可一日无茶。一是因为他们日常生活中大多食用牛羊肉和骆驼奶,喝这种特殊的甜茶,有开胃消化的功能;二是因为当地天气炎热,人易疲劳,喝此茶能起到提神解乏、增进食欲的作用,令人有愉悦和清凉之感。他们尤其喜欢中国的绿茶,但并不像我们一样泡茶,而是把茶叶、鲜薄荷叶、白糖和水一起放在小铜壶或小瓷壶里,用炭火长时间烧煮。煮浓后,倒入酒盅大小的玻璃杯里享用。茶色深如咖啡,味道别致、香甜醇厚、略带苦味,独具一格。对我们来说,当地人煮茶的味道虽清香好闻,但口感太甜,且茶水表面带有许多泡沫,有点黏黏的、腻腻的感觉。

毛里塔尼亚用"三杯茶"招待宾客,与我国云南大理的白族常用的"一苦、二甜、三回味"三道茶待客也算是异曲同工。毛里塔尼亚人几

乎人人信奉伊斯兰教,不喝酒,迎宾礼节通常以"三杯茶"代酒,也合了我们"酒过三巡"的说法。主人三次敬茶,客人以饮尽为礼。大家一边聊天,一边品茶。三杯茶未毕,客人不便告退,不然会被认为失礼。外交拜会时常遇到这种情况:主题谈完,"三杯茶"还没上完,只能再"海阔天空",延长拜会时间,等"茶过三巡"后再行告别。

漫步在毛里塔尼亚首都大街,五大奇景映入眼帘,令人感叹不已。

一是以胖为美。毛里塔尼亚的妇女构成了街上一道风景线,她们个个富态,仿佛孕妇一般,裹着肥大宽松的长袍,摇摇晃晃,溜达在街上。有的夫人坐在板凳上,根本看不到她坐的板凳。传说毛里塔尼亚的女人以胖为美,却是个极大的误解。其实,她们也希望保持苗条的身材,但人们还摆脱不了"以胖为富"的传统观念。毛里塔尼亚是个贫穷的国度,男方结婚时都希望找个家境富裕的姑娘,富态便是其标志。而姑娘肥胖,也关系到她家族的脸面及能否找到一个好婆家。于是,家家都不约而同地为女孩增肥,从小让她们喝大量的骆驼奶或牛奶,极端暴饮暴食,甚至有的催肥手段有些残忍。至今,有一些妇女并不后悔自己为变胖而饮食过量。

二是树不留冠。首都努瓦克肖特是在沙漠里建起来的城市。热带沙漠气候,高温少雨,年平均气温25℃。事实上,努瓦克肖特白天气温都在30℃以上,太阳直晒的温度可达50℃以上。汽车停在太阳下半个时辰,方向盘便烫得难以触摸。

尽管如此高温,首都的大街小巷,除小灌木外,大树都不留枝叶,找不到一个树荫。即使在政府部门院内的大树下，同样也没有树荫。毛里塔尼亚政府官员解释说，自古民间有个传说，大树高度超过住房，这家人就有灾难。虽无从考证，但当地人已习惯了不留树冠的做法。这确有道理。天气热，树长得快，木质就松。树高超过住房，碰上刮沙暴，容易折断而压垮房屋。此外，我认为还有两个原因：一是当地水贵如油，舍不得用水浇树，只能保树干；二是老百姓缺少柴火，用不起煤气罐，只好四处砍树枝烧饭。我的观点得到了政府官员和使团外交官的认可。

三是帐篷上屋。毛里塔尼亚全境一半的国土属于撒哈拉沙漠，气候极为干燥，气温又特别高，一般房屋散热不好，所以普遍使用散热较快的帐篷。毛里塔尼亚独立时，首都基本尚无建筑，首届政府在帐篷内办公。毛里塔尼亚人还把在帐篷里招待宾客视为高雅之举，即使国家元首主持的国庆宴会，他们也习惯在临时搭起的帐篷里举行。人们风趣地称之为"帐篷国家"。普通人家的帐篷用细布做成，富裕的家庭则从国外进口帐篷。

随着经济的发展，首都不少有钱人建起了别墅庭院，但家家户户都特意在房顶上支上帐篷，每周要到帐篷里去住一住。我有幸应邀出席过帐篷国宴，也到过毛里塔尼亚的高官家中体会这种奇特的氛围。得出的结论自然是名不虚传，别有一番风味。

四是"头顶"功夫。首都"友谊港"北边3公里处，有一个著名鱼市，占地面积5000多平方米。每天傍晚，渔船靠岸，鱼市便变得非常热闹，人们挤来挤去，批发或零售刚从海里捕上来的鲜鱼。这里的海湾较浅，打鱼基本上靠手工作业的小舢板。最令人惊叹的是妇女们的"头顶"功夫，尽管她们头上顶着的筐子或盆子里装有二三十斤的大鱼,但她们丰腴的躯体在沙地上却走得稳稳当当,如履平地,让人惊讶万分。

五是羊上树。我见过一张奇特的照片:摩洛哥14只羊爬上了一棵树。《羊上树》是我国传统的相声段子,大家认为这是不靠谱的事情,听完只是一笑了之!但毛里塔尼亚的羊在缺水缺草的恶劣条件下,为求生存,还真慢慢学会了上树的本领。在首都街上的小灌木上,同样也有羊上树的景

象。

由于当地气候炎热干燥、雨水稀缺，寸草难长。首都街上，四处觅食的羊群津津有味地吃着废弃的硬纸板、塑料纸的场景比比皆是。我们使馆庭院内有片草坪，雇员们每次都兴高采烈地把割下的草装袋带回家喂羊，这成为它们的珍馐佳肴。

沙漠里的酷热、沙暴、暴雨、寒冷，再加上少食缺水，使羊群经受着种种考验，然而它们却始终如一，抱团守望，期盼明天。而毛里塔尼亚人的精神，就像暴风雨中的羊群，性情温和，特别能忍受，特别能吃苦；更像上树的羊，坚韧不拔，勇往直前，值得我们点赞称颂！

外交思索

- 中国为援助毛里塔尼亚做了哪些事情？
- 中毛两国关系一直友好，作者在异国生活中得到了哪些帮助？
- 请简要说一说首都努瓦克肖特的五大奇景。

"炽热的海滨之国"吉布提

> 作者：张国斌，中国前驻圣但尼总领事、驻斯特拉斯堡总领事。

吉布提，很多人第一次听到这个名字是在新闻报道里。2017年，中国人民解放军首次设立海外基地——中国人民解放军驻吉布提保障基地，从此非洲大陆上的这个神秘国度逐渐走入了公众的视野。它是一个怎样的国家，气候如何，风景怎样？让我们跟随作者的笔触，一起来领略"炽热的海滨之国"的异域风情和独特风采吧！

在东非海岸红海和亚丁湾的出口处，有一个面积2.3万平方公里，人口逾90万的国家，这就是吉布提共和国。（由于濒临红海，它也被称为"海滨之国"。）1979年1月8日，吉布提与中国建交。就在中吉两国建交后不久，我因工作关系来到这里，与其他几位同事筹备建馆工作，一待就将近3年。其间，我目睹了和平与自由带给吉布提人民的欢乐与生机，也得以利用工作间隙，逐步领略这座热带海滨城市的独特魅力。

虽然赴吉之前便听说建馆工作十分辛苦，但能有机会为中吉两国的外交事业贡献自己的绵薄之力，于我而言仍是莫大的荣幸。回忆在吉布提的工作与生活，可谓苦乐参半。建馆工作的艰辛、久居海外的生活锤炼了初生牛犊的我，既丰富了我的阅历，也增长了我的见识、锻炼了我的意志。

带着棉衣去热带

记得启程时,北京正是寒风呼啸的隆冬季节。接到任命通知后,我就去拜访了几位从事外交工作的老同志。老同志听说我是去非洲,建议我不用带冬天的衣服,因为那边属于热带,厚衣服基本用不着。

回家后,我母亲却另有一番见解,她认为世界上哪个地方都是四季分明,而且我一去几年,还是多备些衣服比较稳妥。拗不过母亲,我只能带了满满一大箱的衣服。上飞机的时候,我穿着毛衣、西装和大衣。在卡拉奇转机时,我已经热得不行,脱了大衣仍在冒汗。飞机抵达吉布提时,我把毛衣也脱了,只剩下西服、衬衫,可外面30多摄氏度的高温,让这身正式的穿着显得非常不合时宜。我那一大箱子厚衣服自然是没有用到,辜负了母亲的一番苦心。

"我的锅"?吉布提名称的由来

我们来到吉布提时,年轻的共和国独立未久,经济、文化、社会生活等诸多领域可谓百废待兴。这里的人们深深懂得和平与自由的来之不易,也非常明白,为了改变经济落后的面貌,吉布提急需一个和平的国际环境。

独立后的吉布提共和国崇尚和平,在埃塞俄比亚和索马里的争端中严守中立。为了将东非、红海和印度洋地区变成一个"和平区",吉布提政府长期以来更是付出了不懈的努力,终于在动乱四起的非洲之角,将吉布提建设成为一个难得的"和平港"。

然而，大概因为吉布提国土狭小，也无多少傲人的自然风景，在众多东非国家中实属"籍籍无名"，其他中国人对它也知之甚少。但是，如果来到这里，你会发现，恢复自由与独立后赢得较快发展的吉布提其实充满生机与活力，这里的人民质朴而热情。

你可知道，吉布提共和国的名称远比这个年轻的共和国经历了更久岁月的洗礼。关于"吉布提"一名的由来，坊间流传着种种说法，其中一个较为流行且十分有趣的版本是：

> 他们是在问我这是什么东西吧？

> 布提（锅）

> 这是什么地方？

很早以前，有几个西方人初次踏上这片土地，他们对这里非常好奇，恰好看见一个老翁正在用锅做饭，于是上前打听，问道："这是什么地方？"由于语言不通，老人以为他们是问"这是什么东西"，于是顺口答道"布提"。（在阿法尔语中，"布提"就是锅的意思。）西方人没听清，又问了一次。老人遂大声回答："吉布提。"（意即"我的锅"。）

于是，"吉布提"这个名称就此流传下来了。凑巧的是，吉布提的地形恰好也如锅状，这种说法遂更显传神而有趣。时至今日，关于吉布提与"锅"的这段渊源，其不同版本仍在四处流传。所谓"无巧不成书"，传说与历史的分割有时很难界定，但传说的生动与神秘，较之刻板的历史考据倒是多出了些许趣味与人情，也拉近了吉布提与初来此地者的距离。

"苦中作乐"

我们是第一批到达吉布提的中国人。我们一行共6个人，我的身份是大使馆工作人员。吉布提市是吉布提的首都，也是全国政治、经济、文化的中心。据说，直到1895年，这里还是一个人口很少的小镇。即便如此，吉布提市的居民仍占全国人口总数的一半以上。由于吉布提位于地壳不断变动的火山带上，它的建筑物一般都不高。市区的街道、楼房布局合理，别具匠心。一座座阿拉伯式的二层楼和西式别墅错落杂处，色调鲜明。市内的一些街道以世界名城命名，如巴黎大街、罗马大街、莫斯科大街等，这些街区绿树成荫，商店林立，繁华热闹。通往港口的公路分成南北穿行的单行车道，鲜有警察而秩序井然。

初到吉布提，最令人难以适应的恐怕是天气。这里属于半干旱型气候，除部分海拔较高的山区外，全国都属热带沙漠气候，终年炎热少雨。吉布提的温度高得让人觉得不可思议。这里一年有 8 个月是夏天，年平均气温在 30℃ 以上，温度最高能达到将近 50℃，故又有"炽热的海滨之国"之称。

记得我们刚到这里时，第一个"参观"项目就是到海滩边去看各种被晒变了形的啤酒瓶，我们不禁为之咋舌。平日里，要出门的时候只能开车出去，上车之前先要把空调打开吹上一会儿降降温，否则不敢上车。我们还曾开玩笑说，拿一个生鸡蛋，肯定可以直接在车顶上煎荷包蛋。

乡音·乡情

尽管吉布提的自然条件很艰苦，但那时的我却非常知足，工作起来也很卖力。在吉布提，我们还有一个乐趣就是品尝各式海鲜。因为吉布提靠海，各类鱼、虾既新鲜又便宜，鱼翅更是多得能当面条吃——我们的厨师把鲨鱼尾买回来，自行加工，之后每人一碗，像吃面条一样地吃鱼翅，十分过瘾，现在想来还真有点"暴殄天物"。除此之外，吉布提的西瓜个个都有十几公斤，又大又甜。

在那段日子里，唯一令人感到苦闷的就是见不到中国人，更不用说亲人了。这恐怕也是长年在海外工作的人的"通病"吧：每逢传统节日尤其是春节，使馆里的工作人员都会特别想家。可是远隔千山万水，我们只能在心里默默祝福祖国和亲人，在遥远的异乡独自消受这挥之不去的思乡之情。

有一天，我开车上街采购，突然发现前面走来五六个海员，而且还是中国的海员！我激动地跳下车，用中文跟他们打招呼，把他们请上了车，带回大使馆，并拿出很多好吃的东西招待他们。异乡的邂逅使彼此油然生出一种如亲人般的温情，船员们也非常高兴。后来，我们还进行了互访，他们把我们带到船上，和我们交换从国内带来的食物。

这种街头的偶遇，往往能带给大家意料之外的欢欣，但这样的机缘实在太少太少，更多的时候，我们的宽慰来自同样惦念着我们的祖国和人民。

在长驻吉布提的几年里，我们时常能收到来自祖国及亲人的问候，这极大地抚慰了我们思乡的心情。

有一次，国内一个贸易小组到吉布提出差，其间又到邻国索马里拜访。从索马里回来时，驻索马里的使馆同志托他们给我们带了封信，信中这样写道："听贸易小组的同志们说你们那里很艰苦，由于气温高，你们吃不到蔬菜，我们特地准备了一些新鲜的蔬菜请他们给你们带过去，略表慰问之心。"

读着这封充满真挚情谊的信，在场的几个人眼泪都快掉下来了，心里非常感激。这就是同胞加同志间的友爱啊！正是这份关怀与友爱，给我们增添了力量与信心，促使我们加倍努力，克服一切困难，用辛勤的工作报效祖国和人民。

互利共赢

2017年7月11日，中国人民解放军首次设立海外基地——中国人民解放军驻吉布提保障基地。随着中非交流的不断深入，中国海军部队外出巡航的次数越来越多。有了这个基地，不仅可以就地为中国远航带来更可靠的后勤补给，而且可以实现更有效率的撤侨，大大提高打击海盗的能力，以及更好地维护国际战略通道的安全。

修建军事基地的同时，中国对于当地的经济发展也给予了有力支撑。其中，最有代表性的当属亚吉铁路，中方克服重重困难，仅用了6年的时间，建成了非洲第一条现代电气化铁路，使沿线地区的交通便利程度和贸易水平得到极大提升。祝愿中吉两国不断拓展合作领域，造福两国人民，在广袤的非洲大地上结出和平发展、互利共赢的累累硕果！

外交思索

- 吉布提为何被称为"炽热的海滨之国"？
- 吉布提名字的由来有何典故？
- 中国人民解放军在吉布提设立海外基地有何作用和意义？

见证中罗人民友谊的"海豚外交"

作者：王铁山，中国前驻罗马尼亚康斯坦察总领事。

动物不仅是人类的好朋友，而且在政治舞台上经常能够扮演友好使者的角色。这些可爱的生灵，给严肃紧张的国际政治环境增添了一抹别样的暖色，成为跨国友谊的见证者。同时，它们以乖巧可爱、聪明伶俐的形象赢得了世界各国人民的喜爱，唤起了人们爱护动物、保护环境的责任意识，可谓是身兼数职的"动物外交官"。

在国际政治舞台上，各国经常会用珍稀动物来搭建起友谊的桥梁。我国的对外交往也不例外，最有代表性的"动物外交官"就是我们的国宝熊猫了。除了熊猫，东北虎等多种珍稀动物也当过"外交友好大使"。当然，友好国家也赠送给我国一些珍稀动物。我在担任中国驻罗马尼亚康斯坦察总领事时，曾力助罗马尼亚方面从北京引入3头海豚，从而展开了一段增进中罗人民友谊的"海豚外交"。

起因：海豚死亡难住罗方博物馆

那是在2008年底，罗马尼亚海滨城市康斯坦察自然博物馆用于表演的最后一只海豚因病死亡。而在此之前的2007年是个特殊的年份：为避免海豚灭绝，呼吁人们更多地关注海豚这一稀有物种，联合国把这一年命名为"国际海豚年"，在全世界掀起一场保护海豚的运动。

海豚是人类的朋友，是海洋中的"精灵"，是世界上最受欢迎的动物之一。在水族馆里，海豚能按照训练师的指示，表演各种美妙的跳跃动作，这与它们的惊人智力有关。只要人类能够与它们友善相处，海豚就会逐渐靠近人，与人类成为朋友。然而近些年来，海豚却面临生存环境极度恶化的困境。联合国环境规划署的报告称，全球现存40种海豚，它们正在面临生存威胁。这些威胁包括噪音、有毒化学品和大量垃圾等。在这种情况下，因受《养护野生动物移栖物种公约》《养护波罗的海和北海小鲸类协定》等有关国际公约限制，罗马尼亚不能在海上捕捞海豚用以补充。该博物馆曾联系许多国家求购，均遭到拒绝。

康斯坦察是黑海沿岸最大的港口城市，每年有不少国内外游客来此度假，而海豚表演是最吸引游客的节目之一。海豚馆没有了海豚，那就是空有其名了。康省政府和自然博物馆的负责人都非常着急。我当时担任中国驻康斯坦察总领事，他们前来拜会，询问是否可以从中国引进2—3头海豚。

我敏锐地意识到，这是欧盟成员国首次向我国要求引进海豚，如能取得成功，可为两国的科技合作开辟新的领域，具有开创性的意义。何不借此机会开展一次"海豚外交"呢？于是，我与我国农业部、渔业局取得联系。渔业局推荐了北京海洋馆作为中方合作单位。经过牵线搭桥，康斯坦察自然博物馆与北京海洋馆建立了联系。

牵线：北京海洋馆可人工繁殖海豚

恰在此时，北京海洋馆已经可以人工繁殖海豚了。在 2009 年的 3 月，北京海洋馆人工繁育的 3 头小海豚首度出现在游人面前，填补了国内海洋动物在内陆城市繁育的空白。这次成功繁育的 3 头小海豚中，大的是哥哥，有 23 个月大，聪明好胜，具有首领气质；大妹妹 13 个月大，典型的"淑女"，温文尔雅；小妹妹 11 个月大，活泼开朗，好奇心强。

到了2009年9月，北京海洋馆举行建馆10周年庆祝活动，并邀请康斯坦察自然博物馆派团出席，就出口海豚和开展海洋生物科技合作进行谈判。我将这一邀请转达给康省省长。他决定派副省长带队，率自然博物馆馆长和海豚专家访华。罗马尼亚客人在北京期间受到了热情接待。两馆就引进3头表演用海豚（1公2母）和开展科技合作签署了协议。

为符合国际公约的规定，我建议：罗方从北京海洋馆购买人工繁殖的小海豚；引进行为虽然按照商业方式运作，但要纳入两国开展海洋科技研究的范畴。2009年底，双方就购买海豚正式签署合同。当时欧债危机在罗马尼亚已经显现，康省政府仍然克服困难，从地方财政中拿出36万欧元购买海豚，并拨出20万欧元包租专机，完成了这次特殊的活体动物长途运输。2010年3月，罗方派5名训练员和1名兽医赴北京海洋馆培训。双方还商定，随海豚抵罗的中方训练员将在康斯坦察工作3个月，向罗方传授训练和表演技术。

在这个过程中，总领馆与双方一直保持着密切沟通，多次与康省领导和自然博物馆商谈并帮助其解决困难，协助他们排除了合作中出现的所有障碍。

2010年5月29日下午，罗方引进的3头海豚乘包机经过14个小时的空中飞行和近10个小时的地面运输，顺利抵达康斯坦察的科格尔尼恰努国际机场。北京海洋馆的2名训练员、中方聘请的2位日本兽医、赴北京学习的罗方训练员和兽医同机抵达。

迎接海豚的阵容盛大，康省省长、副省长等出席欢迎仪式，并从机场护送海豚至修葺一新的海豚馆。罗马尼亚数家电视台和其他媒体派记者对包机降落、海豚出舱、装车进行了现场直播。数十名电视、广播、平面和网络媒体记者到机场和海豚馆采访。

名叫"晨晨""妮妮"和"皮皮"的3头海豚享受到尊贵的国宾级待遇,它们被卸下飞机装上3辆专车,由警车开道、宪兵护送,从机场浩浩荡荡地驶向自然博物馆,沿途还受到市民的欢呼和喝彩。许多儿童在家

长的陪同下赶到自然博物馆门口，迎接中国海豚的到来。海豚馆正面挂起巨大的横幅，上面印着中国国旗、康省省徽、康省自然博物馆馆徽和北京海洋馆馆徽及欢迎标语。

落户：北京海豚逐渐适应新家

罗方引进的 3 头海豚经过 24 小时的长途运输，身体非常疲惫，有的还受了轻微的伤，加上来到陌生的环境，居住和饮食条件比北京都差很多，它们适应新环境的时间比预料的长一些。北京海洋馆派出的 2 名训练员技术精湛，但语言不通，交流困难；而受金融危机影响，自然博物馆经费紧张，无力聘请翻译。于是，中国总领馆物色了 1 名懂罗语和英语的爱国华侨，义务为双方担任翻译，解了燃眉之急。

我曾两次将自然博物馆的领导、主管人员、兽医，以及中方训练员请到总领馆做客，协助他们逐一解决了水温过低、海水浓度不够、饲料品种不全、露天饲养、海豚眼睛发炎、中方向罗方训练员传授训练技术和注意事项等问题。经过和罗方商量，3 头海豚继续沿用"晨晨""妮妮""皮皮"的中文名字。由于"皮皮"的罗语译音意思不雅，改用谐音"peipei"代替。

3 头中国海豚适应了新的环境以后，健康状况良好，活泼可爱，成为当地人尽皆知的"明星"。自然博物馆位于海滨浴场入口，于是总领馆向自然博物馆提供了中国国旗、北京海洋馆馆徽和海豚照片，印制成巨大横幅挂在海豚馆正面，引来成千上万的游客驻足。

海豚抵达康斯坦察 3 天后，罗方举行了大型记者会，我作为中方代表在现场回答问题,向各媒体发放了图文并茂、印刷精美的《跨越欧亚的彩虹——中国海豚从北京到康斯坦察的历程》《中国野生动物保护法》等材料,并请随海豚同机抵达的罗方兽医和中方训练员现场解说。康省自然博物馆馆长感慨地对记者们说,他们为寻购海豚曾四处奔波,但处处碰壁,关键时刻中国伸出了援助之手,真是困难之时见真情。

由于这是我国首次向欧盟成员国出口人工繁育的海豚,媒体不断报道,当地人民十分关注,尤其是众多少年儿童翘首以盼,希望早日一睹中国海豚的风采。为减轻压力,自然博物馆在海豚抵达20天后开放海豚馆,允许公众观看海豚进食和嬉戏。为保证首场正式表演的成功,我密切关注海豚的身体恢复状况,经与自然博物馆多次协商,把首场正式表演的时间定在中方训练员离罗之前的10天左右,正好是海滨旅游旺季开始的日子。双方商定首演以罗方训练员为主,中方训练员协助。

2010年7月16日晚,首场正式表演如期举行。演出开始前,主持人代表康省人民和罗马尼亚广大观众向中国政府和人民表示衷心感谢。随后,3头海豚表演了"跳跃出水""高空顶球""直立钻圈""旋转跳舞""水面推人"等16种动作。训练员还请幸运观众零距离接触海豚。现场气氛热烈,高潮迭起。

康斯坦察是罗马尼亚第二大城市、黑海沿岸最大的港口城市及著名旅游胜地。北京海豚成功落户此地,对宣传我国在濒危动物保护方面取得的成绩、扩大和保护我国在黑海地区的影响、促进罗马尼亚下一代对中国的了解、增进中罗两国人民之间的友谊发挥着长久的作用。

"海豚外交"结束不久,我便离任回国了。离任前,康斯坦察省议会专门通过决议,授予我"康斯坦察荣誉市民"的称号,这恐怕与特殊的"海豚外交"有很大关系。虽然已离开了康斯坦察,但我仍然关注那3头留在黑海之滨的可爱的小海豚。2013年,我听闻"皮皮"突然死亡,心中伤感不已,希望"晨晨"和"妮妮"在异国他乡快快乐乐地生活下去!

外交思索

- 康斯坦察为何如此着急向各国请求引进海豚?
- 康省最终同哪个海洋馆达成了引进海豚协议,并通过什么方式运送海豚?
- 康省从我国引进海豚对促进中罗两国的外交关系有何帮助?

巴布亚新几内亚忆趣

作者：赵振宇，中国前驻巴布亚新几内亚、牙买加大使。

巴布亚新几内亚独立国简称"巴布亚新几内亚"，中国民众通常简称其为"巴新"。巴新位于太平洋西南部，是大洋洲面积第二大国，1975年9月16日宣布独立，1976年10月12日与我国建交。作者于1999年以中国驻巴布亚新几内亚大使的身份来到这里，不仅巧遇同乡、与华裔总理结下深厚友谊，更领略了该国独特的风土人情。

在南太岛国巴新巧遇同乡

1999年岁末，我偕夫人到巴布亚新几内亚履新。世界真小，到任后不久，我们在首都莫尔斯比港结识了一位名叫王莲香的江苏省扬州市宝应县老乡。在海外工作，能遇到源于同一城市的人已实属难得，若邂逅来自同一座县城的人就更是难上加难了。初见王莲香和她的家人是在我和夫人举行的到任招待会上。那天晚上，我和夫人正忙于与巴新政要和各界来宾见面，突然一位30来岁、身着旗袍的华人女士偕同其巴新丈夫，领着3个孩子出现在我们面前，并热情地做了自我介绍。她说话时明显带有我所熟悉的里下河地区的乡音，我当下便辨认出她来自江苏扬州一带，是我地地道道的同乡。

改革开放以后，王莲香从老家到省会南京打工，承做缝纫活，与当时在南京留学的巴新青年托马斯相爱,然后远嫁到大洋洲这个南太平洋岛国。浪漫的异国婚姻带给他们一个幸福的小家庭:托马斯忠厚朴实,从南京学成归国后长期在巴新林业局供职,事业发展顺利,已升迁至领导层;王莲香则秉承中国人吃苦耐劳、精明能干的传统,成立了自己的公司,主打制衣业务,又经营一个小型超市,将生意打理得风生水起。

他们有3个孩子,10岁左右的大女儿长得漂亮,尤为聪慧。她会讲一口流利的中文,还能看懂从我们使馆借的电视剧和电影碟片。有一天,王莲香特意去大使馆,拜托我夫人为其大女儿起一个寓意深刻的中文名字。为此我夫人煞费苦心地想了好几天,为小姑娘起了个理想的名字叫"王楠"。我夫人说,选择"王"姓,是因为王莲香的大女儿特别喜欢妈妈和她的祖国,所以用她妈妈的姓氏;取"楠"为名,因她的父母相爱于南京;"南"字加上"木"字旁,是考虑到她爸爸长期从事林业工作,一直和木材打交道,且楠木是一种名贵木材,不可多得。经我夫人将意思解释给他们听,王莲香夫妇和他们的大女儿都感到非常满意,认为这个名字不仅好听,而且有内涵,更重要的是,还承载了一个美丽的爱情故事。

中国大使夫人给巴新女孩起了这么好的中文名字,一时竟在巴新传为美谈。

奇妙的"共产主义"生活方式

王莲香的家庭生活虽然幸福和美,但起初她难免也会对异国他乡的文化冲击感到不适应,甚至一度颇觉苦恼。她向我们坦言,刚到巴新不久，有一件事让她大惑不解：每到托马斯领薪水的日子，家里就会来一些"不速之客"——与托马斯同村的WANTOK（乡亲）。他们会准时出现在她家院子里坐等托马斯下班回来。令王莲香意想不到的是，托马斯回到家一看见那些WANTOK，便会热情地招呼他们，并主动地将刚领到手的薪水分一部分给他们，而且事后竟毫无怨言。这使尚不甚了解巴新文化与习俗的她如堕五里雾中。

使王莲香更未料到的是，有一天她从外面回到家里，发现挂在衣柜里的几件结婚时在中国定制的丝绸衣服不翼而飞了。她到楼下院子里一看，几位女性WANTOK穿着那几件漂亮的丝绸衣服，正坐在树下悠闲地聊天呢。她问其究竟，对方却若无其事地回答说："我们需要啊！"

后来还是托马斯慢慢地给她解开了谜团：巴新部族林立，语言纷杂，有800多个土著部落，讲800多种语言，以族情乡谊为核心的社会结构占据主导地位。在民风淳朴的乡村地区，尤其在讲同一种语言的WANTOK之间，人们都以礼相待，亲如家人，且风行自给自足、带有原始共产主义性质的生活方式。王莲香这才意识到，那些WANTOK为何毫无愧色地去她家分享托马斯的薪水，还心安理得地穿走她那几件心爱的丝绸衣服。

托马斯曾告诉我，他们夫妇后来通过沟通，解决了因文化差异而产生的困扰。比如他每月会主动将一部分薪水送到村子里，免得乡亲们再跑远路经常到他家里来；王莲香携子女随托马斯回乡村小住时，乡亲们都会热情地给他们送来食物和生活用品。你来我往，她也亲身感受到

WANTOK 之间超越血亲的深情厚谊。

绚丽多彩的部落文化

对于很多中国人来说，巴新是个万里之遥的"秘境之国"，神秘而遥远。由于巴新人的肤色与非洲人相近，有人甚至误以为巴新是一个非洲国家。其实，巴新地处大洋洲，是南太平洋地区面积和人口仅次于澳大利亚的第二大国，还是亚太经合组织（APEC）成员。经现代科学确认，早在5万年前就有人在巴新繁衍生息。那时海平面比现在低得多，印尼和巴新所共处的世界第二大岛——几内亚岛，与澳大利亚是连在一起的大陆。巴新最早的居民源于东南亚，他们当时以狩猎为生，后来到了印尼，继而东移逐渐迁徙至巴新。

巴新全国85%的人口居住在农村，仅15%的人生活在城市，部落文化和现代文明交相辉映。走进城市，虽然能看到汽车、洋房，许多巴新人身着西服和裙装，但那些远离都市的乡村民众仍然过着原始部落生活。即使在首都莫尔斯比港，部落文化的印记也清晰可见。在杰克逊国际机场大厅外面，刚下飞机的旅客都会被一幅跳着欢快的部落舞蹈欢迎远方客人的画面所吸引，这幅画让来客立时对巴新土著文化与传统魅力留下第一印象。

巴新人民能歌善舞。每逢迎宾、节日、结婚、庆生、筹集资金、庆祝丰收、部落间交换礼物等重要喜庆场合，他们都要唱歌跳舞，既简洁又隆重，很具仪式感。巴新最为流行的舞蹈是"新新舞"，男人和女士同唱共舞，其所唱所舞都有一定的象征意义和文化内涵。这种歌舞没有音乐伴奏，男人们手持长鼓（用挖空的树干和蛇皮或蜥蜴皮制作），打出的鼓点成为歌舞者的指挥。

2018年11月中旬，中国国家主席习近平偕夫人彭丽媛对巴新进行国事访问时，国人都在央视新闻中领略过巴新迎宾民众载歌载舞的风采：他

们的脸庞和身上都抹有鲜艳的色彩，头上戴着巴新国鸟天堂鸟美丽的羽毛，胸前佩挂着用动物的牙齿、骨骼或贝壳串成的项链和挂件，随着鼓点边唱边跳。其服饰也体现了巴新土著文化的鲜明特色——女人只穿一袭草裙，上身裸露；男人用棕榈叶遮蔽下身。

我在任期间，曾多次体验过巴新传统的迎宾礼仪。2001年，我应巴新总理办公室主任的邀请访问其家乡马努斯岛，岛上的行政长官和部落酋长以传统方式欢迎我们的光临。酋长首先向我敬献了花环，并递给我一个雕刻精美的长鼓，帮我戴上插有天堂鸟羽毛的头套。作为贵宾，我跟着边歌边舞的村民们，亦步亦趋，手击木鼓，缓缓走进村落。

天堂鸟也叫"极乐鸟"，巴新的国旗和国徽上都有其美丽的身姿。传说天堂鸟住在"天国乐土"，一生下来就不停地飞，不知疲倦，一生永不停息，直到最后一次着陆才是其生命的终点。巴新人民奉天堂鸟为国鸟，珍惜其美丽的羽毛，认为天堂鸟具有无畏无惧、积极向上的品质，正代表了巴新的民族精神。

独特的购物传统与习俗

巴新城市里没有大型购物中心，但中小规模的超市却遍布城乡。这些超市的店主相当一部分是华人华侨，店内一般出售价廉物美的中低档商品，基本上全是"MADE IN CHINA"，也有少量的商品来自邻国澳大利亚。

巴新人卖东西，一般是在集市上出售自产自销的蔬菜瓜果或自己捕捞

的鱼虾及其他海鲜，通常谢绝还价，事实上当地人也没有讨价还价的习俗。

由于我们使馆经常有宴请活动，且使馆还有一个内部公共食堂，所以日常购买蔬菜、肉禽和海鲜的数量较多。有一次，几位较为精明的卖主带着海鲜到我们使馆门口"抢生意"。我馆负责采买的厨师小陈，在国内养成了购物时砍价的习惯，这使得卖主感到极不舒服，认为这是对他们的不信任，从此以后他们就再也不来我馆门口了。为此，同事们还善意地批评了厨师小陈。通过此事，大家也明白了一个道理：在国外生活要入乡随俗。

巴新人做生意很实诚，也简单。他们卖鱼时，不会把货分等论价，而是将各种鱼放在一起，无论品质优劣，都卖一个价钱。这可乐坏了我馆的厨师小陈，他每次都首先挑选苏眉鱼，因为他知道这种高档鱼在香港市场上是按两出售的，可见价格不菲。淳朴的卖主哪里知道其中的奥秘啊！但过了一些时日，待小陈再去买鱼时，他惊讶地发现苏眉鱼涨价了！原来卖主见小陈和一些中餐馆的采购员每次都特别钟情于苏眉鱼，致使其成为市场上的抢手货，他们也终于明白了这种鱼的金贵。

不过，谢绝砍价有时也有例外。在巴新首都莫尔斯比港，每逢周六上午有一个专卖木雕的集市，此地是破例可以接受砍价的。各国驻巴新外交官和外国游客经常来此光顾，我们使馆同事有时也结伴去那里"淘宝"。

妙趣横生的外交会见

我在巴新任职期间，结识了该国诸多政要，其中一位是华裔前总理朱利叶斯·陈爵士（中文名：陈仲民）。我到任后不久，即相约对他进行礼节性拜会，可他因在家庭和华校接受过中华文化教育，特别注重中国礼仪，执意要先来使馆拜访新任中国大使。那天正值中国新年，我一走进会客室，他便礼貌地双手抱拳，用中国台山话向我拜年："恭喜发财！"我也以同样的方式向他施礼，同时打量着这位巴新杰出的政治家。他有一半华裔血统：皮肤黝黑，头发卷曲，随其巴新母亲；身材不高，脸庞瘦削，五官像其中国父亲。

从1884年起，华人就开始抵达巴新。当时的德国殖民者为了开发椰林和烟草种植业，从中国广东台山、开平等地输入契约劳工。20世纪初叶，陈仲民的父亲从祖籍地台山来到巴新谋生，起先做零售生意，然后租地耕种，逐渐成为富商，后来与当地有名望的一家土著姑娘结婚后，生下儿子陈仲民。陈仲民从小就牢记父亲的教导："不要忘记自己是中国人，根在中国台山。"父亲教他讲台山话，又送其进华校读书，接受中华文化教育。小学毕业后，他去澳大利亚新南威尔士州的天主教中学就读，之后考入澳大利亚昆士兰大学，1958年以优异成绩毕业。在大学期间，他广泛涉猎政治、经济、文学、史地等知识，并担任学生会负责人，初显领导才能。

陈仲民步入社会后，思想日益成熟，开始关心巴新的命运，感到一个在殖民主义者统治下的国家，既没有尊严，更谈不上发展。1970年11月，他组建了人民进步党，之后担任巴新财政部长、副总理、外交部长、总理等要职，并曾两次以总理身份访华，积极发展对华关系。

他讲一口纯正的英文，思维敏捷，视野开阔，分析问题鞭辟入里。我经常与他就巴新政情和南太地区形势交换意见，也不时邀其来使馆小酌畅叙。我在巴新任职3年多，与他建立了深厚的友谊。

他曾向我回忆起一件外交趣事：20世纪90年代，我国副外长刘华秋访问巴新，在总理府会见陈仲民总理时，宾主双方起先用英语交谈，但当陈仲民得知刘副外长是广东人后，便喜出望外，倍感亲切，竟情不自禁地改用台山乡音与他交流。刘副外长见他的台山话讲得非常地道，也显得分外高兴。这场别开生面的中巴政府官员间的正式会见，既热烈、亲切，又轻松、温馨。直到陈仲民看见双方在座的官员面面相觑、面露难色时，才恍然大悟：原来负责记录的官员因听不懂他们的谈话，无法下笔记录。意犹未尽的陈仲民只好转而用英文继续交谈。

如此有趣的外交场面，真是难得一见。

我在巴新驻任期间，与巴新人民结下了深厚的友情，希望巴新的发展越来越好，祝愿中巴友谊长存！

外交思索

- 根据同乡王莲香的经历，试着说出巴新的文化习俗和我国有哪些不同。
- 巴新的国鸟是哪种鸟？它具有怎样的象征意义？
- 文中讲述了怎样一场妙趣横生的会见场面？

外国国宴往事拾趣

> 彼此情无限,
> 共饮一江水……

> 作者：吴德广，中国前驻古晋总领事。

国宴是一种饮食文化与民风民情的展示。不同国家和民族因文化背景不同，国宴菜的内容也千差万别。在国宴的餐桌上，陈列的不仅仅是一道道精致的美食，更是一个国家的国力、文化以及主人的个性风采。法国美食家布里耶·沙瓦朗曾有一句名言——"餐桌上，看得到政治的精髓"，正是一语中的。

我在礼宾司任职期间亲历亲闻不少国家领导人出国访问轶事，加之又曾3次被派往国外常驻，数次跟随我国国家领导人访问其他国家，亲见东道国隆重热烈欢迎中国领导人的场面，出席过许多大大小小的宴会。因此，回国后我被问询最多的问题是：哪国的国宴最具"神秘色彩"？

缅甸　演唱陈毅元帅的诗《赠缅甸友人》

第一次参加外国国宴印象最难忘。那是1978年1月27日晚6时30分，缅甸吴貌貌卡总理在总统府草坪上为欢迎邓小平副总理来访举行盛大的国宴，我作为随行礼宾官参加。

国宴后一位缅甸歌唱家用中文歌唱陈毅元帅的诗《赠缅甸友人》："我住江之头，君住江之尾。彼此情无限，共饮一江水；彼此为近邻，友谊长积累。不老如青山，不断似流水……"优美的歌声在夜空中久久回荡，萦绕在每个人的耳畔。

乌拉圭　把中国米饭煮成了稀粥

2001年4月10日，江泽民主席对乌拉圭进行国事访问。乌拉圭总统巴特列为江泽民主席举行欢迎国宴。总统很重视这场宴会，专请夫人负责操办。总统夫人特地从中国驻乌拉圭使馆借来上百双筷子在宴会上用，还让负责烹调的乌拉圭大厨专门请教了煮米饭的"秘方"。

不料百密一疏，乌方大厨一不小心放多了水，结果米饭煮成了稀粥。主人感到过意不去，江泽民主席夫妇却很喜欢吃煮得较烂的米饭。主人问客人饭菜是否可口时，江主席连声说"好吃"，并称赞当地大米不错、乌方大厨的手艺也很好。主人高兴，客人感到宾至如归，双方皆大欢喜。

蒙古　用石头来烤全羊

各国领导人互访中，东道国非常注重以特色菜肴招待宾客，例如拿手的烤肉，大至烤骆驼，小至烤蜗牛，应有尽有。

1991年8月26日至29日，杨尚昆主席应邀对蒙古人民共和国进行正式友好访问，我作为礼宾官随行。8月28日上午，杨主席一行在蒙古总统彭·奥其尔巴特的陪同下前往一户牧民家做客。蒙古总统请杨主席在牧民家里用午餐。主人热情好客，端上别具风味的鲜嫩的烤全羊。这种全羊是用烧红的石块塞进羊的肚子里烤熟的，蒙古语称为"浩尔赫格"，是牧民用来招待最尊贵客人的上品佳肴。午餐后在蒙古总统陪同下，杨主席穿着蒙古袍观看了"那达慕"盛会。杨主席对旁边的蒙古朋友说："你们看，我穿上了你们的衣服，戴上了你们的帽子，还有一匹马，可以跟你们一样在草原上奔驰了。"宾主畅谈甚欢,亲如一家。

巴西　刀光剑影式的吃法

1990年5月,杨尚昆主席应邀对巴西、阿根廷、智利等国进行国事访问。在这些国家,品尝巴西烤肉当然是少不了的。访问巴西时,杨主席一行在巴西的一家饭店品尝到"巴西烤肉"。访问智利时,主人举行的国宴席上也少不了"巴西烤肉"。

烤牛肉登场时,服务员左手握着一根长约60厘米的细铁钎子,上面叉着一大块牛肉,右手持一把长长的尖刀,走到客人身边,根据客人的意愿,躬身轻轻削下一块客人喜欢的烤肉。在国宴上,当着国家元首的面,上演"刀光剑影"式的服务,可谓难得一见。

美国　"全副武装"的豪华盛宴

美国国宴最早始于1874年,是美国总统给予外宾最隆重的礼遇。2011年1月18日至21日,应美国总统奥巴马邀请,中国国家主席胡锦涛对美国进行国事访问。1月19日,夜幕降临,白宫国宴厅里音乐悠扬、烛影摇曳。美国总统在白宫内的国宴厅举行宴会,宴会厅通常只能容纳130名客人,这次白宫举行的国宴特意开放了3个厅。出席国宴的200余名各界人士共同见证了中美关系发展的历史性时刻。

国宴的部分礼仪由美国国务院官员负责,很多重要细节由美国第一夫人及助手具体操办。每一位白宫女主人都会密切关注菜单的安排、餐桌颜色、花的摆放等，以便让到访的外国来宾满意，留下美好回忆。

宴会上不仅菜肴精致，面点厨师为来访国宾制作的甜点则更为精细。他们设计的点心图案多与来访国有关，显然设计者的意图在于向客人们传递友好的信息。白宫的餐桌布置极其讲究，除了各人席位前摆放餐盘、各种不同的刀叉，还摆放4个高脚杯，分别盛放红葡萄酒、白葡萄酒、水和香槟。每个餐桌中心通常摆放一个带鲜花的装饰物。

宴会的功夫还在菜肴之外。宴会前每位来宾都会收到一个信封，其内容之一就是他的席位安排。宴会似乎成为一次精心策划的政治演出：出席者必须穿西服、打黑领结，持请柬入席，现场记者云集。"全副武装"的豪华盛宴，留下了每一位白宫女主人独特的印记：铺开的红地毯，镶嵌美国国徽的盘、碗……国宴策划者似乎要让每一位出席者留下深刻印象。

英国　宴会桌长达53米

英国女王每年只在春秋两季接待两位外国国家元首，其他来访的外国元首则作为英国政府的客人。女王举行国宴，总会不遗余力地向来宾展示英国君主的气势与风范。

白金汉宫由白金汉公爵于1703年建造。从1837年维多利亚女王登基起，英国历代君王都在此居住，女王的重要国事活动均在此举行，来访的外国元首也在宫内下榻。在白金汉宫内，国宴设在宴会厅，当中摆放了一个超长宴席桌，长23米，宽8.5米。在温莎宫，国宴则设在圣乔治大厅，那里的宴会桌更长，达53米，能够款待多达160位嘉宾。

国宴的菜单通常提前下达，先由主厨建议两款菜单，再由女王最后定案，两者择其一。在维多利亚女王以及英王爱德华七世的那个年代，英国一场国宴多达12至14道菜。例如，1906年英国王室在温莎宫宴请挪威王室的国宴菜单，当中便有多达10道菜。新世纪，国宴菜单大为精简，缩减至4道菜。头2道菜通常是鱼和肉，后2道菜通常是布丁、甜品或水果。

1999年10月18日，应伊丽莎白二世女王的邀请，江泽民主席对英国进行国事访问。这是有史以来中国国家元首对英国的首次国事访问。第二天中午，伊丽莎白二世女王设午宴款待江泽民主席夫妇，晚上特举行欢迎国宴。在宴席上，女王对江泽民主席说："阁下，您和我同年出生。别人告诉我，我们在中国的生肖同属虎。我们在波澜起伏的世纪中经历了将近四分之三的旅程。"女王在宴席上还谈到中国文化，引用了孔子的名言"学而不思则罔，思而不学则殆"，表达她希望学习中国传统文化的愿望，并强调两国今后将继续为世界和平与繁荣而合作。

法国　文化情趣浓厚的国宴

按法国传统礼仪，法国总统在爱丽舍宫举行欢迎来访国家元首的国宴。马蹄形的筵席伸展在狭长的宴会厅内。主客在前厅饮用以香槟为主的开胃酒。在共和国卫队乐团的迎宾曲中宾主鱼贯而入。金碧辉煌的大厅、红色的法兰西地毯，加上屋顶五彩缤纷的绘画和悬挂的巨型水晶吊灯，把整个宴会厅和走廊装饰得格外高雅、豪华、气派。

法国注重礼仪和营造国宴氛围，功夫往往在饭菜之外，如：穿着古装的服务员高高地托着闪闪发光的器皿分成两列，在宴会厅中间迈着特有的步伐上菜；与主菜搭配的酒是精选的，何年何地何种酒都在菜单上注明。

法国的国宴菜肴为两菜一汤，名贵的特色菜有朗德鹅肝、珍稀黑色菌松露等。"巴黎牛排油炸土豆丝"是最负盛名的，被誉为这个美食大国的国菜，每次都会被端上国宴台面。这道菜妙在牛排半生半熟，肉呈红色，鲜美可口；土豆丝焦熟适度，嚼起来满口是香、风味独特。法国国宴上还常有名菜烤蜗牛，它的制作很特别：将蜗牛肉同葱、蒜、洋葱一起捣碎，拌以黄油调味之后，把肉塞回壳内，放在特制的瓷盘上，送进烤箱烤。食用时油还冒着泡，香气扑鼻。

法国宴会注重吃的过程，美食佐以雅谈，既是物质享受，更能增进友谊。1999年10月，江泽民主席对法国进行国事访问。25日晚，希拉克总统举行国宴招待。这是一次文化情趣浓厚的国宴。宴会厅和宴会桌都装饰着红玫瑰，约用了4000朵红玫瑰花，布置与众不同，别具一格。在宴会祝酒时，希拉克总统引用了杜甫的诗《客至》："舍南舍北皆春水，但见群鸥日日来。花径不曾缘客扫，蓬门今始为君开……"江主席则用法语念了祝酒词最后一部分。宴会的友好和文化氛围甚浓。

俄罗斯　采用"唱名"的办法介绍所有来宾

莫斯科克里姆林宫的国宴通常在大克里姆林宫的多棱厅里举行。这个厅原是俄国皇帝接见外国使臣的地方。顾名思义，多棱厅由"棱"而生辉。在四面墙以及两个巨型立柱上，堆砌着无数不规则的棱体，灯光一亮，整个大厅宛如水晶宫一般。这个厅面积不大，可容纳一百二三十位宾客。

1991年12月26日，苏联解体，俄罗斯联邦成为独立国家。1995年前后，俄罗斯对国宴前的一些礼宾程序进行了改革，其中包括：在俄罗斯总统和外国元首见面之前，采取"唱名"（包括"唱"姓名、敬称、头衔）的办法来介绍参加国宴的所有来宾。传媒说，这是恢复俄国皇帝执政的某个时期曾实行过的一种"老礼节"。俄罗斯从全国广播员中挑选最高水平的播音员作为礼宾官，在国宴上用"唱名"的办法介绍来宾。人们称这些播音员为"国嘴"。

江泽民主席1997年春天访问俄罗斯联邦时，在欢迎国宴开始前仅"唱名"就"唱"了将近一个小时。因为参加国宴的中、俄宾客多达一百五六十人，差点儿把礼宾官的嗓子给"唱"哑了。由于"唱名"拖的时间太长，俄方人员怕两位元首夫人累着，就搬来两把椅子让她们坐。

国宴说起来无外乎是一种"刀叉外交",也是一种特色饮食文化与民风民情的展示。不同国家和民族文化背景不同,饮食习俗千差万别,饭桌外的功夫也丰富多彩。多年来中国国家领导人出国访问,东道国为中国领导人举行高规格的礼仪活动,这既是中国国家领导人的荣耀,更是国家和人民的荣耀。能够出席这些丰富多彩、别具一格的国宴,从一个侧面见证了中国国际地位的日益提高,掀开了中国外交成就的光辉篇章。

外交思索

- 请简要概述文中讲到的各国国宴的特点。
- 国宴上除了美食,还有哪些细节可以体现出这个国家的独特文化?

芬兰外交礼宾礼仪二三事

作者：马克卿，中国前驻芬兰、菲律宾、捷克大使。

每个国家都有自己的文化习俗，当我们走出国门，去到别的国家，应做到入乡随俗、尊重他国人民的风俗习惯。因此，学习一些当地的礼仪和禁忌是非常有必要的。这将有助于我们与当地人和睦相处，更快地融入当地生活，尽情享受旅行或留学的美好时光。

芬兰是一个被湖泊和树林环绕的国家。严峻的气候条件、美丽的自然环境、特殊的地理位置和历史原因使芬兰人形成了极有特色的民族性格和文化传统。让我们通过马克卿大使亲身经历的外交小故事，一起来了解芬兰的礼宾礼仪知识吧！

我曾留学芬兰，讲芬兰语，多次在驻芬兰使馆工作，于2006—2009年任驻芬兰大使，长期与当地人打交道，对芬兰源于其民族文化的礼宾礼仪感受比较深。

独特的桑拿礼仪

一般认为，桑拿浴是芬兰人发明的，是芬兰的国粹。桑拿对于芬兰人如同空气和面包，是一生中不可缺少的。但鲜为人知的是，桑拿在芬兰也是一种外交礼仪。

芬兰总统乌尔霍·吉科宁，二战后任职总统长达25年。总统官邸有一个非常考究的桑拿浴室。他将这一外交礼仪运用到极致。冷战时期，紧邻苏联的芬兰处境艰难。吉科宁总统常常在应对一些敏感问题或对外谈判陷入僵局时，邀请对方洗桑拿，缓和一下气氛，用一种轻松的方式坚持自己的立场。传闻比较广的一个例子是20世纪60年代初，吉科宁总统曾以这种方式迂回委婉地回绝了苏联方面提出的与芬兰搞联合军事演习的要求。

在日常交往中，能一起洗桑拿说明交情深，用好"桑拿外交"可以深交朋友。我在芬兰当大使时，常常邀请芬兰政府、议会政要，外交部高官，企业界高管等到使馆的休闲场地一起度周末。那里有芬兰人最喜欢的湖边桑拿，桑拿房用原木建成，并且按照传统方法烧木材。客人们一改往日的西装革履，一身休闲打扮，大家一起弹唱，一起学打麻将，一起烧烤。客人们在使馆同事的陪同下欣然洗桑拿，然后跳到湖里游泳。在这种轻松愉快的氛围中，我们不仅加深了友谊，也办成了不少事，解决了一些难题。

"要尊重主人的安排"

芬兰在西北欧属于后起的发达国家。当地人有时自谦是"乡下人"。在同芬兰人打交道中，我感觉他们比较淳朴，懂得尊重人、讲礼貌，在对外交往中很注意尊重主人的安排。

1988年10月，芬兰总统科伊维斯托对我国进行国事访问。这是中芬自1950年建交后，芬兰总统首次访华。除北京外，芬兰总统还访问了西安、广州和深圳。当时我作为翻译陪同。

科伊维斯托总统一路兴致勃勃。在西安访问小吃街时，当地安排了总统在一家羊肉泡馍店品尝现场制作的泡馍。我注意到总统的副官想劝阻，但总统和夫人径自坐下品尝，并连声夸奖好吃。回到车上，总统谈起这个话题。他说："我理解副官担心不干净，不想让我品尝。但我觉得这是主人的盛情，应该听从主人的安排。何况泡馍是经过开水煮的，卫生不是问题。"听了这席话，我对总统又多了一份敬重。

在访问广州的间隙，当地安排代表团随行人员到商场购物。我和礼宾司的同志都很担心人员走散，不好集合。这时，总统副官先是问中方要求几点返回，然后对代表团成员们说："中方主人要求9点集合返回酒店，现在是7点半，有一个半小时的时间，所有人务必9点前回到车上，过时不候。"

我跟随外长索尔萨一起购物。在选购毛衣时，他发现时间快到了，没来得及购买就催着我往回赶。我心想，身为外长，即便晚到，大家也会等，不会有问题，所以我建议他买了再走。他回答我的一句话令我印象深刻。他说："要服从主人的安排，谁都不能例外。"

其实这一点在北京时已经被印证了。那天中方安排总统一行去动物园观看大熊猫，车队将要出发时，发现总统的女儿没到。副官当即决定按时出发。最终总统女儿另外由中方安排车辆送到动物园，事后她还为此表示了歉意。

高冷外表下的热情和真诚

外界普遍认为芬兰人高冷，与人保持距离的"精芬"范式也广为流传。芬兰人办事很严谨，不轻易通融。

2006年9月，温家宝总理访问芬兰并出席亚欧首脑会议和中欧领导人会晤。访问期间，由于当时一些特殊原因，芬兰作为东道主，对记者的拍摄安排掌握得比较严。在中芬两国总理双边会谈时，发生了一个小插曲：我方电视记者还未来得及拍摄温总理的发言就被芬方请了出去，这不符合我方的要求。我方主管新闻和礼宾的同志先后离席去与芬方交涉，我也跟了出来。芬方主管的一位女士平时与我关系很好，非常善解人意，此时却一脸严肃，强调记者在场的时间是有严格规定的，并且也是双方商定的，因此不能让中方记者留下来继续拍摄，不同意通融，除非芬兰总理亲自批准。双方一度僵持不下，还惊动了我方代表团的有关领导。最后芬方果真现场请示其总理同意，方才放我记者进场补拍。芬兰人的执拗由此可见一斑。

但是芬兰在接待我领导人时，又常常会打破常规，表现出高冷外表下的热情和真诚。也是在温家宝总理2006年访问期间，尽管既有双边又有多边活动，温总理与芬兰总理在4天的访问期间已多次见面，但当芬兰方面得知温总理习惯利用清晨访问日程开始前的短暂时间散步时，遂在访问的最后一天安排总理万哈宁与温总理在赫尔辛基近郊的伴侣岛一起散步，表达了朋友般的热情。

2009年6月，国务院副总理李克强访问芬兰。由于国内会议日程紧张，访问芬兰的时间先后改了几次。芬兰总理万哈宁每次都按我方的建议调整了他的行程。我对此曾表示感谢和歉意。芬方表示，中国是芬兰重要的合作伙伴，李副总理远道而来，体现了对中芬合作的重视，理应优先安排。

芬兰在礼宾礼仪方面的做法，透视出芬兰民族严谨、守信的特质。芬方在礼宾方面对中方所表现出的尊重、热情、周到，是中芬两国之间友好关系的生动写照。中国与芬兰建交70多年来，政治互信不断增强，互利合作长足发展。愿在未来的日子里，中芬友谊之树根基稳固、枝繁叶茂！

外交思索

- 桑拿对于芬兰人具有怎样的意义？
- 为什么说芬兰的代表团是比较好接待的代表团呢？

寻访汗血宝马

作者：周晓沛，中国前驻乌克兰、波兰、哈萨克斯坦大使。

在中国几千年的历史长河中，出类拔萃之马，可能要数闻名遐迩的汗血宝马了。"驼铃古道丝绸路，胡马犹闻唐汉风"，其中提到的"胡马"就是指来自西域的"汗血马"。汗血马作为中土两国友谊的形象大使，其历史意义正如贺国安参赞所作《浪淘沙》中赞颂的那样："宝马盛名扬，天下无双，嘶风穿漠越八荒。骏影蹄声终远逝，寻迹何方？中土善缘长，共历沧桑，丝绸古道久流芳。更喜名驹馈华夏，再续辉煌！"

20世纪70年代，我在驻苏联使馆工作时，就听说过中亚的土库曼斯坦产有著名的阿哈尔捷金马，即我国史书记载的汗血马，但一直未能前往寻访。2005年，当时我在哈萨克斯坦工作，因公派来到土库曼斯坦开会，终于有幸见到了心仪已久的阿哈尔捷金马。

如今的土库曼斯坦并非10多年前人们戏称的"又土又苦又慢"，而早已"鸟枪换炮"了。独立后，该国经济发展较快，社会政治稳定，居民生活水平提高，城市建设也很现代化。首都阿什哈巴德街上欧洲标准的宽敞柏油马路、清一色乳白大理石贴面的高楼大厦，以及山上公园昼夜通明的灯光，看起来相当壮观。位于市中心的英俊神武、形态各异的阿哈尔捷金马雕塑，则是首都的标志性建筑。

在完成会议的正式日程之后，中国驻土库曼斯坦大使鲁桂成组织兄弟馆的同事去参观土国的两大国宝：一是"世界上最好的马"——阿哈尔捷金马，它不仅形体美、速度快，而且通人性，土库曼人的祖先花了数千年时间才将其培育而成；二是"地球上最好的地毯"——土库曼地毯，一种深红色手工毛织品，基础图案全由艳丽的玫瑰花纹组拼，蕴含着突厥人的审美情趣。

在一个农村的家庭作坊里，我们仔细观看了地毯传统编织的全过程。纯朴的土库曼姑娘还让我们坐到跟前，手把手地教授怎样穿线织花。随后，我们就去参观邻近的养马场。

养马场主人听说有5位中国大使前来参观，特意做了精心安排。先是到马厩，尽管主人一再招呼，我们还是站得离马匹较远。鲁大使悄悄地跟我"咬了一下耳朵"，说阿哈尔捷金马很温顺，不会踢人的。出于礼节，我壮了壮胆，带头走近围栏。站在我面前的是一匹浑身乌黑油亮的公马，拥有轮廓美丽的头颅和天鹅般优雅的脖颈，毛色在灯光下像绸缎一样呈现色阶变化，真不愧为"最具美感的马"。它朝着我迎了一步，友善地扬起脖子，转过脸来，作出可爱的接吻状。大家一下子都乐开了，纷纷上前抚摸它，并拍照留念。

然后，我们来到客厅，一边喝着热腾腾的奶茶，一边津津有味地听着主人娓娓道来。土库曼斯坦有句俗语："早上起床后先给父亲请安，之后给马儿请安。"这形象地反映了马在家庭中的地位。小马驹出世后，像孩子一样被正式命名，因此每匹阿哈尔捷金马都有自己的名字，其后代则叫儿子、女儿、孙子、重孙等，并有世代家谱。在悉心喂养的过程中，马儿受到主人全家老少的呵护和疼爱，始终与人类保持着亲密接触，因而也渐渐变得通人性了。当主人有难时，它总会挺身相救。

被誉为"贵族血统"的阿哈尔捷金马是世界上最古老的马种之一，距今已有3000多年驯养历史，是人工饲养时间最长的马种，与阿拉伯马、英国纯血马同为世界三大纯种马。目前，该国拥有70种同血系纯正阿哈尔捷金马。阿哈尔捷金马常见的毛色有淡黄、枣红、银白及乌黑等，体高一般在1.5米左右，皮薄毛细，四肢修长，步伐轻灵高雅，体形纤细优美，再衬以弯曲高昂的颈部，勾勒出完美秀丽的流线。

阿哈尔捷金马具有适应沙漠干热气候的特性，在长途骑乘中表现出良好的速度和耐力。正是由于其卓越的性能，国际市场上阿哈尔捷金马售价昂贵，通常每匹达几十万美元。目前全世界共有阿哈尔捷金马6000余匹，其中土库曼斯坦3000多匹，俄罗斯2000来匹，另有约1000匹分布在世界各大洲其他国家。

参观的重头戏是训练场。主人牵过一匹浅黄色、脸上带有白花纹、四腿墨黑、蹄子雪白的马儿。马背上披有一块精致的红毛毯。他飞身上马，扬鞭疾驰，绕场跑了几圈后到我们面前戛然而止，马的前半身腾空仰立，好不威风！

接着，好客的主人邀我们亲自上马体验。我正好跃跃欲试，于是穿上特制的大红袍，戴上白色羔皮帽，在主人的保护下，战战兢兢地坐上马背。

先是由他陪着缓缓地走了一圈，然后按其提示轻拉缰绳，双腿一夹，马儿就乖乖地小跑起来。骑在马背上，我感觉十分平稳、舒适、洒脱。阿哈尔捷金马果然名不虚传！

天马传奇及汗血之谜

据《史记》记载，张骞出使西域归来说："大宛多善马，马汗血。"故2000多年来，这种马在我国一直被神秘地称为"汗血马"。汗血马从汉朝引入我国，在元朝还是一代天骄成吉思汗的坐骑，也成为蒙古大军横扫欧亚大陆的主要战马。汗血马在我国兴盛上千年后却消失无踪。对此，有的说法是，汗血马速度快，但体形纤细，负重力和耐寒力差，这是被弃用而消亡的一个重要原因；还有诸如疫病、血统失纯或自然退化等因素。

至于汗血马是否真的"汗血"，迄今各国专家众说纷纭。据史书所说，汗血马奔跑时，脖颈部位流出的汗中有红色物质，鲜红似血，因此被称为"汗血马"。而清人德效骞在《班固所修前汉书》中将"汗血"解释为"马病所致"，认为有一种存活于马臀部和脊部的寄生虫能钻入其皮内，使马皮在2小时内就会出现往外渗血的小包。此观点得到部分外国专家认同，但现代科学对这种寄生虫尚知之甚少。另有一些学者坚称，阿哈尔捷金马在快速奔跑时体温上升，使得少量血浆从毛孔中渗出，因而出现这种"汗血"现象。土库曼斯坦养马专家则有自己的见解，认为阿哈尔捷金马皮肤较薄，奔跑时血液在血管中流动容易被看到，马肩部和颈部汗腺发达，特别是枣红或栗色的马，出汗后局部颜色会显得更加鲜艳，给人以"流血"的错觉。

马踏飞燕的原型

2007 年,中国中亚友协代表团应邀参加在甘肃武威市召开的一次国际研讨会。武威历史悠久,人文荟萃。公元前 121 年,汉武帝派骠骑将军霍去病远征河西,大败匈奴,将河西纳入西汉版图。为彰显大汉帝国的"武功军威",西汉政府在西北原休屠王领地设置武威郡,武威由此得名。灿烂的历史孕育了绚丽的文化,武威境内名胜古迹众多,最为突出的代表就是作为中国旅游标志的"马踏飞燕"。

研讨会后,我们参观了位于城北 1 公里处的雷台。这里古树参天,一座气势巍峨的古建筑群屹立在高约 10 米的夯土台上。这就是闻名中外的铜奔马出土地。据介绍,1969 年在雷台下的东汉晚期大型砖室墓中发现了

这件宝物。经专家鉴定,这是东汉时期的极品青铜器,距今约1800年。铜奔马的原型正是从西域经丝绸之路传入我国的汗血马。

1971年,著名历史学家郭沫若陪同柬埔寨宾努亲王访问兰州,在博物馆里看到这匹昂首嘶鸣、四蹄腾骧的铜奔马,遂将之命名为"马踏飞燕",形容骏马飞驰就像凌空掠过的燕雀,表达气势夺人的浪漫主义意境。郭老还深情赞叹道:"天马行空,独往独来,就是拿到世界上去,都是一流艺术珍品。"经其推荐,外交部安排"马踏飞燕"与其他国宝级文物一起赴世界各地巡回展览,从此名扬四海,堪称"天下第一马"。

小汗血马诞生

"我不会称呼你为马,我只会称你为兄弟,对我而言,你比兄弟还珍贵……"这是土库曼斯坦不朽的史诗《奥古斯纳马》中的名句。土国人民对阿哈尔捷金马的热爱和崇拜凝入血液,已成为其民族精神不可分割的重要部分。作为国家象征,阿哈尔捷金马被绘制在国徽中央和货币上。

土库曼斯坦总统曾先后三次向我国领导人赠送珍贵的阿哈尔捷金马。

在中国公众视野中消失了千年的神秘之马,从它的故乡穿越古丝绸之路,再次来到友好的邻邦。这是中土两国人民和平、友好、合作的美好象征。

2013年初,当得知安置在天津市中牧汗血马繁育中心的阿哈尔捷金马已成功配妊,即将有纯种小马降生时,我心中萌生出一个念头——为什么不去亲自探访一下近在咫尺的神奇宝马呢?

在春暖花开之际,我和夫人专程从北京驱车来到天津。中牧汗血马繁育中心占地近2000亩,基础设施齐全,拥有专用的马厩舍、训练活动场、马医院等,管理专业,高级兽医师、畜牧师、调驯师等专业人才齐备。据说土库曼斯坦驻华大使来参观后,对这儿的环境和条件感到非常满意。

为使汗血马在国内能将纯正的血统保持和繁衍下去,2011年中牧汗血马繁育中心从国外引进13匹纯种母马。除2匹年龄还小,可配种的11匹中有10匹均已怀孕。就在不久前,4匹小马驹已顺利降生,最小的才一个星期,还带着一身胎毛,十分淘气。母马怀胎期为11个月,小宝宝生下4个小时后就能自己站立起来。听完介绍后,我们迫不及待地前往马厩,一睹汗血宝马的风采。

土库曼斯坦总统向我国领导人赠送的阿哈尔捷金马都各有中外文名字。"阿赫达什",意为"玉石",1994年出生,除三条腿白色外,全身黝黑,脸部有三处白花纹,是马类中少有的"乌云踏雪"马。阿赫达什是1998年土库曼斯坦总统访华时赠予江泽民主席的。这匹马身世显赫:其祖父是苏联元帅的坐骑,1945年二战胜利日时朱可夫元帅就是骑着它在红场检阅部队;其父亲在1995年国际马匹速度赛中夺魁,身价高达1000万美元；其叔父曾在奥林匹克盛装舞步马术比赛中摘金。为了顺利迎接这匹宝马，中牧汗血马繁育中心还派专家组前往土库曼斯坦实地考察，并于2001年租用一架伊尔76运输机将其运回国内。

"阿尔喀达葛"，意为"靠山"，2001年出生，体形修长，高1.61米，长1.62米，身上毛色纯黑，三腿雪白，额头正中有一块菱形的白色花纹，长得很帅气。土库曼人认为，三腿白色的马为好马。这匹马是2006年土库曼斯坦总统访华时赠予胡锦涛主席的，其战绩辉煌：2岁时平地1000米的速度纪录达到1分06秒，曾在土库曼斯坦全国速度赛中6次荣获冠军。经过6年多时间的精心培育，该马已从青年健康地步入壮年，生育性能强，遗传性稳定。目前怀孕的都是"阿尔喀达葛"的后代。

马年送马增情谊

2014年恰逢马年，土库曼斯坦总统别尔德穆哈梅多夫来华进行国事访问，亲自将汗血宝马赠送给习近平主席。紫禁城太庙赠马仪式的见证者这样描述那庄严的一幕：别尔德穆哈梅多夫总统突然一挥手，身披黄金马鞍和宝石装饰的"普达克"被骑师带到两国元首面前。别尔德穆哈梅多夫总统边抚摸着"普达克"的脖颈，边向习主席介绍它的名字。这时，"普达克"仿佛有了灵性，低下头，一边跪下左前蹄，一边将右前蹄伸出下压，用一个谦卑的单膝下跪向自己的新主人"俯首称臣"。习近平主席非常高兴，对别尔德穆哈梅多夫总统和土方表示感谢，并接过了象征马匹所有权的缰绳和马鞭。

我正动笔撰写《汗血宝马传奇》一文，当写到土国总统向我国领导人赠送第三匹宝马时，突然好奇心发作：宝马来京已定居2年，现在情况怎样，有无小马驹出世？带着这些问题，我专程走访了中国马业协会国际友谊马场。

　　到马场后，我向接待人员讲明了来意，并强调本人是汗血马的粉丝。刚进马厩，我就问："国礼马的官邸是哪一间？"他们答："这儿住的都是国礼马，包括阿根廷、蒙古国、吉尔吉斯斯坦等国领导人赠送的良马。"我说："我要看的是土国总统赠送的汗血马下榻的官邸。"他们指了一下

前面的一块牌子，说那里就是它的马房。在围栏门口左边挂着一块身份证木牌，用土、中文写成。该马的名字叫"普达克"，意为"力量、源泉"。上面记载其父母、祖父母和外祖父母的出生年份、毛色等家谱资料。马房4米见方，简朴整洁，没有任何豪华陈设，只是在水泥地上铺了些许干草。据介绍，虽说这是宝马"卧室"，实际上马儿很少卧躺，而是习惯站着睡觉。

离开马房后，我们径直前往宝马圈养地。与以前不同的是，此处围栏并非用木材，而是用白色的PVC材料制作。饲养员说，因为马儿为雄性，没有伴，易感孤单烦躁，有时会冲撞围栏，所以采用有弹性的材质，可避免马体受伤。当我们走向围栏时，那匹金黄色的汗血马远远地就快步迎上前来。

"普达克"浑身上下一片金黄，毛如细绒绸缎，右后蹄为白色，被马业人士称为"一蹄踏雪"。它生于2010年1月29日，身世不凡，是"亚纳尔达克"的远房后代。名马"亚纳尔达克"也是金黄色，体形优美，奔跑神速，有着辉煌的比赛战绩，是土库曼斯坦国徽中央阿哈尔捷金马的原型。

饲养员对我说，"普达克"很喜欢吃苹果，可以亲手喂它。见我从盛放"零食"的桶里掏出苹果时，"普达克"便主动将头伸出围栏。我接连喂了三块，它敏捷地用舌头一舔，"咯吱"几下全都下肚了。它显然很满意，温顺地看着我，并将脸贴了过来。有人在旁边说："大使，你可以亲它一下。"我没敢，只是用右手轻轻地抚摸了几下它的鼻子和下巴。这时，我夫人"咔嚓"一下抢拍了这个镜头，记录下了这一美好瞬间。

现代丝路新使命

2000多年前，我们的祖先开辟了一条横跨欧亚、绵延万里的伟大丝绸之路。"驼铃声声，马蹄阵阵，东来西去之使者，往来不绝。"丝绸之路不仅仅是一条经贸之路，更是一条文化之路，各类文明汇聚此道，以其包容互鉴的精神发展了世界文化的多样性。千百年来，在这条古老的丝绸之路上，各国人民共同谱写出千古传诵的友好篇章。

古丝路历经沧桑，绵延至今，并被赋予新的时代内涵，"丝绸之路经济带"正承载起新的历史使命。近30多年来，随着中国同中亚国家关系快速发展，跨越时空的现代丝绸之路日益焕发出新的生机活力。作为国礼赠送的汗血马抵达中国后，受到国内广泛关注，也引起一股"汗血马热"，成为中土两国和两国人民传统友谊的永恒象征。我想，随着中国版纯种小汗血马的诞生和成长，汗血宝马的传奇故事必将增添精彩的一页。

外交思索

- 土库曼斯坦的两大国宝是什么？
- 请简要表述出土文物"马踏飞燕"名字的由来。
- 中国与土库曼斯坦的"汗血马外交"是怎样的？

全民环保造就"世界最后一块净土"

作者：黄桂芳，中国前驻菲律宾、新西兰兼库克群岛、津巴布韦大使。

新西兰以环境优美闻名于世，号称"世界最后一块净土"。这份纯净的背后，离不开新西兰人民超高的环保意识和坚持不懈的努力。正是在新西兰人民的悉心呵护下，新西兰才有了今天这份美丽与荣耀。地球是我们共同的家园，独一无二的地球用它有限的空间与资源养育着无限增长的人类。地球环境的优劣和所有家庭、所有人都紧密相连。植树种草、不攀折树木、不随地吐痰、不乱扔纸屑、节约一滴水、节约一度电……许多事情都是轻而易举就能做到的。为了现在与未来，让我们携起手来，保护好我们共同的家园！

新西兰是南太平洋的岛国，那里有优美的景色和洁净的环境，被誉为"世界最后一块净土"。1983年4月，我随中国政府代表团访问了新西兰。1995年至1998年，我奉命出任驻新西兰大使。20多年来，我一直关注新西兰的经济、社会与生态的发展。新西兰这片宜居宜业的乐土，特别是新西兰人热爱自然、保护环境的强烈意识给我留下了深刻的印象。

优美洁净的环境

新西兰全境蓝天白云、湖光山色、空气清新。拥有绿水青山、地热冰川、牧场森林的新西兰，植物生长茂盛，绿树成荫，一眼望去全是碧绿的颜色，被誉为"绿色之国"。新西兰全国总计约有30%的国土为保护区，拥有3项世界遗产、14座国家公园、3座海洋公园、2座"苏州花园"（中国援建的黑斯廷斯和奥马鲁），以及数百座自然保护区和生态区。多年来，新西兰政府和所在市政管理部门对这些景区严格管理，采取了一系列保护生态的措施。这些地区成为人类与自然和谐相处的优美环境。

记得1996年10月，我赴奥克兰参加完外事活动后，驱车回首都惠灵顿的途中，在新西兰第一大湖陶波湖（从前的火山湖）景区小歇时，见到小鸟、鸽子和野鸭或在湖面上徘徊，或在湖边等着游人喂食面包，没有任何畏惧和恐慌。我看到游湖度假的一群小学生，他们背着双肩包或大书包，手中拎着白色塑料袋。我好奇地问他们拎塑料袋做什么用。他们让我看了袋内的糖纸、易拉罐、塑料瓶等，还说随时可在湖畔捡拾垃圾。有的学生把装满垃圾的塑料袋打个结，系到背包上，然后带到附近的垃圾箱旁分类投放。我当即夸他们做得好，他们笑着回答说："爱护我们美丽的家园，人人有责！"据我实地了解，为保持陶波湖湖水至极的清澈，不受人为污染，陶波市政厅禁止在湖中使用电动游艇，只能采用划桨的木船。市政当局规定，游客每次最多只能钓两条鱼。

热爱大自然是新西兰人的象征

人类生存与自然和谐完美是新西兰人追求的目标，新西兰人为之付出了最大的努力。我国驻新西兰使馆对面的惠灵顿植物园，占地26公顷，是南太平洋岛国中最大的植物园，也是一座国际性的花园，世界各国的名花名树在这里几乎都能看到，如中国的山茶、法国的月季、日本的樱花等。园内最盛的玫瑰有500多个品种，一年能连续开放8个月，五彩缤纷，幽香袭人。园内最美的要数郁金香了，每到早春盛开时节，前来赏花的游人三五成群，络绎不绝。在宁静的夜晚，植物园山谷洞中潮湿岩石上的萤火虫发出晶莹的光亮，如同天上众多闪烁的星辰，构成一幅美景。维多利亚大学多位退休教授不顾年迈，几乎每天都来植物园当志愿者，他们照料各种花卉，免费开设植物保护的讲座。

新西兰人对保护本土动物"无底线"。每年11月到次年1月的夜晚，新西兰小镇普纳凯基会关闭所有街灯，他们这样做并非为了省电，而是为了保护当地的特有动物——韦斯特兰海燕。数千年来，这种海燕每年远赴南美洲繁衍后代时，需要借助夜晚的星光起飞，但小镇的街灯会让一些海燕因迷失方向而坠地。当地居民就从"救死扶伤"的治标方式改为"暗夜保护"的治本模式，体现了对自然的最大尊重。

为了一群鸟儿不惜每年过3个月的"摸黑"生活，这只是新西兰人为保护生态而牺牲自我的一个缩影。常驻新西兰期间，我有次去奥克兰，遇到警察护送小鸭和企鹅过马路，我们的汽车只得熄火耐心等候它们通过。此类事情在新西兰早已司空见惯，算不上新闻。

1878年，新西兰制定了动物保护法，之后一直不断完善。2018年颁布的《加强动物福利制度法》，将动物升格为有感知力、有权享受大自然恩赐福利的生命体。因此，虐待动物和宠物都会受到举报和惩罚，而终结野生动物生命的肇事者更会受到严惩。司机驾车如果撞死了几只普通品种的红嘴鸥会被判 3 个月社区监禁；若撞死重点保护动物，司机将被处最高 2 年监禁或 10 万新元（相当于 46 万元人民币）罚款，甚至二者并罚。

2016 年 11 月，南岛的克莱斯特彻奇（基督城）发生 7.4 级大地震，造成附近的海滩下沉，大量贝类等海洋生物因附着在礁石上而处于脱水环境中，极易腐烂，污染海水。鲍鱼产业管理委员会和初级产业部闻讯后，联手组织专业潜水员、志愿者组成小组展开营救。他们娴熟地将大鲍鱼、大龙虾从礁石上取下来，再迅速有序地放回海里，让它们回归大自然。

政府立法全民参与环境保护

20 世纪 60 年代，新西兰发生的"拯救马纳波里湖运动"成为该国历史上第一场全国性环保运动，为提高全民环保意识，以及最终走上一条人与自然和谐发展的良性循环之路奠定了基础。几十年来，新西兰历届政府为确保经济、社会和生态发展，规范人们的日常行为，制定和实施了一系列环保法律法规，全民也自觉做到了学法知法，令行禁止。

关于生活垃圾分类，新西兰启动比较早，其分类目的在于减少填埋垃圾的危害和提高资源再利用的功效。新西兰生活垃圾分类非常细致，大体上分为可回收垃圾、不可回收垃圾和其他垃圾。生活垃圾分类不以社区而以各家各户为主战场：每家都有 3 只垃圾桶，分别为绿色、黄色和红色。各家要在规定日子的规定时间把自家的垃圾桶推到户外垃圾桶规定摆放的位置，以便清运公司派车来回收垃圾。家中的垃圾必须严苛地归类解决，垃圾混放将会被处罚。居民们自觉按规定处理这些生活垃圾。

新西兰政府针对环境保护制定了很多法规法令,各级政府部门和机场海关也认真实施,在执法上毫不含糊,不讲情面。1998年初,作为我国首任驻库克群岛大使,我赴库克群岛首都阿瓦鲁阿辞行后在新西兰的奥克兰国际机场转机,行李却被扣下了。我随即进行交涉,向新西兰海关警官说,按照国际公约,我身为外交官享有人身财产豁免权,不能扣我的行李。那位警官很有礼貌且很严肃地回答:"对不起,大使阁下!根据新西兰政府有关防治陆源污染物法和动植物检疫条例,凡是入境的行李物品都需严格检查,上自总督总理下至平民百姓毫无例外。"他又说:"您过关时检测携带的行李中有件木质帆船需经再次检测,查看木头中有无寄生虫等问题。"我记起,那是库克群岛总理亨利与我话别时,代表政府赠送我的纪念礼品。随后,我表示尊重驻在国的法律法规:"如行李中无违禁品,望查后放行。"警官说:"好,您先回去休息,待我们对那条小木船检查无病毒后,会及时通知你们前来领取。"

我们很快就领回了库克群岛总理赠送的帆船模型,后来它成为使馆的珍贵礼品。此事虽时隔20多年,仍给我留下了难忘的记忆,让我深深感受到新西兰人依法办事、严格执法、维护环境的意识。新西兰全民保护环境成就了新西兰优美的环境,新西兰人齐心协力守护共同的美好家园,令人钦佩!

2019年4月,习近平主席在会见新西兰总理阿德恩时指出:双方要坚持互信互利原则,不断丰富中新全面战略伙伴关系内涵,推动两国关系百尺竿头更进一步。期待中新双方在环境保护治理与经济社会可持续发展的时代主旋律下，在携手推动绿色发展、促进人与自然和谐共生方面，深入交流，借鉴经验，以便更好造福两国人民！

外交思索

- 请举例说明，新西兰是如何做到"爱护环境，人人有责"的。
- 作者在新西兰机场发生了怎样的小插曲？
- 新西兰全民爱护环境的举动值得我们学习，请从社会和自身两方面说说对你的启示。

烈日下的仪式

> 作者：田广凤，中国前驻几内亚比绍、莫桑比克、东帝汶大使。

莫桑比克共和国是非洲东南部的一个国家，曾长期遭受葡萄牙殖民者的压迫和剥削。整个国家除了极度贫穷之外，当地人民还被剥夺了工作权、受教育权、参政权，甚至被卖为奴隶。在莫桑比克解放阵线党（以下简称"解阵党"）的领导下，经过10年的游击战争，终于迫使葡萄牙殖民当局承认莫桑比克独立。因此每到节假日，向英雄纪念碑献花就成为莫桑比克一个重要的仪式。国家借此教育人们不要忘记历史，不要忘记解阵党为国家独立、民族解放所作出的重要贡献。

向英雄纪念碑献花是莫桑比克独立后的一个重要仪式。每到节假日，献花仪式必须举行，一年中要举行多次。

英雄纪念碑坐落在马普托市中心公园的草坪中央。解阵党创始人蒙德拉内、开国总统萨莫拉等已故国家领导人的墓碑，都安放在纪念碑下的地下室里。在纪念碑的正前方，摆放着一块由人工铸成的五色石，上边镶嵌着已故总统萨莫拉题写的碑文。随着岁月的流逝，五色石表皮已经开始脱落。绿黄相间的莫桑比克国旗屹立在五色石左侧的上方。

每当举行这样的仪式，解阵党、政府、军队、人民团体、宗教人士，特别是中小学生都要参加，也会邀请外交使团出席。按惯例，仪式由总统主持,如果总统不在,则由议长主持。根据当地的礼宾安排,莫桑比克领导人站在五色石的左侧,总统夫人站在第一排,具体位置以脚下画的圆圈为准。第二排是解阵党政治局委员,这排与第一排间距较宽,因为在两排中间往左方向是前政要队伍。老议长桑托斯总是带家族中的老、中、青、少一起出席。这个家族很大,每次来参加的人足足有一个加强排那么多,声势很浩大。第三排以后是政府成员、解阵党中央委员和各界政要。五色石的右侧,有参加独立战争的老战士、前内阁成员、军队和警察领导人。外交使团在五色石的偏西南方向。

在总统专用圈的左手就是一条连接英雄纪念碑和草坪外公路的石径,石径的左侧站立着英姿飒爽的军乐队,右侧站满了少年儿童,公路的外侧挤满了前来围观的人群。

虽说仪式是上午10点开始,但仪式主持部门要求应邀出席的客人提前半小时到达,并在指定的位置站好。如果赶上阴天,算是幸运,可以免受暴晒之苦。但更多的时候是烈日当空,人们站在毫无遮挡的石板路上,一会儿工夫就会汗流浃背。那些来自世界五大洲四大洋、西装革履的外交官个个汗流满面,站在那里经受着酷热的煎熬。

都说人往高处走,水往低处流,汗水也是一样,顺着裤腿不断往下流淌。出于对英雄的敬仰,出席仪式的人们被要求不许戴帽子、戴墨镜,也不能撑伞。莫桑比克位于南半球,烈日高照下的人们,衬衫、西服、内衣很快就会湿透。

随着音乐奏起,总统先生和着音乐的节拍抬起腿,在空中做完一个有意义的停顿后再放下，另一条腿接着抬起，纪念仪式开始了。两位年轻的黑人女兵抬着花圈缓慢地往前走，其他嘉宾紧随其后。到达五色石前，音乐暂停，两位英姿飒爽的女兵把花圈放置在五色石上后，伫立在两侧，保持军礼姿势。总统上前，躬身整理花圈上写有祝福亡者的话和写有他本人职务的两幅飘带后，后退一标准步，停顿，略微点下头，算是对先贤的敬意。在墓穴门的左侧，几位姑娘将鲜花分送给前来谒陵的人们。

我注意到，大多数人都将鲜花插在被葡萄牙殖民统治者暗杀的蒙德拉内墓碑前的插花筒里，开国总统萨莫拉墓前的鲜花也不少。每位献花人将花插好后，后退一步，步子大小随意，但是一般情况下都是屈体弯腰行礼，也有将右手放在胸前、眼睛微闭的，整个献花过程肃穆庄重。

待献花结束，总统返回属于他的圆圈，接受那些刚刚献过花的人们对他的"朝拜"。人们走到总统面前，向其挥手致意。军人则是昂首挺胸，一只脚高高抬起、重重落地，右手高举过耳，但并不是中国式的五指并拢。所有外国使节也不例外，照样向总统先生施礼。总统先生见到这些不同肤色的外国使节，总是面带微笑，经常会轻微点下头，算是作为回礼。

每次献花仪式结束，总统先生都要向等待在那里的记者发表演说。他要充分利用这个机会，介绍献花的意义，教育人们不要忘记历史，不要忘记解阵党为国家独立、民族解放所作出的重要贡献。

仪式前前后后要进行4个多小时，其间没有水喝，人要一直站着。我们整个人已经快虚脱了，两腿麻木，脑袋发胀，眼睛模糊，湿漉漉的衣服紧紧地粘在身上，前胸贴后背，还有点发痒。一些使节借口如厕悄悄溜走。

坚持，再坚持……终于，疲惫不堪的我们完成了整个献花仪式，接受了一次心灵的洗礼。

在非洲生活、工作多年，我深感非洲人的抗高温能力太强了，这与人种、气候和自然环境有关。但是人的适应能力是很强的，当我离开非洲时，我感到我的抗热和抗晒的能力明显提高了。我的肤色也明显黑了，而且至今都无法恢复，这是非洲给我留下的美好纪念。

外交思索

- 莫桑比克人每年多次向纪念碑献花，有怎样的意义？
- 为什么出席仪式的人们被要求不许戴帽子、戴墨镜，也不能撑伞？
- 为何作者认为"完成了整个献花仪式，接受了一次心灵的洗礼"？

踏访欧洲"中国村"见闻

作者：关宗山，曾任外交信使、中国驻外使馆一等秘书。

中国人最注重血脉的传承。在历史的长河中，有一些人因为战乱或经商在国外定居。虽然这些开拓者的后代大多数已经长得不太像中国人了，甚至连一句中国话也不会讲，但是他们的身体里依旧流淌着中国人的血液，依然向往着回归故里，去探访祖辈世世代代生活的地方，去拥抱那血浓于水的炽热亲情。

1997年圣诞节前夕，我怀着极其兴奋的心情，与我国驻摩尔多瓦大使馆的外交官们一起，踏访了一个充满传奇色彩而又鲜为人知的"中国村"。那里血浓于水的亲情令我深深感动。

那天上午10点钟左右，我们一行十余人，乘车从首都基希讷乌市出发，向西北方向走了40多分钟，便到达目的地。这个村坐落在柏油马路的尽头、乡间土路开始的地方。举目望去，村子不算小，村中道路既宽且直，路两旁堆满积雪，一幢幢小洋房掩映在密密麻麻的树木之中。可能是气候寒冷的缘故，路上行人稀少，只能见到三三两两穿着呢子大衣和厚棉衣的妇女，村内一片寂静。

当时给我的第一印象是：这是个典型的欧洲村，一点中国味儿也没有。再回头一看路旁的村标，更不对劲儿了，上面明明白白地写着"鲁卡什乌卡村",怎么说是中国村呢?使馆的同志们见我脸上有疑惑,主动向我解释:别看它叫这个本地地名,可它以"中国村"闻名遐迩,因为这里居住着很多有中国血统的人。

躲避战乱　异域而安

登堂入室后,主人们争相向我们介绍老祖宗的故事。时间要追溯到1910年,辛亥革命浪潮正席卷中华大地,清朝政府风雨飘摇,摇摇欲坠。兵荒马乱之际,许多居住在边界的老百姓纷纷外逃。这时,有个家住北方边疆、姓孙的小伙子也裹挟在人群中跑到了俄国。没料想,俄国局势也不

平静，而且气候比家乡还要冷得多。孤身一人、举目无亲，再加上缺衣少食、语言不通，他的处境极为困难。怎么办？他只好凭借自己的力气干活，到处漂泊。那时，他没有别的想法，只想找一个稍微暖和点儿、能吃饱肚子的地方落脚谋生。

某一日，他懵懵懂懂地来到了摩尔多瓦。那时候，这个地方叫摩尔达维亚。小孙来到鲁卡什乌卡村时，正值岁末。一个衣衫褴褛的东方小伙子的到来，骤然成了村内一大新闻。村民们聚拢过来，一面惊奇地围观，一面用手比画着和他交谈。当人们得知他来自遥远的中国时，感到无比惊奇，同时也对他特别欢迎和关心。有人给他拿来吃的喝的，有人从家里找来衣服帮他换上，还有人腾出一间屋子叫他住下。连他自己也没想到，这里竟成了他安身立命的第二故乡。

繁衍6代　日子红火

小孙1896年出生，来到这里时还很年轻。当地人觉得"孙"这个字叫起来挺绕口，便和他商量，给他起了个响亮的名字——保尔。保尔从第二天起就下地干活。他身体棒、干活麻利，又勤劳朴实、心灵手巧，很快赢得了村民们的普遍喜爱。

第二年，村里一位名叫阿尼西娅的漂亮姑娘爱上了他，并于当年和他结了婚。第三年他们便喜得千金。在这里，他不论种地、栽树、喂鸡、养猪，还是种葡萄、酿酒、帮人盖房子，干什么都是好样的，日子越过越红火。同时，还和他妻子共同生育了三儿两女，这在中国北方是好运气的象征。

随着时间的推移,他的家族愈益兴旺。他的后裔们从事各行各业的工作,有操作农业机械的,有在本地当生产队长和副乡长的,有做牙科大夫和护士的,还有当检察官的。最使其家人引以为豪的是保尔的二儿子罗曼。他曾在二战期间参加过攻克柏林的战役,并立下赫赫战功。主人多次向我们展示罗曼胸前挂满军功章的照片。

1978年,老孙怀着对故乡魂牵梦绕的思念,走完了他坎坷又幸运的一生,享年82岁。他的妻子和四个儿女已先后去世,只剩下排行最小的女儿瓦西里察了。上述故事就是他的小女儿瓦西里察和长孙米哈依·邱里达里讲述的。当我问及他们老祖宗留下的这个大家族目前共有几家、多少人时,米哈依好像一下子算不清了。他一面掰着指头算,一面用计算器相加,最后告诉我,从他祖父算起,总共繁衍了6代,34家,整整160人。

我们走访的落脚点就是米哈依家。米哈依60来岁,是一名技术纯熟并在附近很有威信的拖拉机手。他中等身材,黝黑的脸庞,说话不多,真有些像中国北方农民。

他领着我在他家院子里转了一圈。这是一座典型的摩尔多瓦农舍:院子很宽敞,用铁丝网圈起来的敞棚里,饲养着家鸡和火鸡;后院里有干净的猪舍和小菜地;住房是欧洲尖顶别墅式小洋房,整个房子离地面有半米高,进屋要登三四个台阶;淡黄色的墙面上配着白色的窗户,倒显得十分雅致;屋内很宽敞,有数间卧室、大小会客室和餐厅,还有地下储物室。

我们就座的会客室里铺满红地毯,墙上挂着大幅风景照片和中国竹帘画,电视、电话、沙发、茶几等一应俱全,看起来这是一个殷实之家。特别引人注目的是墙上挂着的那幅保尔夫妇的合影照片，老人双目炯炯有神，好像正在注视着今天他们家里的热闹场面。

亲人欢聚　思乡情切

听说中国大使馆的外交官们来看望大家，村民们奔走相告。相聚在米哈依家里的人越来越多，大屋小屋挤了个水泄不通，仍有不少人站在屋外，就像过年一样。各家都搬来一摞摞保存多年的照片，有彩色的，也有黑白的。一时间，看照片、谈家史、叙友情，米哈依家气氛非常热烈。

中午，主人在大会客室为我们准备了丰盛的午宴。可容纳二三十人的长桌上摆满了摩尔多瓦名酒和各家自酿的葡萄酒，还有独具特色的美味佳肴：风味鸡、奶豆腐、橄榄鱼、卤牛肉、当地人最喜欢吃的"米奇"肉卷，以及一种令人意想不到的葡萄叶包肉。席间，大家犹如久别的亲人一样，频频举杯、畅谈。席散前，大使夫人代表使馆分别向各个家庭祝贺新年并赠送新年礼物，室内响起阵阵掌声。

告别时，大家依依不舍，似乎有许多说不完的话。正当宾主一一握手道别时，男主人米哈依突然站起来，满脸通红地表示他要讲几句话，整个会客室内顿时一片寂静。

他说："我祖父来自中国，我们这些子孙都是土生土长的摩尔多瓦人。我们中的大多数已经长得不太像中国人了，连一句中国话也不会说，但是血管里却流淌着中国人的血。我们从广播、电视里不断听说中国进行现代化建设、改革开放，经济大发展，国家越来越强大，人民很幸福，可我们谁也没见过。我们这些人是多么想能有机会到祖先的故乡去看一看啊，但是……"他呜咽了，我们也都热泪盈眶。看到这一场景，我心潮难平，至今也心潮未平。身在海外的炎黄子孙心系故土，万水千山阻不断血浓于水的同胞之情。我想，这正是中华民族生生不息的根脉所在！

外交思索

- 这里看上去是个典型的欧洲村，但为何被称为"中国村"？
- 这个欧洲"中国村"是如何形成的？
- "中国村"保留了哪些中国元素、中国传统？

家国情怀

最平常的儿孙绕膝、父母相伴,
是他们远在天边的奢望。

我是快乐的礼宾官

作者：吴德广，中国前驻古晋总领事。

中国是拥有5000年文明史的礼仪之邦，外交活动中对"礼"的重视则更是不言而喻。周恩来总理特别强调"外交无小事"，做好礼宾工作尤其需要耐心周到、细致入微，才能达到以情暖人、以礼服人的效果。礼宾官的工作可以说是如履薄冰，任何一个礼节性的失误都可能影响两国关系；而一个巧妙得当的礼宾安排则可以瞬间拉近两国的距离。礼宾官的工作是苦乐参半的，但乐在苦中求，没有经受磨炼的苦，哪有成功后的乐呢？

我很庆幸，在人生旅途中见证了新中国70多年的光辉历程。悠悠岁月，弹指一挥间，但许多刻骨铭心的往事永远挥之不去。

1965年我毕业于外交学院，被调入外交部礼宾司。礼宾司成为我外交生涯的第一站。我一生"三进三出"礼宾司，在那里任职长达20年，两次在驻外使领馆任职时也担任礼宾官。礼宾风雨情总是难忘，"礼宾情，外交缘"的点滴，折射出新中国外交的魅力。

亲聆老前辈的教诲

记得刚到礼宾司报到的那天，我显得土气十足。接待我的张处长很关心我的"形象工程"，让我向外交部行政司仓库管理处借冬、夏中山装各一套。这样，一夜之间，我就从一名清贫的学生变成文质彬彬的礼宾官了。虽然我穿的是崭新的礼服，但由于当时我不太在乎日常的礼貌、礼节，所以不时会出点洋相。

有一次，我与同事去北京饭店出席一个大型招待会，招待会结束后，因为找不到我们的车子，我就独自回了东交民巷的宿舍。次日上班后，领导批评我不告而别。这件小事对我的思想震撼很大，使我认识到：作为礼宾人员，不仅要管好自己，更重要的在于为他人服务，为他人考虑。

当礼宾官的日子长了，我越来越感到这种特殊的"服务行业"尤为重要。它的确是一种服务行业，为总体外交服务，为贯彻外交政策服务，为我国的经济建设服务，每个国家和民族都离不开它。

在礼宾司我深感荣幸，因为有机会见到周恩来总理。当时周总理常常佩戴一枚"为人民服务"的纪念章，我看在眼里，暖在心里。我聆听周总理"站稳立场、掌握政策、熟悉业务、严守纪律"的教诲，牢记他对我们的要求。

周总理非常重视礼宾工作，强调礼宾工作是一项政治性和政策性很强的工作，丝毫不能大意。任何差错都有可能引起误会和不快，甚至影响国家间的关系。他亲自审阅礼宾接待计划，经常直接给礼宾司下达指示。

有一次，周总理陪同一位外国国家元首赴东北某地访问。礼宾部门把宾馆最好的房间安排给了周总理。总理知道后批评了这种做法，并马上吩咐调换房间。

在周总理的亲自指导下，礼宾工作继承并发扬了我国优良的礼仪传统，并适当汲取了国际上一些好的做法和惯例，不断改善，形成了新中国礼宾的独特风格。同时，周总理以其细致周到、坦诚热情的人格魅力深深感染着身边的每一个人，并与无数外国政要结下了真诚的友谊。

20世纪50年代，有一年国庆观礼之夜，周恩来总理陪同访华的缅甸总理吴努登上天安门城楼。他细致地环视了一下四周，发现了一个问题，便将礼宾司司长柯华叫到跟前，让他给吴努总理和其他缅甸客人准备几件大衣。

此时柯华才意识到，那时北京已是秋风乍起之时，来自热带地区的缅甸客人穿着其本国民族服装，多是短短的上衣和长长的裙子，这装束是难以抵御北国秋凉夜寒的！

怎么找到大衣呢？周总理给柯华出主意：去王府井百货大楼，想办法找到值班经理，买几件大衣来。根据总理的指示，柯华打量了一下贵宾的身材之后便朝王府井方向走去……

广场的联欢会开始了，大家一起沉浸在欢乐之中，正当贵宾们感到"高处不胜寒"之时，柯华购买大衣回来了。一件件薄大衣披在吴努总理和其他每位缅甸客人身上，他们无不为柯华的盛情和细心而感动。当柯华告诉客人，是周总理让他去购买薄大衣时，贵宾们更是感激万分。

如今回忆起周总理的谆谆教诲和老前辈的期望，想起那些曾经感动自己的亲切话语，我感到幸福，为我能获得得天独厚的精神财富而高兴。

感受世界历史的天平向我国倾斜

1969年我被派到中国驻卡拉奇总领事馆工作。总领馆的迎送任务繁重，那时我国已与40多个国家建交，外宾访华和我国领导人、代表团出访，以及外交信使出国大多途经卡拉奇。我作为礼宾官，起早摸黑，随总领事奔波于机场与总领馆之间接送客人。

1978年1月，我随邓小平副总理访问缅甸。同年10月，我又随邓副总理访问日本，并出席《中日和平友好条约》互换批准书仪式，这是一次历史性的访问。条约的签订和批准生效后，中日之间尤其是高层官方往来大幅度增加，经济贸易关系迅速升温，文化交流频繁，两国关系空前友好。

20世纪70年代末80年代初，外宾访华纷至沓来。"有朋自远方来，不亦乐乎。"在礼宾司工作期间，最令我难以忘怀的是在接待处任副处长的日子。那时我和同事整天忙忙碌碌，要办的事情非常多。"外交无小事"的信念，使我一丝不苟，浑身是劲儿。每年约有百次外宾访华的活动，这意味着世界历史的天平在向中国倾斜，每想到此，我便不由得欢欣鼓舞。

接待外宾是一项涉及许多单位和人员的综合工程。每次的接待任务都使我和同事不仅体验了礼宾官之苦，也享受了礼宾官之乐。

礼宾官之苦在于其工作时要一直处于高度紧张的状态中，几乎没有上下班之分，大量的准备工作必须在外宾抵达前完成，要时刻怀有如履薄冰之感。我记得那几年里，几乎没有一次外宾访华的名单和日程是一成不变的。外宾访华的安全、医疗保健、宾馆、乘车、赠礼方案等，每个细节都需要礼宾官反复推敲。外宾抵京后，我们就开始在钓鱼台国宾馆紧张地工作，有时还得24小时工作，几天之后外宾离华，我和同事才拖着疲倦的身子回家，顾不上好好休息，又得迎接新任务，真是应接不暇。

礼宾官之乐在于能看到外宾访华的成果，他们的成功访问成为国与国之间发展友好关系的一座座里程碑，能为这些里程碑铺砖垫土，我感到很荣幸、很快乐。再说，能与外宾一起感受我国人民热情好客的精神，也是一件乐事。在紧张的工作之中，我还有机会欣赏祖国的美丽河山，也是幸事！

外交思索

- 周总理作为当时新中国的"形象大使"，在礼宾工作方面给礼宾官们作出了哪些示范？
- 为我国外交事业服务的礼宾官，应具备哪些职业素养？

外交无小事

作者：周晓沛，中国前驻乌克兰、波兰、哈萨克斯坦大使。

　　外事人员作为国家的官方代表，一言一行都体现着国家的形象，关乎国家的切身利益。看似不足为奇的"小事"，如果处理不好就会变成"大事"，甚至影响两国的友好关系。细节决定成败，无数个微小的细节组成了我们生活中的一件件大事；所有能成大事的人无不从细节做起。青少年朋友如果能早点养成"事情再小也要认真做好"的习惯，那么在未来的人生旅途中才不会因小失大，才能大有作为。

　　敬爱的周恩来总理是新中国外交的奠基人和开拓者。他以总理的身份兼任外长近9年，为开创中国特色外交呕心沥血，鞠躬尽瘁。建立外交部之初，他就要求外交人员成为"文装解放军"，有铁一般的严格纪律。他指出，外事干部一定要多动脑筋，努力做到"五勤"，即眼勤、耳勤、嘴勤、手勤、腿勤。周总理还特别强调，"外交无小事"，要做到"站稳立场、掌握政策、熟悉业务、严守纪律"。

　　外事工作事无巨细，容不得半点马虎，这也是由它的特殊属性所决定的。听说有一位秘书，把一场外交活动的时间记错了，我们的领导人去机场送外宾时，对方早已起飞回国了，他也因此受到纪律处分。有一位同志因粗心大意，在援外款项上多写了一个"0"，还有人曾把人民币误写成了美元,幸亏被领导及时发现,否则会给国家带来多大的损失呀!

"外交无小事",包括怎样坐车、打电话联系,怎么与外国人接触、交朋友,这些都有学问,都得从头学起。刚入外交部时,老同志告诉我,小轿车后排右座是首长专席,所以我每次都坐在前排司机右手的副驾驶位上。有一次到中苏边境地区考察,坐的是吉普车,我也抢着坐那个位置,结果出了洋相。原来吉普车不一样,它的底盘比较高,后排比前排要颠簸,而且前排的视野比较开阔,所以前排右座是尊位。

还有这样一件事令我终生难忘。领导让我誊抄文件,因为字迹潦草,也未

核对，我受到了严厉批评。开始我还不理解，当看了周恩来总理阅完退回来的手抄件，上面都是密密麻麻的批注，包括写错的标点都改了过来，我醍醐灌顶，这才老老实实地一笔一画重新认真誊写，从此牢记这个教训，再未犯过类似的错误。

记得在学校上翻译课时，老师曾讲过翻译要注意用词准确，否则有可能闹出政治问题，并列举了中苏两党政治交往中的生动事例。

在两国边界谈判中经常因为翻译问题双方打口水仗，甚至大吵一场。1964年中国与苏联进行边界谈判时，中方发言评论中用了"作茧自缚""得陇望蜀"的成语，苏方硬说这是对他们的污蔑，将他们比喻成虫子，说中方竟然会认为苏方对甘肃和四川提出"领土要求"。这是哪儿跟哪儿呀？当时听到这些情况时觉得匪夷所思，后来我亲历谈判现场，有了机会亲身领教。

在一次激烈的辩论中，苏方团长指责中方对其发言做了"болезненная реакция"（过分反应），翻译将其译成"病态反应"。中方团长听后火冒三丈，怒斥对方理屈词穷，不惜进行"人身攻击"。苏方团长感到莫名其妙，不得不宣布休会。

这是多么经典的例子啊，说明翻译时用词表达十分重要，我们需要时刻保持敏感。在谈判处于僵持阶段的严峻形势下，有时翻译不准或欠妥会导致火上浇油的后果。

作为外交官，工作必须特别严谨细致。20世纪80年代，我在莫斯科工作时，使馆的一位翻译向外交使团发文书，因漏打了一个俄文字母"п"，将某大使先生错打成了"驴先生"，幸亏被对方文秘及时发现，退回重新打印发送。无独有偶,就在不久前我这个老外交官也蒙受了一次"不白之冤"。一位驻外使馆的同事看到拙作《大使札记——外交官是怎样炼成的》一书,给我发了电子邮件,称这本书很好,要推荐给其他同事,结果抬头是"尊敬的周大便"(将"大使"错打成"大便"),让我哭笑不得。

有人说,"魔鬼存在于细节"。据英文高级翻译施燕华大使讲,她刚入外交部不久,被派去翻译国宴菜单。这不是一件难事,她很快就干完了,并对自己的高效率颇为得意。国宴在人民大会堂举行,每张桌子上都摆放着带有国徽的菜单。热菜中有一道罐焖鸭子,被盛放在精致的小砂锅里,外宾很感兴趣,拿起菜单一看却吓了一跳:原来罐焖鸭的"焖"(braised)被误写成了"受伤"(bruised)。这个错误给她敲响了警钟,她从此养成了认真细致的工作作风。这也为她以后的翻译职业生涯打下了坚实的基础。

我国前驻越南大使李家忠讲过这样一个故事:1969年9月2日越南民主共和国主席胡志明逝世,中方对这一事件极为重视。除中共中央发唁电、周总理专程到河内吊唁外,中方还派出了党政代表团出席在河内举行的国葬仪式。驻越南使馆得知这一消息后,立即动员全体人员做好各方面的准备工作,并把具体任务一一落实到人。负责拍照的是一位年轻人,提前2个多小时便赶到了国葬仪式现场。在整个仪式进行期间,他不停地拍照,力求拍好每一张照片。仪式结束,他累得满头大汗,心满意足地打开相机一看,发现胶卷根本没有挂上,也就是说一张照片也没有留下来。为了及时向国内发消息,他只得从代表团那里借了两张照没有!

片作为补救措施。时光不可逆转，由于工作人员的疏忽，很多重要的历史瞬间没有被记录下来，实在令人遗憾。

当然，在处理细节方面也不乏成功的范例。有一次我国领导人访问英国时，在谈话中引用了雪莱的一句名言："如果冬天来了，春天还会远吗？"由于口误，领导人将雪莱说成了莎士比亚，在场的陪同人员很着急。英文翻译陈明明灵机一动，既未说莎士比亚，也未提雪莱，而是巧妙地译成"英国一位大文学家说过这句话"。双方听后都非常满意。

据我观察，一些年轻人有时比较粗心，字打得很快，但不爱校核，丢三落四，甚至错别字连篇。据外交部翻译室的老同志讲，他们出手的最后稿子都必须经过"三核一"的程序，即由三人一起核对中外文。而我们的某些同志却连"一核一"也没有做到，这种粗枝大叶的工作作风迟早会酿成大错。

记得周恩来总理说过，"外交是一门艺术"。陈毅外长则坦言，"外交这碗饭是不好吃的"。外交官是怎样炼成的？正如苏联著名小说《钢铁是怎样炼成的》中所写，"钢是在烈火里燃烧、高度冷却中炼成的，因此它很坚固"，外交官也需要千锤百炼方能成才。年轻时常听老大使们说在国外工作"如履薄冰，如临深渊"，我觉得不可理解。当了三任大使之后，我才亲身体会到当大使真难，当一名合格的好大使更难。都说"十年磨一剑"，外交这一行恐怕需要几个十年的知行合一、砥砺成长，实际上是终生磨一剑，方能在外交事业的伟大进程中实现自己的人生价值。

外交思索

- 请简述"外交无小事"的"小事"体现在哪些方面。
- 请简述作者刚进入外交部时在工作中出现的疏漏,以及获得的经验教训。
- 结合"外交无小事",请谈谈对自己的学习和生活有何启示。

"希望寄托在你们身上"

作者：朱祥忠，中国前驻秘鲁、智利大使。

60多年前，毛泽东主席在莫斯科大学发表的"希望寄托在你们身上"的著名讲话，成为激励几代青年人奋发向上的巨大动力。60多年后的今天，改革开放的中国已旧貌换新颜，中国特色社会主义进入新时代，中华民族实现伟大复兴的"中国梦"步入新征程。伟大的事业、伟大的梦想都离不开充满朝气的青年一代。青年兴则国家兴，青年强则国家强。青年一代有理想、有本领、有担当，国家就有前途，民族就有希望。"中国梦"是历史的、现实的，也是未来的；是我们这一代的，更是青年一代的。

1957年11月2日，毛主席率中国党政代表团抵达莫斯科参加十月革命40周年庆典活动，并出席世界各国共产党和工人党首脑会议。我们这些留苏的同学一直关注着代表团的活动，希望能见到毛主席。果然，中国驻苏联大使馆通知我们，17日上午到莫斯科大学听报告，毛主席要见我们了！

17日一大早，在莫斯科学习的本科生、进修生、实习生，还有部分军事学院的学生，共3000多人早早挤到学校礼堂，希望目睹毛主席的风采。

上午10点左右，驻苏联使馆留学生管理处负责人宣布，请中宣部部长陆定一作国内形势报告。陆部长的无锡口音很重，很多人听不懂，讲了几个小时，同学们有点坐不住了。大家最主要的还是想见毛主席，他能否来、何时来，还没有确切消息，所以大家听报告时思想都不太集中。大家表达心情的小纸条像雪片一样飞向主席台，不一会儿就在主持人刘晓大使面前堆成了一座小山。刘晓大使不断地翻看，微笑着对陆部长说："一个内容——要求见毛主席。"

后来听使馆的同志讲，其实毛主席对留苏学生很关心，他一到莫斯科就向刘晓大使询问我们的学习和生活情况。刘晓大使汇报说同学们非常想见到毛主席。毛主席听后高兴地说："我也非常希望见到他们。我今年5月在北京就与到访的伏老（伏罗希洛夫）说过，我不想当国家主席，想到大学当一名教授。我非常愿意同青年们在一起，他们年轻、思想活跃、很开朗，常听听他们的意见很有好处。我想麻烦你这位大使，去安排一下我和学生们见面。"

陆定一部长的报告直到下午3点才结束。大家利用休息时间吃了点随身带来的食物。这时刘晓大使向大家通报说，由于各国共产党和工人党代表会议进入关键阶段，工作十分紧张，昨天毛主席忙了一天，夜里又通宵工作未眠，今天早晨才睡下，等毛主席醒后就能来会场见大家。这个消息使我们深受感动和鼓舞。毛主席太辛苦了，应当让他好好睡一觉，只要他能来，我们等多长时间都行。

报告大厅的座位上坐满了人，两厢、廊柱之间也都站满了人。在前几排，1个座位上甚至挤进了3个人，有的干脆在走道上坐了下来。一部分同学实在坐不下，被安置在旁边的学生俱乐部听实况广播。来自中国的摄影记者则背着照相机，台上台下跑来跑去，忙个不停。所有人的心都悬了起来，等待着那激动人心的一刻。

　　下午6点，水银灯突然都亮了起来，把会场照得如同白昼。每个人都使劲地睁大眼睛，向主席台望去。幸福的时刻终于来了！毛主席、邓小平、彭德怀等党和国家领导人，在刘晓大使的陪同下，依次走上主席台就座。全场的人顿时都站了起来，"毛主席万岁"的欢呼声和暴风雨般的掌声响彻大厅，大家沸腾的情绪久久平静不下来。

毛主席身穿灰色中山服，身材魁梧，红光满面，从台前一侧阔步走到另一侧，微笑着向大家频频招手问好。他走到哪里，哪里的人群就像涨潮的海水，蓦地向前涌动。所有人都扑向前排，希望离领袖近点，再近点。毛主席回到讲台中央，示意大家保持安静。掌声戛然而止，大厅里静得连一根针掉在地上都能听得见。

毛主席的讲话完全不同于一般的政治报告，更像是同大家聊家常，有问有答，台上台下欢声笑语，气氛热烈。毛主席第一句话就是："世界是你们的，也是我们的，但归根结底是你们的。"他发现有些同学听不懂湖南话的"世界"两个字，便用英语说："世界就是world。"那时同学们会英语的不多，多数人还是听不懂。

毛主席又问刘晓大使："'世界'用俄文怎么说？"刘晓大使答："米尔。"于是毛主席就解释说："米尔是你们的，当然我们还在工作，在管理国家，米尔也是我们的。但是，你们看，我们都老了，好像下午三四点钟的太阳，就要落山了。"这时全场立刻响起"毛主席万岁！中国共产党万岁！"的欢呼声，震耳欲聋的掌声经久不息。

毛主席一挥手，又继续他的讲话："你们年轻人朝气蓬勃，正在兴旺时期，好像早晨八九点钟的太阳，希望寄托在你们身上，未来是属于你们的。" 这时全场又响起暴风雨般的热烈掌声。

毛主席风趣地说："有些外国人说我们思想改造是洗脑筋。我看说得也对，就是洗脑筋嘛！我这个脑子也是洗出来的。参加革命后慢慢洗，洗了几十年。我从前受的都是资产阶级教育，还有一些封建教育。我们那时根本不知道马克思、恩格斯，只知道华盛顿、拿破仑。你们就好了，你们很幸福，像你们这么大的娃娃就知道了马克思、恩格斯、列宁等。我们那时对中国革命如何搞，有谁知道？"

毛主席勉励在场的青年学生："我们大家都要'割尾巴'。中国有句古话叫'夹起尾巴做人'，很有道理。现在人都进化了，摸起来都没有尾巴了，但无形的尾巴还有。青年人应具备两点，一是朝气蓬勃，二是谦虚谨慎。"

毛主席对我们还提出了三点希望：

第一，要身体好，这是革命的本钱。他说，爬山和游泳是锻炼身体的好方法。他问大家："你们会游泳吗？"许多人回答："会！"毛主席说："在你们这个年纪时，我已游过不少江河湖海，爬过不少山岳了。"他列举自己游历过的江河湖海和山岳的名字，并询问在场的是否有来自那些省份的人。他每提到一个地方，台下就有人站起来，大声地回答："有！"台上台下笑语连连，气氛十分活跃。毛主席说："这样做不仅能锻炼身体，也有利于见世面、接触老百姓和了解社会情况。"他还建议大家，利用留学机会到苏联各地去走走看看，可以了解苏联人民的生活，建立友谊，增长知识。

第二，要学习好，学好建设国家的本领。毛主席说："苏联有许多先进的科学技术，要虚心向他们学习。"他还向同学们传授了合理安排时间的经验："一个人的时间精力有限，与其门门功课平均用力，不如把力气花在重点课程上，不学则已，学就要把问题解决得透彻些。"

第三，将来工作好，要为国家作出有益的贡献。毛主席说："做好工作是不容易的，将来你们去当厂长、党委书记、校长、教授、工程师……试试看,一做工作就会有错误,有错误就要认真地改。世界上怕就怕'认真'二字,共产党就最讲'认真'。"这是毛主席第一次提出这一著名论点。

毛主席说:"真正的社会主义革命不是一朝一夕可以成功的。也许你们认为我国地大物博,人口众多,很了不起,可是要知道,我们中国是个大国,又是个小国。在政治上和人口上是大国,但在经济上是小国。我们现在的生产力还很低,钢产量还比不上一个小国比利时呢!你们大概不高兴吧?"

台下答:"不高兴!"

毛主席接着说:"但又有什么可以不高兴的呢?比不上就是比不上。苏联提出15年内要赶上美国。英国总书记波立特同志告诉我,15年后英国钢产能力为3000万吨。我国现在钢产量只有520万吨。那么,再过3个'五年计划'或多一些时间,(钢产量)就能超过英国。不过,按人均水平就不行了,因为我国人口比英国多20倍。这个责任就落在你们身上了,你们重任在肩啊!"

毛主席突然说道:"我也有个'五年计划',再活5年,如能活15年就心满意足了。"

大家齐声高呼:"毛主席万岁!"

毛主席甚为感叹地说:"能超额完成计划当然更好。可是天有不测风云,人有旦夕祸福,这也是自然辩证法。要是孔夫子现在还不死,2000多年前的人还活着,那还成什么世界?所以,开始我就和你们说了,世界是你们的。我再说一遍,祝贺你们,世界是属于你们的,希望寄托在你们身上。"

毛主席在主会场讲了一个半小时。随后他又到分会场，见了在那里等候的几百名同学。在那里他讲道：第一，青年人既要勇敢，又要谦虚；第二，祝大家身体好、学习好、工作好；第三，要和苏联朋友亲密团结。

毛主席讲完话后，还视察了莫斯科大学经济系女留学生的宿舍，和住在这里的同学们进行了亲切的交谈，还问了她们的籍贯、父辈等有关情况。毛主席得知坐在身旁的沈宁同学的父亲叫沈端先（夏衍的原名）时，高兴地笑了起来，说："是沈端先啊，他还有这么一个漂亮的女儿呢！"惹得大家都笑了起来。毛主席还询问了同学们的学习和生活情况，并鼓励说："要努力学习，建设祖国，加强和苏联师生的友谊。"

毛主席指着站在旁边的邓小平说："他还是你们的老学长哩！"这时坐在毛主席身边的苏红同学才发现，人群后面还站着邓小平同志。她不好意思地站起来请他坐下。毛主席却一把拉住她，打趣地说："邓小平是党的总书记，让他为人民服务，站一会儿没关系。"小平同志操着浓重的四川口音说："我是于1926年初由党组织决定从法国到莫斯科学习的。"同学们惊叹道："这么早啊，那时我们还没出生呢！"

毛主席见到桌子上有几份《人民日报》，拿起来翻了翻，询问大家平时能看到国内的哪些报纸、国内的报刊到莫斯科需要几天……同学们一一进行了回答。毛主席对远离祖国的同学们能经常关心国家大事感到十分高兴。

晚上8点多钟，毛主席离开学生宿舍，乘电梯下到一层。电梯门一打开，就见到许多外国同学等候在那里,热烈的掌声响了起来。毛主席热情地同他们握手致意,正要往前走时,看见有两个外国青年手里举着什么东西,从走廊那一头跑来,毛主席便停下脚步,想看个究竟。原来是两个外国留学生,一个是捷克人,另一个是保加利亚人,他们每人手里拿着一本俄文版的《毛泽东选集》,赶来请毛主席签名留念。毛主席欣然满足了他们的愿望。他们高兴极了,回去后还得意扬扬地向其他人展示扉页上有毛泽东签名的书,说要把它留作纪念,终生珍藏。

毛主席在莫斯科大学师生的欢呼声中,恋恋不舍地离开了列宁山。据俄文翻译李越然事后回忆,在接见完留学生回克里姆林宫的途中,他问毛主席:"您讲了很长时间的话,累不累?"主席挺起胸脯很愉快地说:"你看我一点儿都不累,跟这样生动活泼的年轻人在一起,我自己也显得年轻了。这些年轻娃娃在这里学成之后回国,都会成为国家有用的人才。"

外交思索

- 毛主席与学生们见面后,对他们提出了哪三点希望?
- 请结合自己的学习、生活,谈谈如何理解毛主席提出的重要论点"世界上怕就怕'认真'二字"。
- 文章中的哪些细节体现出了毛主席平易近人、关心学生?

外交部里有一群奔走于世界的外交官

作者：谢君桢，中国前驻芝加哥副总领事。

外交部里有一群奔走于世界各地的外交官，他们的主要任务是在国内与中国驻外使领馆之间传递国家机密文件和物资。几十年来，他们的故事惊心动魄，而他们的付出却鲜为人知。"人在文件在，誓与文件共存亡。"一代代外交信使用行动乃至生命坚守着自己的无悔誓言。

从23岁到36岁的13年间，我所从事的工作简而言之就是"乘着飞机去送信"。不过，我送的信有些特殊，都是外交邮件。作为外交信使，我们的职责就是把中央和各部委的机密文件、资料送到我国驻外使领馆，同时也给长年生活在异国他乡的使领馆的工作人员带去他们日夜盼望的家信。

当信使　辛苦

每年我们出差200多天，不分昼夜地飞往世界各地。我们要经历各种时差、季节差：有时早晨乘飞机西行，飞行了20多个小时后，下飞机时仍是白天；有时竟然时光倒流，从今天飞回昨天；有时上飞机时是冰天雪地，下飞机时却是炎热的夏天。

西伯利亚冬季非常寒冷，有时室外温度可达-40℃。我曾经听一位老信使说，当年苏联援助我们150多个项目，所有设计图纸都是从莫斯科运来的，每次运输几百公斤的外交邮袋，换飞机要从这架倒到另一架，信使都要在外面守着、清点数量，丢一袋都不行，因为这是机密。有一次，一个年轻的信使没有经验，尽管穿了皮大衣，戴了皮帽子、厚围巾，鼻子还是被冻得红红的。一位苏联老太太见状就从地上捡了把雪给他搓。那个信使不明白，直说："您拿雪搓我鼻子干吗？"老太太忙解释说："因为你在外面待得太久，搞不好会把鼻子给冻掉，必须要用冷的雪来搓，让血液活动起来，不然血管阻塞了，鼻子不就完了吗？"

飞来飞去，奇则奇矣，可生活规律完全被打乱，简直是苦不堪言。20世纪50年代，飞机是旋翼式的，飞莫斯科中途需停靠5站，每到一站稍作停留，飞机加油、检修，旅客在地面简单就餐、休息，折腾三天两夜，其间无法正常睡觉，抵达目的地时人已筋疲力尽。可这样的旅行是我的家常便饭，我已记不清13年中飞了多少趟。

当信使　紧张

我们不是去观光旅游，而是随身携带国家机密，此任务重大，不允许出一点差错。因此，只要还没到达目的地，我们的脑子里就一直紧绷着一根弦。外交信使通常都是结伴同行，外交邮袋片刻不离身。旅途漫漫，困倦时两人轮流休息，必须保证有一人值守。小憩过程中我们也要时刻保持警觉，双脚交叉，紧紧钳住座椅下的草绿色外交邮袋。

中转途中入住旅馆，我们一般不到饭厅去吃饭，而是打个电话让服务员把饭菜送到房间来。这时不是两个人一起吃，万一都中毒或者都迷糊了怎么办？所以通常一个人先吃，过 2 个小时以后看看没事，另一个人再吃。

20 世纪五六十年代，国际形势很复杂，与我国建交的国家不多，信使常常会遇到意想不到的危险，有的被跟踪，有的还差点被绑架。1965 年，我出差去北非阿尔及利亚，正赶上那里发生军事政变，被困在那里整整一周。可不论形势多么复杂，我们都能沉着应对，没让国家利益遭受任何损失。每次一踏上征途，我们总是睁大眼睛，保持警惕。

当信使　危险

我乘坐飞机上千次，飞行的里程超过 10 万公里，回想起来，至少有 3 次与死神擦肩而过，去古巴那次真可以说是捡了一条命。

1960 年 9 月我国与古巴建交后，去古巴就成为信使们最担心的旅行，因为没有直达航班，需要途经几个未建交的国家，不知会发生什么情况，因此所走的路线也几经更改。信使刚开始先从瑞士苏黎世出发，经停葡萄牙、库拉索岛和牙买加。有一次信使在库拉索岛过夜住旅馆，几名反卡斯特罗的古巴流亡分子在旅馆过道企图绑架其中一位信使。他大声呼救，引来了旅馆工作人员和一些群众。古巴流亡分子见势不妙，仓皇逃走，信使才得以脱险。此事件发生后，信使就改道从莫斯科乘坐苏联民航大型客机，连续飞行 14 个小时到哈瓦那。

但有一次，我国信使乘坐的苏联班机因超载、遇强风，不得不紧急降落在纽约机场。当时我国和美国还没有建立外交关系，而且相互是敌对的，因此信使立即向机长表明身份，要求确保人身和文件安全。

为了不让国家机密落入敌手，信使到机舱厕所内，撕毁绝密件并在洗脸池内用水泡烂，丢入马桶。苏联驻纽约外交官员赶到现场，处理苏机紧急降落事件。大批纽约警察包围飞机，并用大探照灯照着飞机，如临大敌。我国信使在飞机上等待时，真是如坐针毡。苏航在纽约机场停留了10个小时，在美国领航员登机后，才最终被准许离境。

鉴于这条航线也有风险，后来我国信使选择从捷克布拉格乘捷航飞机，途经爱尔兰香侬，再飞越大西洋，经9个小时连续飞行，抵达加拿大东海岸的甘德，稍作停留，再飞行3个小时抵达哈瓦那。

我和另一位信使去古巴时，上一班信使在一个月前为我们预订的就是这个航班的机票。但因为当时票已订满，捷航就把我们列入候补名单。为了稳妥起见，他们又在莫斯科为我俩订了苏联去古巴的机票作为备用。后来，恰恰是我们原定乘坐的捷航班机在降落时因天降大雪、跑道结冰，滑出跑道失事，造成70多名旅客死亡，30多名旅客受伤。

次日，各大报纸和电视台都报道了这一事故。我国驻古巴使馆闻讯派人去捷航驻古巴办事处查询，发现我俩的名字在旅客候补名单上。使馆发急电给外交部，询问信使是否乘捷航飞机。国内迅速复电："因未订上捷航机座，信使此次改乘苏联班机去古巴。"使馆这才放下心来。命运之神似乎做了巧妙的安排，让我们避开了这一劫难！

但是我的一些战友却没有这么幸运。有6位信使在3次空难中牺牲，这3次空难都发生在苏联的民航班机上。

第一次空难发生在1958年10月17日，肖武、宁开逸同志牺牲在北京飞往莫斯科的途中。他们乘坐的飞机因在西伯利亚喀山市上空遇到大气涡流而失事。驻苏联使馆外交官按国内指示赶到飞机坠毁现场后，看到信使牺牲后双手仍紧抱邮袋，这一举动令人动容。

第二次空难发生在1959年12月13日，何平、张慕先同志牺牲在从阿富汗喀布尔飞往苏联乌兹别克共和国首都塔什干的途中。他们乘坐的飞机与地面导航失去联络，撞山失事。由于冬天大雪封山，罹难旅客的遗体在来年春天雪化时才被找到。

第三次空难发生在1963年7月13日，周敬寸、隋玉姗同志牺牲在北京赴莫斯科的途中。隋玉姗同志牺牲时，爱人已怀孕，留下了遗腹子。

让我难以忘怀的是，周总理多次对烈士的后事作出指示，陈毅副总理和夫人张茜还亲自向烈士致哀并慰问家属。至今，我仍铭记着那几个哀痛的日子，仍深深怀念着安放在八宝山英烈堂的6位烈士。

当信使　苦中有乐

辛苦、紧张、危险是信使生活的特点，但苦中有乐，我也从中咀嚼出更多的甘甜。每当我们到使领馆时，同志们都早已聚集在大门口翘首以待，像对待凯旋的英雄一样夹道欢迎我们。大家十分兴奋，期待着来自祖国的消息，来自亲人的问候、叮嘱和祝福。看到收到家信的同志那么高兴、雀跃，再苦再累我们也不放在心上了。这一刻，我们成了带来欢乐的天使，感觉自己的信使工作亮丽而美好。

因为工作，我到过50多个国家，有机会参观了埃及的金字塔、法国巴

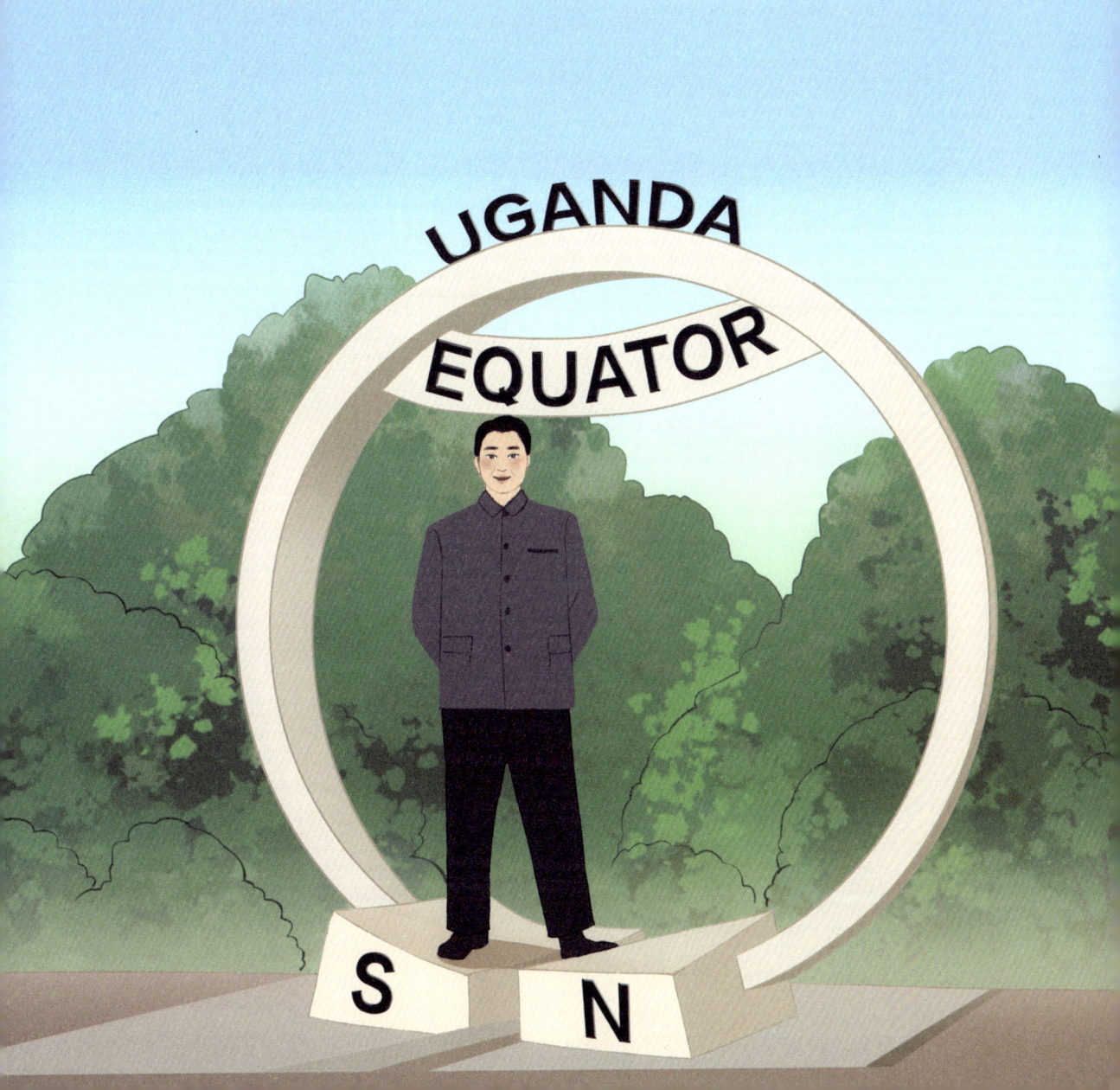

黎的卢浮宫、缅甸仰光的大金塔等世界闻名的建筑，也有机会品尝了伊拉克底格里斯河边的烤鱼和摩洛哥卡萨布兰卡阿拉伯饭店的"古斯古斯"……这些，都可算作是对我们辛苦、紧张的信使生涯浪漫的回报了。

50多年前，时任外交部副部长的李克农曾说过一句话："外交信使是我们的外交大动脉。"如今，通信技术高速发展，但部分涉密信件和物品仍必须通过外交信使专门传递。神秘的外交信使们依然默默无闻地奉献在外交大动脉上，前仆后继，勇往直前。

外交思索

- 外交信使在我国外交活动中起着哪些作用?
- 我国信使在执行任务的过程中,需要面对哪些考验和危险?
- 信使工作过程中充满了惊险,但也少不了"甜蜜"的回报,作者举了哪些例子?

一人一馆，坚守岗位

作者：吴钟华，中国前驻基里巴斯使馆首席馆员、驻洛杉矶副总领事。

"国家需要我在哪里，我就出现在哪里。"作为一名外交官，吴钟华坚定地践行着这句话。他不辱使命，守住清苦，光荣圆满地完成了祖国交予的任务。如今，中国在国际舞台上扮演着越来越重要的角色。辉煌成就的背后，离不开一代代外交官在异国他乡的岗位上的兢兢业业、默默奉献。我们为祖国外交事业的非凡成就而骄傲，更为外交官们赤诚的爱国之心而感动。

每个人对祖国的情和爱，因经历不同，感受也各异，但最能代表祖国的，莫过于国语、国旗和国歌。当你漂洋过海，在异国他乡看到五星红旗时，眼睛准会发亮；当你听见乡音时，准会驻足；而当你听见庄严的国歌时，炽热的感情肯定会达到高峰。对此，我更有特殊的感受。

1990年2月，我受外交部指派，只身一人登上一架小飞机，飞了10多个小时，来到了基里巴斯的首都塔拉瓦。塔拉瓦位于一个岛屿上，该岛长不过27公里，宽不过一二百米，如同漂浮在浩瀚无垠的南太平洋上的一片树叶。岛上没有电视，没有广播，没有报纸，文化生活等于零，物质生活也处于半原始状态。岛上除了我再没有一个中国人。就这样，我开始了一人一馆、历时3年的"鲁滨孙式"荒岛生活。

20世纪80年代，我国就与基里巴斯建立了外交关系，但当时没有建使馆。因为那个国家非常小,由我驻斐济使馆兼管两国事务。但是到了20世纪90年代,出现了"台独"分子用钱收买穷国的情况,因此国内紧急决定:尽管基里巴斯小,我们也要在那里建馆,以体现中华人民共和国是中国唯一的合法政府。

作为一名驻外多年的外交官,我深知国旗对于一个国家的意义。于是飞机刚一落地,我心里最惦记的事情就是尽快让五星红旗在这个太平洋岛国的土地上飘扬起来。

反复考虑之后,我认为旗杆一定要竖得标准,还要耐用。为了确定标准,我在开车外出办事时,只要见到竖有基里巴斯国旗的政府机关和学校,就停下来仔细打量,研究旗杆的长短、粗细和颜色。那段时间,我像着了魔似的研究旗杆。

经过调查和学习,我发现当地旗杆的高度一般是11米,由3节上细下粗的金属杆组成;国旗底座为1.5米见方;深度要视土质情况而定,但一定要坚固牢靠。一番考察论证之后,我打算也按这个尺寸修建国旗底座和旗杆。

设计确定之后,第二步就是找材料了,而最难寻找的就是旗杆材料。当地仅有一个大一些的五金商店,我去过无数次,将其里里外外翻了个底朝天,也没找到合适的材料。我没办法,只好一边不断向朋友们打听,一边开车在岛上的其他地方寻找。

一天,我偶然看到一座破旧不堪的教堂前竖着一根杆子。之后,我又去观察估量过几次,觉得可以把它作为旗杆的前两节。于是我把这件事告诉了当地的朋友汤先生，在他的帮助下，将这根报废的杆子买了下来。真是天无绝人之路！最终，在汤先生家找到了用来当旗杆第三节的铁棍。

经过清洗、刷漆、焊接等多个步骤之后，旗杆总算做好了，下面该做国旗底座了。但是又碰到了新的难题——买不到水泥。至于水泥什么时候到货，没有准确时间。此后只要一有空，我就去打听水泥是否到货，唯恐货到后抢购不到。大约过了20多天，澳大利亚的船来了，运来了岛民所需的生活用品和一些建筑材料。我赶紧采购了足够的水泥，用使馆里仅有的一辆小轿车一趟趟拉回来。

国旗底座的样式我已在心中模拟过无数次，既要庄重、美观，又要耐用、便于维修。因此，我特意在底座与旗杆的连接处设计了一个机关，万一旗杆的上部出了问题，比如滑轮坏了或绳子断了，可以拧开大螺栓，把旗杆放倒进行修理。材料齐全，设计明确，我和泥瓦工一起上阵，用整整一天的时间将它砌好了。

该竖旗杆了。旗杆又长又重，把它竖进底座里非人力能所为，必须用吊车。一天下午，在汤先生的多方联系下，岛上唯一的吊车开进了使馆的院子。开始起吊了，只见旗杆顶部被徐徐竖起，我们压着旗杆的底部，将它慢慢竖直并插入底座，经反复调试之后，旗杆终于矗立起来！

1990年11月2日清晨，在中国驻基里巴斯大使馆，我一个人举行了简单的升旗仪式。有道是"男儿有泪不轻弹"，生活再艰苦，工作再累，我都能忍受，但这次我却情不自禁地流泪了。在我国最小的这块外交阵地上，五星红旗来之不易，升之也不易。

在基里巴斯共和国建立大使馆后，对内对外一切工作都从零开始。俗话说，"麻雀虽小，五脏俱全"，使馆再小，工作也是方方面面的，而这一切的一切又都由我一人去做，其工作量之大、头绪之多，是常人难以想象的。

工作上的困难倒是其次，内心的孤独更令人难以忍受。当时，我是多么希望有人跟我说句中国话呀！但这只是我一己的愿望，常伴我的只有一条小狗。

就这样，我一天天默默无声地忙碌着。直到1991年6月底的一天，我正在办公室工作，突然，激昂的《义勇军进行曲》旋律响起，我简直不敢相信自己的耳朵。没错，确实是有人在断断续续地演奏我们的国歌！

我急忙放下工作，朝着乐曲传来的方向飞奔而去，看到十几位警察手持乐器正在那里演奏。像其他岛民一样，他们都认识我，或叫我吴先生，或叫我"奇那"（当地土语，"中国"的意思）。见我到来，他们都停了下来。经询问得知，他们正在为7月12日的国庆庆典做准备。

原来，基里巴斯有一项特殊礼仪，在庆祝他们的国庆时，会邀请驻基使节参加，当一国使节入场登上检阅台时，乐队便要演奏他所代表国家的国歌。当时，驻基里巴斯的只有四国使馆，即英国、澳大利亚、新西兰大使馆和新建的中国大使馆。那三国使馆，除馆长外还有多名馆员，唯有中国使馆仅我一人。

他们十几个人仅有两张中国国歌的曲谱，不知道是从哪里搞来的。因为只有两张曲谱，排练起来很不方便，所以我听到的是断断续续的旋律。

我请他们等一下，然后飞奔回使馆，给他们拿来几张中国国歌的谱子。我们在外新建使馆时，国歌曲谱、国旗是必备品。我离开驻斐济使馆时，从那里带来了国歌曲谱、使馆门口挂的大国旗、汽车上用的国旗以及签字仪式上用的小国旗等。国旗都已派上用场，没料到国歌曲谱今天也派上了用场。

拿到曲谱后，他们每两人一份，这样练起来就方便多了。他们对中国知之甚少，对中国国歌更是一无所知，不可能知道中国国歌的来历、创作背景及作者情况。我觉得必须得给他们讲讲，讲着讲着我还满怀激情地唱给他们听。

人的感情是相通的，他们听了之后，对我国国歌有了一些了解。我又

一遍一遍地教他们练，他们逐渐进入"角色"，其感情融进了音乐，越来越能表达中国国歌特有的内涵了。

他们对我笑着，彼此用土语相互交流。而我呢，兴奋和激动之情难以言表。半年了，几乎没人跟我说中国话，今天我虽然还是用英语加一点当地土语跟他们交流，但这次跟他们讲的是我们如此神圣的国歌、我们的国魂，我还用国语唱，能不兴奋激动吗？此时此刻，半年来我要对祖国说的话，全都倾诉在国歌声中了。

几天的阴雨连绵之后，7月12日这一天，天空格外晴朗。基里巴斯独立11周年的国庆庆典在一个大草场上举行。这是基里巴斯最大的节日，总统、政府内阁成员和贵宾都坐在主席台上。

因为我是第一次参加，不知道入场程序和有关事项，所以事先向我的朋友——警察局局长尤萨先生进行咨询。他告诉我，我的车应开到主席台前的检阅台旁停下，他会在那儿等候我，届时有人给我开车门，之后他陪我走上检阅台。

听了局长的介绍，我还有个疑问："我是自己开车，把车开到主席台前，下车后没有人把车开走怎么办？"他说那好办，他会在入场处专门安排一个人充当我的司机。我说："最好事先见见这个人，万一接不上头，误了事可不得了。"警察局长笑笑说："全岛的人没有不认识你的，你完全可以放心。"

当天，我身穿正式服装，打上领带，只是按要求没有穿西装上衣。我按时开车到入场处，有个年轻的警察见我开车过来，笑着示意让我停下，

我猜他就是为我开车的人。

当地上午9点40分，我的车开始启动，徐徐驶向检阅台，警察局长已在那里等候。车停下后，两个少年儿童为我开车门，我和局长四目相对，他先向我行致敬礼，之后便引我走上检阅台。我一站定，就看见熟悉的乐队站在面前，他们身穿警服，目视着我。

顷刻间，乐队奏起了中华人民共和国国歌，演奏得那么庄严、那么气派，那一刻，我感到身后主席台上的人都在看我，都在全神贯注地倾听我们伟大祖国的国歌。因为这是在这个地处天涯海角的小岛国上第一次响起中国国歌，也是几万岛民第一次听到中国国歌。

此时此刻,我的眼睛湿润了,并感到热血激荡,我为之骄傲,为之自豪。我为之骄傲和自豪的是我们强大的祖国,她就在我心中,她就在我背后,她是我强大的靠山,她是我在如此艰苦的条件下开拓我国最小外交前沿阵地的力量源泉。

这国歌不是为我个人而奏,而是为我们伟大的中国而奏!

当然,这条道路也不可避免地充满了各种困难和挑战。如何把这条道路走好、走到底,是每一个外交人必须面对和回答的题目。作为外交战线的一名老兵,我衷心地期待并坚信,青年一代定会用他们的实际行动,去践行"忠诚、使命、奉献"这一外交人员的核心价值观。

外交思索

- 我国为何突然决定在基里巴斯建使馆?
- 作者为在基里巴斯的土地上升起中国国旗,遇到了哪些困难?他是如何克服的?
- 为了让中国国歌在异国小岛上响起,作者为演奏的乐队提供了哪些帮助和指导?

怀念周总理：于细微处见高大

作者：江承宗，中国前驻巴巴多斯兼安提瓜和巴布达大使。

周恩来总理是新中国外交事业的奠基人和开拓者。在周总理的亲切关怀、严格要求、精心培养和言传身教下成长起来的老一辈外交官，对周总理都怀有一种特殊的情感。周总理是成功将外交的原则性与灵活性纯熟结合的典范，是将伟大与平凡完美结合的世纪伟人，是所有外交官心目中的偶像与榜样。

周恩来总理生前一直主管我国的外交工作。他的谆谆教诲令我们从事外交工作的人员终生难忘。周总理教导我们要"为人民服务"，他身体力行，堪为楷模。他教导我们要"活到老，学到老，改造到老"。这是我多次亲耳听到他老人家讲的。"活到老，学到老，改造到老"是一句辩证唯物主义的至理名言，我一辈子都受用不尽。至于周总理在外交工作上的指导更是说不尽，从原则立场到具体政策方针，再到工作作风和工作方法，事无巨细。作为一名普通外交战士，这里只回忆我亲身经历的几件事。

原则坚定　睿智大度

1960年，中国和印度之间的关系日渐紧张，除了其他问题外，边界问题上的争端也日趋严重。由于印度方面的挑衅，边境地区不断发生摩擦，印度国内掀起了一股反华逆流。由于西方国家对新中国有误解和偏见，西方舆论大多同情印度，苏联也暗中偏袒印度，致使我们处于不利的处境。

为了打破这一局面，表明我方有诚意通过和平谈判解决历史遗留下来的边界问题，周恩来总理邀请印度总理尼赫鲁到北京会谈。印方断然拒绝，反过来邀请周总理到新德里去。他们认为这是对中方"将了一军"，并估计在那种国际气氛之下，中方是很难应邀的。出乎他们的意料，周总理以宏大的气度毅然接受邀请，于1960年4月访问新德里。

一经会谈接触，我方发现印方毫无谈判的诚意，对谈判解决边界问题根本没有准备，对我方提出的一个个建议统统拒绝，使会谈陷入僵局。最后，周总理以高度的原则性和灵活性向印方提出："看来双方难以达成协议，那么是否可以从双方表达的立场和观点中，归纳出若干'接近点'达成谅解？"谁知印方近乎耍赖，连这一点也不同意，甚至不承认两国之间存在边界问题。

在这种情况下，周总理决定举行记者招待会，澄清事实真相。那时我正在中国驻印度大使馆工作，因工作关系，有幸出席了那一次不寻常的记者招待会。

会场上的记者非常踊跃，约有百来人，厅堂里几乎挤得满满的。周总理先说了一段开场白，接着回答记者提问。在当时的围攻情势下，有的记者提问相当尖锐，有的提问直接指责中国，会场气氛明显对中国不利。周总理对记者的提问从容不迫，并一一进行回答，说明了我国愿意与印度这样的发展中国家发展睦邻友好关系，对于存在的边界问题摆事实、讲道理，阐明了我们对历史遗留下来的边界问题的看法，以及我们对解决边界问题的立场和主张,并特别说明此次中印双方会谈未能达成协议,但中方曾建议就双方的"接近点"达成谅解,还对中方归纳出来的"接近点"逐一进行介绍,遗憾的是印方对此也未能同意。这一点引起了记者的莫大兴趣,因为这是外交谈判中的一种创新,非常引人注目。这一做法也能充分表达我方的诚意。

当时我就感觉到,经过周总理一番坦诚有理的讲述后,会场上刚开始时那种不友好的气氛已经出现了扭转。事后,西方舆论对此不得不有相当积极的评论,更有人对周总理的睿智和风度流露出钦佩之情。

谆谆教导　激励人心

1971年初，我国决定恢复参加世界乒乓球锦标赛，由国家体委组织代表团和工作班子。由于体委人手不够，于是向外交部借了几个干部参加工作班子，我也是被借调者之一。

我们外交部的人主要协助做对外联络工作和做与世乒赛同时举行的世界乒乓球联合会会议的工作。这次派乒乓球队参加世乒赛是一件引人注目的大事，而内部情况又复杂，故周总理非常重视，亲自过问此事。他多次亲自召集乒乓球代表团全体人员的会议，我也出席了。周总理在会上听取了国家体委和代表团领导的汇报，详细询问了各方面的情况。

后来当获悉日本一些右翼团体进行反华活动，并扬言要采取暴力行动时，周总理又召集我们开会，提了个问题：面对这种情势，我们还去不去？要我们大家回去讨论，给他答复。这么大的事要运动员和工作人员来讨论，这种做法也是独特的。我体会到的是周总理在发扬民主，又在启发我们进行自我教育啊！

我们回去后认真进行了讨论，一致认为应该去，因为事关祖国的荣誉，我方已经通知了国际乒联和东道主日本，中国乒乓球代表团将前去名古屋参赛，怎么能因为担心日本右翼势力捣乱而胆怯不去！我们纷纷表态，将抱着不怕牺牲的精神，要为祖国人民争取荣誉。

最后决定按计划执行。周总理又指示，要做细致周到的准备工作，以防万一。也许是吸取20世纪50年代出席万隆亚非会议中国代表团座机遭敌特破坏的教训，当我们代表团从香港出发飞往日本时，就一分为二，从团领导到运动员、工作人员都分为两拨，万一一拨出点事，另一拨照样前去。当时我们亲耳聆听周总理的教导，心里热乎乎的，只有一个想法，就是一定要把这一次任务完成好！我们的优秀运动员果然不负祖国人民的重托，虽然已缺席了好几届，但在这届世乒赛上仍一鸣惊人，取得了突出的成绩。

反应敏锐　思路深邃

在名古屋的世乒赛开启了意义深远的"乒乓外交"后，美国乒乓球代表团应邀访华，打破了中美两国关系的坚冰。在周总理会见美国乒乓球代表团，与该团团长一番友好交谈后，该团一位年轻的男运动员科恩（他留着长发，不修边幅，是当时美国流行的典型"嬉皮士"），站起来问可不可以向总理提个问题，周总理爽快地答应了。

科恩便问周总理对"嬉皮士"有何看法。这是一个事出突然、与中美关系不相干的问题，在当时中国的政治气候下，若不是在严肃的人民大会堂会见厅里，只会引起一片哗然声。

只见周总理略加思索，即答复说，年轻人历来是社会上最活跃的分子，他们勇于追求真理、进行各种各样的尝试，"嬉皮士"就是一种，经过实践，他们自会得出自己的结论。

答复得多么好啊！尊重年轻人的创造和实践，鼓励了年轻人的积极性，而不直接进行评价。这番话引起了在场采访的外国记者的很大兴趣，他们对此进行了特别报道。

我奉派接待来华采访的美国和加拿大新闻记者，所以也在场听到了这番交谈。事后，科恩在美国的母亲特地从香港订购了一束鲜花，寄到北京送给周总理表示谢意，这件事一时传为美谈。后来每当我向美国朋友追述这段往事时，他们无不流露出对周总理钦佩的神情。

指示明确　抓住关键

1972年2月，美国总统尼克松来华访问，美方来访人员数目庞大，单新闻记者就有将近200人，接待工作涉及我方许多部门，难免会产生意见和矛盾。周总理洞察一切，指示了负责具体接待组织和协调工作的外交部副部长李耀文，一切问题和矛盾一定要到现场具体解决。

果然，尼克松总统的专机抵达北京机场前，几百名中外新闻记者就因为如何安排站位采访的问题与不同部门发生了矛盾，"公说公有理，婆说婆有理"，争执不下，最后还是李耀文副部长亲自来到机场现场查明情况，当场拍板解决。当尼克松总统的专机抵达北京机场时，我就在机场候机大楼二楼候机室外面的走廊上，陪同美国记者进行电视实况转播。由于在周总理的指示下事先做了妥善安排，新闻采访工作进行得有条不紊。于是，尼克松下飞机后与迎上前去的周总理握手的历史性镜头被立即报道到全世界。

事事处处为人民着想

在杭州，周总理陪同尼克松总统登船游览西湖，其间总统注意到周总理同船长认真地交谈了一番，于是就问翻译他们在谈些什么。翻译告诉他，周总理注意到当时的游船都用柴油发动机,这样会污染西湖,他便同船长探讨能否改用不产生污染的动力设备。尼克松总统听后感慨地说:"你们的总理整天在为老百姓操心啊!"后来,西湖上的游船果然全都改为蓄电池动力或人力划船了。

平易近人　关怀年轻人

1957年4月的一天晚上,毛主席在中南海怀仁堂为苏联国家元首、最高苏维埃主席团主席伏罗希洛夫元帅访华举行国宴。当时的礼宾做法是,除苏方代表团外,还邀请了外国驻华使节出席,外交部派了一些懂外语的年轻同志分坐在各个桌子旁,为中国主人和外宾做翻译。我也是其中之一。

在宴会上,由于初次给国家领导人当翻译,生怕听不清或听漏了,另外也不熟悉国宴礼仪,所以我们几个年轻人都不敢吃东西。总理注意到了这一点,如果桌上有两个翻译,他就建议两人轮流翻,以便都能吃一点东西。他有时说话停一停,以便让翻译把嘴里的食物嚼烂了咽下去。

国宴结束后,客人都已离去,我们聚在怀仁堂门口,等汽车来接我们回去。我们原本正在聊天,忽然看见周总理陪着毛主席从里面走出来,顿时鸦雀无声,退到一旁,准备恭送领袖离去。谁都没有想到,毛主席一眼就瞥见了我们,立即转头问周总理,这些年轻人都是谁啊?周总理回答说,是外交部的工作人员。毛主席走到我们跟前,同我们一一握手。这一突然降临的莫大殊荣把我们都弄傻了,大家都非常激动紧张,待毛主席离去后,还说不出一句话来。周总理觉察到我们的傻样儿,亲切地笑着对我们说:

"你们这些年轻人今天可得彩了！"一句轻松的话把我们说得都笑了起来。大家随即兴高采烈地返回去，心中怀着光荣自豪的激情。

鞠躬尽瘁　死而后已

在周总理生命的最后几年里，他在外事系统采取了一种独特的做法，讨论处置问题时,经常召开各种大中型会议,指示各有关部门的各级干部都要参加。当时我在外交部新闻司工作,有幸多次出席这样的会议。在会上,周总理常说:"我岁数大了,要抓紧时间把经验传给你们。"望着周总理那日渐憔悴的面容,同志们心中百感交集。

记得有一次,非洲的几内亚发生了雇佣军入侵事件,周总理又召集这样的会议,他详细地询问了事件经过和各方面有关情况,问得非常仔细,甚至问到几内亚人民吃的粮食是什么、种地是怎么种的。外交部非洲司的同志一下子被问住了,因为他们还没有去过几内亚。幸好有一位从驻几内亚使馆回国休假的参赞也出席了此次会议,他站起来回答了此问题。每次出席这种会议,大家都能受到很多深刻教育。当时,我们还不知道周总理已身患绝症,他这样做正是怀着一颗对事业、对同志的火热的心,多么用心良苦啊!

于细微处见高大,周恩来总理的伟大人格已深深地印在几代外交战士的脑海里。这份宝贵的精神财富将会薪火相传,指引一代代外交人前进的方向!

外交思索

- 在与印度的谈判中,面对印方的强硬态度,周总理是如何灵活应对的?
- 请简述周总理对人民群众的关怀体现在哪些方面。
- 阅读文章后,请谈一谈周总理具备哪些令人敬仰的高尚品质。

联合国为周总理降半旗

作者：吴妙发，中国前驻联合国代表团参赞。

1976年1月8日，长安街两旁的人行道上站满了老人、青年、孩子，人们静静地望着渐行渐远的灵车，顾不得擦去两颊的泪水……从此，"周恩来"这个光荣而不朽的名字，成了亿万中国人心中永远的怀念。每当念起这个名字，都会感受到一股温暖的力量，穿越时空，历久弥新，让我们感动、崇敬、震撼。50多年的革命生涯，26年的总理任期，他鞠躬尽瘁，死而后已。他的丰功伟绩、人格魅力，不仅为中国人民所敬仰，而且赢得了世界人民的尊敬。正如著名作家冰心所说："周恩来总理付出的爱最多，他得到的爱也最多。"

1976年1月8日，纽约遇到了罕见的寒潮，朔风怒号，雪花飞舞，空气中似乎都弥漫着悲凉的气息，仿佛上苍也在为中国失去周恩来总理这样一位伟人而哭泣、悲哀。

中国常驻联合国代表团的灵堂里接待了一批又一批的美国政要、联合国高级官员和各国驻联合国的常驻代表。基辛格、黑格、罗杰斯等在周总理的遗像前致哀，联合国秘书长瓦尔德海姆向中国常驻代表团的领导表示深切的哀悼，美国、英国、法国、德国等国的常驻代表向周总理遗像献上了花圈，来自坦桑尼亚、布隆迪等发展中国家的大使们神情严肃，心情显得异常沉重和悲痛……

我作为守灵的一员，目睹了这一切，悲伤得难以自持，一遍一遍地掏出手帕擦去眼泪。

尤为令人感动的是一批批侨胞吊唁时所流露的悲戚之情。一位中年妇女带着幼儿，从踏进灵堂的第一步起就悲痛得直不起腰，跪在周总理遗像前喃喃自语："周总理，你是个大好人。中国有了你，我们这些海外游子才能不受欺侮。周总理，你不能走啊！"

周总理的伟大和质朴得到了联合国各方人士的赞叹和佩服，尤其是他的人格魅力更给人们留下了深刻的印象。当他与世长辞的消息传至纽约联合国总部时，顿时引起了巨大震动和深切哀悼。从各国常驻代表团大使到一般外交官，从联合国秘书处高官到一般工作人员，都用各种方式向这位伟人表达了崇敬与怀念之情。其场景之动人，情意之真切，语言之诚挚，令人震撼而永生难忘。

周总理逝世的第二天下午，我们强忍着深深的悲痛，出席非殖民化特委会的例会。走到联合国会议大厅，两位素不相识的美国警卫一见到我们，就走了过来向我们立正敬礼，神情严肃地说："你们的周恩来先生去世了。我们感到很遗憾，特来向你们表示哀悼和敬意。"不久，我们又遇见了两位在安理会工作的拉美国家女士。她们对我们说，她们在这里专门等候中国代表团的成员，为的是表达拉美人民对周总理的深切哀悼之情，又说，周总理一生为中国人做了许许多多的好事，拉美人民敬仰他。此后我们在走廊里还遇见许多女士和先生，他们或招手，或轻声言语几句，或向我们投来同情的一瞥，或向我们点头致意，无不饱含着他们对周总理去世的深深哀思。

　　一到非殖民化特委会的会场，气氛显得格外庄重和严肃。24个国家的代表先后走了上来向我们表示慰问，向已离开人世的周总理致以敬意。特立尼达和多巴哥常驻联合国副代表阿卜杜拉公使一边紧握我们的手，一边动情地说："周总理是我敬仰的伟人。他为中国作出的伟大贡献已镌刻在中国的史册上。他将永远活在中国的崇山峻岭和江河大川中。"突尼斯参赞易卜拉欣说："周总理又伟大又平凡。伟大在于他思想深邃，一直站在历史的制高点；平凡在于他为公众做了许多事情而从不炫耀自己，一直工作到生命之火熄灭为止。"听着这些话语，我们感动不已。

非殖特委会会议开始后,特委会主席、坦桑大使萨里姆宣布取消会议的原来议程,把全部时间用来追悼中国伟人周总理。这时,24个国家的代表全部站了起来,为周总理默哀一分钟。接着,坦桑大使萨里姆发表了感人至深的讲话:"我在担任驻华大使期间,就为周总理的睿智所折服,为他对亚非拉国家的炽烈情感所鼓舞,为他的杰出才华所钦佩。同周总理讨论建设坦赞铁路是我终生难忘的事情。不是别人,正是毛主席和周总理帮助非洲修建了坦赞铁路。那时西方国家没有一个愿意帮助我们非洲国家啊!"说到这里,他哽咽得再也说不出话来。

我和其他同事出席第二天的安理会会议。当月轮值主席也即席发表了一篇动人的哀悼讲演。他说:"周总理和他所代表的中国犹如一支火炬,照亮了人类的希望、良知和前途。"安理会15个成员国的常驻代表都在会上发表了悼词。据中国口译人员事后告诉我们,常驻代表们的发言感情真切,是他们往日很少流露出来的,这表明新中国的国际地位确实大大提高了。

更为感人的是,联合国还特地降半旗哀悼周总理。这是联合国建立50多年以来非常罕见的事情。当年我站在联合国广场上,聆听了秘书长瓦尔德海姆对此作出的既感人又意味深长的讲话。他说:"为了悼念周恩来,联合国降半旗,这是我决定的。原因有二:一是中国是一个文明古国,她的金银财宝多得不计其数,可她的总理周恩来却没有一分钱的存款!二是中国有10亿人口,占世界人口的1/4,可是她的总理周恩来却没有一个孩子!你们任何国家的元首,如能做到其中一条,在他逝世之日,总部将照样为他降半旗。"讲完这番话，我见他转身扫视了一下广场，然后返回秘书处大楼。这时，广场上先是鸦雀无声，接着响起了雷鸣般的掌声。

不少外交官再次向我和我的同事们表达对周总理的逝世的哀悼。他们有的说"世界上像周恩来这样的政治家实在太少、太可贵了"，有的握着我们的手说"希望你们节哀，中国总有一天会变得更加强大"。这个突如其来的场面，让我和我的同事们又一次沉浸在敬爱的周总理逝世的无限悲痛之中，情不自禁地流下了热泪。

在返回代表团驻地的路上，风刮得更急了。我和我的同事们仰望着灰色的天空，深深地感到整个世界都在哀悼周总理。尽管周总理身后没有一座坟茔，没有一抔黄土，没有一块墓碑，但他的精神是不朽的。特立尼达和多巴哥常驻联合国副代表阿卜杜拉公使说得好，"周总理永远活在中国的崇山峻岭和江河大川中"。

外交思索

- 周总理为什么能够赢得世界人民的尊敬和爱戴？
- 周总理逝世后，联合国各国代表的反应是怎样的？

来自中国的"大使医生"

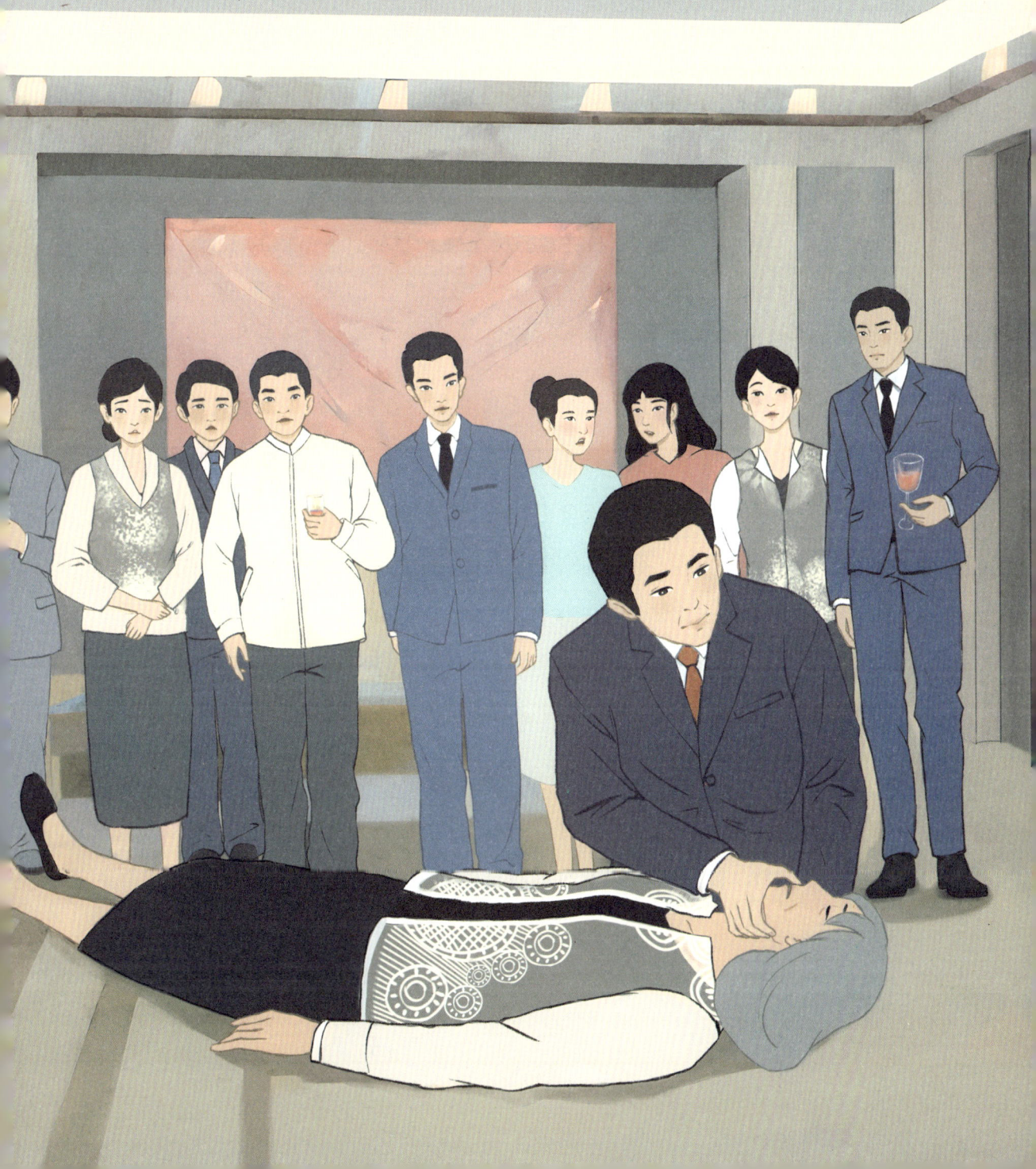

作者：黄桂芳，中国前驻菲律宾、新西兰兼库克群岛、津巴布韦大使。

被誉为"大使医生"的黄桂芳大使，不仅尽职尽责地在驻在国履行外交官的职责，还通过中医的诊疗方法，治病救人、广交朋友，既增进了中外人民的友谊、便利了外交工作的开展，又让世界了解到中国博大精深的中医传统文化，可谓一举多得！

作为一名合格的中国外交官，不仅要熟悉业务，熟练掌握和贯彻我国的对外政策，还要善于通过各种交友方式，创造适宜的工作条件和气氛。因此，我们需要尽可能熟知古今中外各学科的知识。

20世纪50年代，老家有位中医老邻居，曾向我传授有关知识，并赠我医书。60年代末期，我被下放到外交部湖南干校时，又从医务室王大夫那里学到了一些针灸、按摩技能。平时，我将这些中医知识应用于自己和家庭，以及我国驻外使馆人员的保健治疗中。

20世纪70年代初期，我国驻乌干达大使葛步海曾诙谐地称赞我是"使馆穿鞋子的赤脚医生，有点能耐"。没想到，90年代我出使东南亚、南太平洋和非洲时，这些医学知识在外交场合还派上了用场。虽然对中医只是略知一二，绝谈不上医术高明，我却有幸赢得了"大使医生"的雅号。

救人要紧

1992年7月,菲律宾马尼拉骄阳似火。13日中午,时任埃及驻菲律宾大使穆巴拉克在其官邸一层门厅举行国庆招待会。因为是庆祝推翻法鲁克王朝40周年,招待会规模比往年盛大,应邀出席的贵宾很多,官邸门外都难以找到停车位,门厅被挤得水泄不通。

其时,我任中国驻菲律宾大使,身着笔挺的西装,随着人流排着队,好不容易才进入铺着打蜡木地板的大厅。我先同迎候的埃及大使握手、表示祝贺,随即挤入人群,与菲律宾军政官员、社会名流和各国外交代表交谈寒暄。

时间接近11点半,招待会就要正式开始。突然间,在我的正前方,人群围成了好几圈,同时还传来各种语言的喊叫声。只听埃及大使用英语在扩音器中呼救:"女士们、先生们,请安静!我的一位贵宾昏倒在地上,我们正打电话叫急救车。在座的朋友中如有医生请赶快来抢救,快!快!快!"我环顾周围,只见埃及使馆人员奔前跑后,不知所措。人群中,有人耸肩,有人无奈地摊开双手。

我从人缝中挤进去一看,木地板上躺着一位脸色苍白的菲律宾妇女,她两眼紧闭,牙关紧锁,两手握拳,不停地抽搐。既然没有医生赶来,我还是上前先救救急吧!我蹲下身去,撑开她的双眼,未见其瞳孔放大,发现她眼内微血管瘀血,鼻孔仍有气息,诊脉时脉搏仍有微跳。

我摸摸西服内,没找到平时随身携带的银针,只好采用拇指掐人中、牙关（颊车）、十王（十宣）和合谷4个穴位的办法，连掐3次，并轻缓搓摇其手关节。突然间，听到病人张口叫了一声"哎哟！"她既然能够叫疼，说明已初步恢复知觉，我松了一口气。考虑到围观人员众多，空气又燥热，我站起来问汗流满面的埃及大使："附近有房间可以让病人静卧吗？"大使边点头说"有"，边让使馆人员把病人轻轻抬到门厅边上的一个小房间里。

我紧跟在后面，让病人平卧在床上，按摩她的足三里穴，并请埃及大使夫人为她敞开上衣领口，喂一些温盐水。片刻后，病人缓慢睁开眼睛，开口问道："这是什么地方，我怎么了？"我握着她的手回答说："没什么，您休息一下就好了。"

我起身整了整西服，正要走出房间，擦完汗水的埃及大使紧紧拥抱着我说："太感谢您了，我的好兄弟，您可帮了我大忙了！"他还对身旁的秘书交代："菲律宾的急救车来了就告诉他们，病人已清醒，谢谢他们！"他留下两位女士继续照料病人，我们一起步入门厅。埃及大使在麦克风前郑重宣布国庆招待会开始……

这次招待会过后不久，埃及大使夫妇专程来我官邸面谢。这时我才得知，昏倒的妇女是已经80岁高龄的菲总统府法律顾问圣地亚戈。

两个月后，圣地亚戈女士首次应邀出席我国使馆举行的国庆招待会。她提前近半个小时就来到使馆宴会大厅。这位衣着华丽的菲律宾老太太紧握着我的手，祝贺我国国庆后说："埃及大使告诉我，那天是你救了我的命，我要特别感谢你！"

据我所知，这位高龄的菲律宾法学博士几乎每年都去台北，为台湾有关部门提供法律咨询，由于众所周知的原因，以往不便与我接触。但自从经历这次"休克"事件后，她增进了对我的了解和信任，此后几乎每年都参加我馆招待会。她还在一些公共场合逢人便主动介绍我是"中华人民共和国大使医生"。我纠正她说："我不是医生。"她却执意说："不，这位我最尊敬的中国大使，还是位高明的医生。"

F国驻菲大使1994年回国前来向我辞行。他是一位40多岁的单身大使，在菲律宾很活跃，为宣传F国政府政策和开展文教活动做了很多工作。他平时除了同我讨论驻在国形势外，还热情邀请我和夫人出席由他举办的音乐会。

那天,他在向我辞行时,脸色蜡黄,不断咳嗽,好几次用手绢捂着嘴吐痰。他说,他近几个月来感到肺部时不时会痛,两腋淋巴结也变得肿大,虽然服了些西药,但不见效,饭量也变小了,难以入睡。他听说我懂医学,希望能获得一些治疗建议。

我应其要求,按中医传统的"望闻问切"方法,仔细诊断。我从他左腕寸、关、尺三脉和右腕寸、尺两脉看,发现不是沉脉就是滑脉,看来他的病情确实不轻。

他自信地说,只要能治好肺炎就行。我随即赠他两瓶枇杷止咳糖浆,并明确告诉他:"据我诊断,你的症候表明炎症严重,看来炎症绝不仅仅在肺部。建议你回国后抓紧去全面体检,对症下药为好。"后来我听说他被派任驻另一国大使,履新仅几个月,就因艾滋病而身故于任内。我为这位外交界同僚的英年早逝而叹息。

以医会友

1995年5月至2000年5月,我奉调先后出任驻新西兰兼驻库克群岛、驻津巴布韦大使。我在繁忙的工作之余,应外国使节和外国友人的要求,用中医手法为他们看病,受到了广泛好评。我借业余诊病的方式,在驻在国的医务界、政界和外交界中结识了很多朋友,同时也便于开展外交工作。

在津巴布韦,我离任前夕,该国卫生部部长特地驱车来看我,商讨津中两国卫生领域进一步合作的事宜。他得知我是个懂中医的使节,便诚恳地希望我回国后尽力推动两国在防治艾滋病、疟疾等南部非洲常见病、多发病方面共同研究,加强合作。我在感谢这位卫生部部长的过誉之后,表示希望能找到双方采用中西医结合的途径,攻克危及人类健康的顽症。最后,他真诚地表态,愿同医务工作者一同努力,推动中医和中药在津巴布韦的普及和发展,还会继续关照好在此工作的中国医疗队。

被誉为"大使医生",我确实受之有愧,但作为中国使节,我在尽力做好本职工作之余,通过中医方法的诊治,不仅宣传了祖国传统医学,也从中增进了同外国友人的友谊,这是我平生聊以慰藉的事情。

外交思索

- 中国大使通过什么方法救助了圣地亚戈女士?
- 获救之后,圣地亚戈女士对中国大使的态度发生了怎样的转变?
- 中国大使的中医知识对外交工作产生了怎样的帮助?

如何成为一名合格的外事高级翻译?

> 作者：吕聪敏，曾任国务院总理李鹏的外事秘书、国务院外事办公室副主任、九届全国人大常委会分管外事的副秘书长。

在重要外事活动中，特别是在国家领导人身边从事翻译工作是一件多么有吸引力且具挑战性的事情，相信也是许多外语人才和外事干部所向往的工作。能在重要外交外事活动中从事和胜任翻译工作，意味着需要具备比较全面的素质和水平。从事这份工作的人不仅可以陪同领导人出访世界各国，时常出现在电视屏幕上，而且能够汲取许多的宝贵知识，丰富自己的人生阅历。但实现理想的道路上没有捷径，如何才能成为一名合格的高级外事翻译？从现在开始我们需要做哪些准备呢？

我参加工作几十年，岗位虽几经转换，但外事业务始终没有中断过，多年下来，对翻译工作的重要性和翻译人员成长的艰辛有不少了解和体会。这其中，有我个人的亲身感受，但更多的是外交部的前辈、同辈和晚辈们的经历与经验。

德才兼备

外事翻译是一项政治性、政策性和技术性都很强的特殊工作，翻译人员要具备某些特殊的素质和本领，不能以为凡是能讲外语的人都能做好翻译。在我国，不论是中央国家机关的翻译，还是其他单位的翻译，"德"

和"才"的要求应该是一样的,要练好政治思想、语言技能、文化知识三个方面的基本功。

担任重要翻译任务的译员是领导人的助手,不是翻译机器。要将领导人在外事场合的讲话内容准确无误地传达出去并产生理想的效果,需要译员的精心配合。因此,翻译人员既要忠于职守、摆正位置,又要头脑冷静、思维敏捷、处置得当,还必须要了解形势、掌握政策、当好参谋助手。

外交部的一位老同志回忆说,每次开会研究外交问题,周总理总是问翻译同志来了没有。有一次他发现没有让翻译来,就尖锐地指出:"翻译不了解情况,怎么翻?"这使我们明白了一个道理,即使各项基本功都很扎实,但政治上不合格也就是硬伤。领导人谈话高屋建瓴、寓意深刻,既讲原则又讲策略,如果译员政治上不成熟、政策水平不够高,就无法领会谈话的精神实质,也就不可能译得好。周总理说过,政治思想的基本功是最难的,也是第一位的。

一个高水平的译员,除政治思想基本功过硬外,还需要具有丰富的文化知识和扎实的语言技能,文化知识欠缺会直接影响翻译的质量。一次内容丰富的谈话,古今中外、内政外交、政治经济、文化科技、天文地理等都可能涉及。一次妙趣横生的交谈常常引经据典,也可能吟诗赋词,甚至说几句笑话,古文白话兼而有之,有些话题和内容事先是无法预估到的。虽然要求翻译成为什么都懂的全才、各类词汇都装在脑子里的"活字典"是不现实的,但翻译人员应有强烈的求知欲,尽可能扩大知识面,不断丰富自己的文化积累,要注重在实践中发现知识的不足,随时弥补和完善。

老外交官丛文滋同志曾讲过一个例子：20世纪60年代初，一次周总理会见外宾时，说美国政府企图用武力制止越南人民反对南越伪政权的做法是徒劳的，并引用了"民不畏死，奈何以死惧之"这句话。当时翻译人员一下没能理解好，译得不太准确。周总理就耐心解释了这句话的含义，再让他准确译出。周总理的提醒对这位翻译人员是激励也是教育。

关于语言技能，我们通常讲"信、达、雅"，既不打折扣又不添加自己的东西，译文要做到传神达意，还要尽可能产生美的效果。

每年两会的几场重要记者招待会都是现场直播，也是对翻译人员的一次"大考"。此时，译员在台上"孤军作战"，记者的提问五花八门，大的方面我们可以做预案，但不少问题是无法预知的，领导人的即席回答和巧妙表述需要译员靠平时的功力高质量地翻译出来，挑战的难度可想而知。

经常给温家宝总理记者招待会当翻译的费胜潮，谈到自己的亲身体验时不胜感慨。他始终不忘温总理对他说过的那句话："不会翻译不要紧，翻译错了可不行。"费胜潮是个有心人，肯用功，也会用功。身为高级翻译，他谦虚好学，平时非常留意领导人的谈话习惯，随时记下领导人在内事外事等场合的重要和出彩的谈话。

2006年那次记者招待会前夕，费胜潮从《人民日报》上了解到，温总理在一周前参与人大甘肃团讨论的时候，讲了"知难不难，迎难而上"这么一句话。记者招待会那天，温总理在回答提问时再次提到了这句话，并在此基础上进行了延伸和发展。温总理的话音一落,费胜潮就胸有成竹地脱口而出,原声和口译珠联璧合,产生了很好的效果。

博学多才

博学多才是高级翻译们都在追求的目标,切实做到不容易,纯专业的内容是无法要求翻译人员非常精通的,但至少要知道一些基本常识。

以全国人大为例,对外交往中涉及的议题非常广泛,这些都是需要翻译事先准备的。我们同美国国会的交流,涉及台湾、西藏、"东突"、人权,还有贸易逆差、人民币汇率、能源、环保、气候、知识产权等议题,多数要深入交换意见,谈得很具体。

近些年,能源是讨论较多的一个议题。一次,在谈到中美两国议会在能源领域应加强合作时,我方专门介绍了中美科学家研究利用核聚变发电方面的合作情况。令大家没想到的是,这个纯属技术范畴的问题引起了美方议员极大的兴趣。尽管他们不可能搞明白元素氘(dāo)和氚(chuān)聚合产生能量的科学原理,也不可能了解超导托卡马克装置的神奇之处,但他们了解到,早在20世纪80年代初中美就开始了核聚变研究的合作。听了翻译一番流畅的讲解后,当初对中国能源政策持批评态度的美国议员说话的语气也变得缓和多了。

技术词汇是平时困扰翻译的一个难题。现在许多国家领导人是学理工科出身的,熟悉经济、工业和科技,交谈极其务实,提问极其专业。他们出访时与对方人员进行商务交流往往非常专业、深入,交谈自然顺畅,我想重要原因之一是翻译的口译真正做到了传神达意。

刻苦勤奋

我很佩服翻译的敬业精神，他们每次临场的出色发挥得益于平时的刻苦学习和事前的充分准备。接到重要的翻译任务就像接到作战命令，必须立即进入备战状态。如果任务是特别专业的，就设法了解企业或研究团体的背景、运营情况、工作原理、工艺流程和产品特点，必要时向专家请教，一些关键的专业词汇还要记牢。

此外，对外交往中就国际和地区问题交换意见也是一篇大文章，内容虽然不同于科技专业那么生僻，但范围广泛。议员们各有各的关切，想起什么问什么，即使事先定了议题，也会经常跑题，这就要求译员不仅要熟悉国际知识和动态，还要熟悉如何用外语准确表达，使对话和交流产生最佳效果。

外交部里从事翻译工作的人员每天必读新华社编发的参考资料和外电信息，而且尽可能多读外电的原文，同时还要关注我国内政外交的动态和对重大问题的表态。可见，翻译必须脑勤、眼勤、耳勤、手勤，始终处于求知好学的状态。

此外，大家从电视里常会看到翻译在领导人身后飞快地记录，他们在笔记本上记录的是什么呢？他们又是怎样做到快速记下话语然后进行翻译的呢？费胜潮介绍说，一进入外交部翻译室就要经历"魔鬼训练"，每天都是长达8个小时的高强度培训，内容包括记忆、笔记和同传。"魔鬼训练"中最难的是笔记，无论是中文还是英文，大家从一开始只能记下大意，到后来逐字逐词地进行复述和翻译。笔记中可以使用中文、英文、数字和符号，每一个人都还会有一些属于自己的技巧和偏好。对于这些使用符号辅助记录的笔记，翻译们笑谈，这可能就是所谓的"天书"吧。

成长无捷径

任何一位造诣精深的外事翻译人员，他的成长历程必定是一步一个脚印、踏踏实实走过来的，没有捷径，也不能取巧。我国翻译界的前辈、联合国前副秘书长冀朝铸大使，曾生动讲述了他担任领导人翻译期间的一个

小故事。

1956年秋，周总理设宴招待尼泊尔贵宾，这是冀朝铸头一次给周总理做口译。当时，周总理脱离讲稿临时加了一段话，冀朝铸的思想开了小差，照念原来的讲稿，漏翻了临时加的话，周总理赶忙打断："不、不，小冀，翻错了，你太紧张了，赶紧换一个翻译吧。"

冀朝铸讲述50多年前被当场换下的尴尬情景时，脸上流露出一种真诚。虽然他漫长的外交生涯成就斐然，但依然没有忘记这段早该尘封的小插曲，因为在他看来，这是成长道路上一份刻骨铭心的记忆。

冀朝铸在他的口述稿中还说："周总理对我第一次的出丑并没怪罪，第二天仍让我当他的翻译。从那以后，我不敢在思想上有一丝放松。就这样，我成为周总理的第5任英文翻译，曾随总理访问亚非14国，直到去华盛顿驻美联络处工作为止。因为我在美国长大，接受美国教育，对中国历史和文化了解甚少，所以刚到周总理身边时，他称我为'洋娃娃'。他说，要成为一名好的翻译，必须懂政治，而了解自己国家的政治状况，就必须了解本国的历史与文化。总理告诉我必须通读《资治通鉴》。他说，毛主席熟读《资治通鉴》，但仍每天参阅它。当我为毛主席做翻译时，这部书帮助我更好地理解了主席谈话的含义。"

冀朝铸以他自己的亲身体会提醒我们要加强学习，同时办事要认真，要努力避免差错，一旦有错，要勇于改正，做好工作。

时代在进步，国家在发展，经历70多年的风雨历程，我国外交工作呈现出前所未有的宏大局面，外交队伍和翻译人员在数量和素质上都有了很大的提高和进步，这是中央几代领导人关心和培养的结果。我们有理由相信，外事翻译工作作为整个外交工作和外交队伍建设不可缺少的重要组成部分，一定会有人才辈出的大好前景。

外交思索

- 要想成为一名合格的外事高级翻译，从现在开始需要做哪些准备？
- 翻译人员是怎样做到快速记下话语然后进行翻译的呢？
- 冀朝铸为周总理做翻译时出现了怎样的失误？吸取了怎样的经验教训？

称呼"CHINA"的不同含义

作者：田广凤，中国前驻几内亚比绍、莫桑比克、东帝汶大使。

新中国成立以来，凭借中华民族坚韧不拔的意志，以及一代代领导人的睿智决策，中国在重返联合国之后，正一步步走向国际舞台的中央。旅居世界各地的华侨华人亲眼见证了祖国由弱到强的过程，亲身感受到中国人在海外赢得了越来越多的尊重，心中强烈的民族自豪感油然而生。与之相应，每当祖国面临危难时刻，海外侨胞的赤子之心、爱国之情从未缺席。这真挚的情感正如歌中所唱："流在心里的血，澎湃着中华的声音，就算身在他乡，也改变不了我的中国心。"

在中华人民共和国成立60周年之际，盛大的阅兵式将在天安门广场举行，这是件大事，影响溢出了国门，吸引了世界的目光。

我算了一下时间，10月1日凌晨4点在马普托可以收看到由中央4台国际频道现场直播的国庆阅兵式。头一天晚上，我有意提前上床，想早点睡，以便第二天早点起床观看北京阅兵式的现场直播。因为心中有事，我睡得并不踏实，一直翻来覆去地在床上折腾，不到3点就起床了。我住在官邸的二层，本想到楼下的多功能厅收看，因为那儿的电视比较大，这样看阅兵式更清晰、场面更壮观、效果更震撼。

忽然，我听到楼下有声音，一定是有人来了。我下楼一看，原来是使馆的老刘师傅正在那里调电视。时间就要到了，可怎么也调不出来国际频道，他急得满头大汗，嘴里不停地嘟囔着："怎么回事呢！昨天还专门试了试，都好好的，怎么今天就没信号了呢？"

"别急，让我来试试。"我蹲下去，调了一会儿，还是没有信号，眼看时间就要到了，我们只好放弃努力，迅速返回各自的房间里，但愿房间

里的电视平安无事！

当我怀着忐忑不安的心情打开电视时……有信号！我立刻长舒了一口气，心情愉快极啦！

事后我想，如果房间里的电视也没有信号，该是多么遗憾啊，看国内送来的光碟和看现场直播的感觉是完全不同的。在遥远的东南非观看祖国盛大的阅兵仪式，身为外交官的我，既被现场的壮观场面所感染，又为国家取得的进步而感到自豪。

阅兵式刚刚开始，电话铃就响了，是一位侨领从北京打来的。原来，莫桑比克部分侨领受国内有关涉侨单位邀请，到北京观看天安门阅兵。作为莫桑比克中华商会的会长，黄先生也在受邀的行列中。

电话里，黄先生带着有些颤抖的声音激动地告诉我，这是他第一次回国参加国庆观礼，此时正在天安门东侧的观礼台上，看着雄赳赳气昂昂的阅兵方队走过，激动得热泪盈眶。

我边看阅兵直播，边听他对现场的描述。作为一位海外侨胞，他对能亲自参加盛大的阅兵式感到无比骄傲和自豪！看到宏伟壮观的阅兵场面，整齐的队伍从天安门前走过，他感到十分振奋，激动得想大声呼喊"祖国万岁！"

我非常理解侨胞们此时的心情，在海外住的时间越久，对祖籍国的认同感越深。我认识不少华人，他们出生在海外，虽然没有中国国籍，但他们一致认为自己是炎黄子孙，对祖籍国仍然一往情深，执着地传承中华文化，对祖籍国取得的每一项成就，他们都兴奋不已，奔走相告。因为，他们的内心十分清楚，他们能否受到侨居国的尊重，很大程度上取决于中国的强大和在国际上的地位。

时过境迁，天安门广场上举行的盛大阅兵仪式充分体现了中国综合国力的提升，向全世界展示了中国负责任的大国形象，极大地鼓舞了海外华侨华人的民族认同感、自豪感和责任感，进一步凝聚了炎黄子孙的中国心。

在北京参加完国庆观礼，返回马普托后，黄先生马上赶到使馆，拉着我的手，激动得声音都有些颤抖，从他那张饱经风霜、近乎本地化的脸上，可以看出他是真情流露。他感慨中国变化之大，超出了他的想象。

黄先生的父辈早期移民到莫桑比克，他是一位在马普托土生土长的莫籍华人。他伤心地讲述了童年的经历：小的时候，中国贫穷落后，这些出生在海外的华人孩子因此受到歧视，经常被欺负，甚至有时会遭到人身攻击。同在一个学校读书的欧洲孩子一见到华人孩子，就指着他们喊"CHINA"。那时这个词可不是"中国"的意思，而是对华人的侮辱和歧视。为了维护华人的尊严，每遇到这种事的时候，华人孩子就会抱成一团，和那些白人孩子理论，理论不过就打架，经常是头破血流。黄先生在孩提时代也没少打架，有时以寡敌众，吃过亏，受过伤，但从未因为自己是华裔而后悔。尽管他们已经加入了莫桑比克国籍，甚至不知道中国在哪里，也从没到过中国，但是他们一直知道自己是中国人的后代，并且深深地热爱着自己的祖籍国。

黄先生深深地吸了一口气，满脸轻松地说道："现在不同啦！中国强大了，再没有人敢看不起我们啦！现在走在街上也会听到有黑人小孩儿喊

'CHINA'，但那是一种友好、尊重和羡慕的表现。"

他自豪地说，现在有中国血统的华人在异国他乡已经深深地融入了上层社会，其中有些人在当地政府中任职，并出任很高的职位。除了自身条件外，当地政府很大程度上是看重了他们的中国血统，方便同已经崛起的中国打交道。

黄先生还告诉我说，过去侨胞们尽管生活贫困，但从没忘记对孩子的爱国教育。家长们每周都要让孩子们背诵孙中山先生的遗训："余致力国民革命凡四十年，其目的在求中国之自由平等。积四十年之经验，深知欲达到此目的，必须唤起民众及联合世界上以平等待我之民族，共同奋斗。"

由于历史的原因和生存环境的影响，当地的一些华裔的后代已经不会讲汉语了。现在老一辈的侨胞们，依旧希望他们的后代不要忘记祖籍国，要保持与祖籍国的文化联系。他们鼓励青年一代华人要努力学习汉语，不要忘记老祖宗，经常回中国看看。家长们这样做就是让他们的子孙不要忘记自己是华人，时刻为争取自由平等而努力。

我听后，心情久久不能平静，对范仲淹的"先天下之忧而忧，后天下之乐而乐"有了更深的理解和感悟。这些侨胞们不论生活如何艰难，生存环境如何恶劣，他们始终保持着一颗对祖籍国的赤子之心，对曾经遭受苦难的祖籍国始终不离不弃。在中国抗日战争的艰难岁月里，他们慷慨解囊，曾捐款购买飞机，支援国内抗战。每当国内发生重大灾害时，他们就会发扬血浓于水的精神，踊跃捐款，积极支援灾区重建。这就是海外华人，永远不忘记自己的根！

✎ **外交思索**

- 作者在大使馆观看国庆阅兵仪式前,发生了怎样的小插曲?采取了怎样的解决办法?
- 通过黄先生的话,说一说"CHINA"这一称呼在不同时期分别代表了怎样的含义?
- 作为老一代的侨胞和新一代的侨胞,他们分别通过怎样的行动表达对祖籍国的热爱之情?

外交官的基本功

作者：李肇星，曾任中国常驻联合国代表、特命全权大使，中国驻美国大使，中国外交部长。

外交官作为国与国之间沟通与交流的代表，在国际舞台上扮演着重要的角色，宛如璀璨的繁星。在一代代杰出外交家的卓著功勋和爱国情怀感召下，许多青少年朋友在心中种下了一颗梦想的种子并为之奋斗，那就是将来成为一名职业外交官。"路漫漫其修远兮"，如何找准方向，走好寻梦的第一步？

外交官的基本素养是什么？懂外语、善交际、见识广……表面上看是这样。但最重要的是，外交官得报国为民。外交官的使命就是维护国家利益，不爱国爱民行吗？外交官走到哪里，都得严于律己，不仅要遵守本国的法规，还要遵守当地的法规；外交官要与外国人打交道，还得过语言关。

心中有祖国

马克思说："革命者首先应该是爱国者。"热爱祖国是一种大爱，是对外交官的基本要求，也是外交官的天职。

陈毅外长曾风趣地说："对从事外交工作的人来说，对国家和人民的忠诚以及扎实的专业基本功是最起码的要求，就像是飞行员，如果不忠诚，飞到敌方去，就坏了；如果没有专业本领，飞着飞着掉下来，也坏了。"

1993年我去联合国工作前，江泽民主席在我的笔记本上手书了林则徐的两行诗赠我："苟利国家生死以，岂因祸福避趋之。"

2006年，我随胡锦涛主席访美。他在耶鲁大学演讲，引用了美国民族英雄内森·黑尔的一句话："我唯一的憾事，是没有第二次生命献给祖国。"听众报以雷鸣般的掌声。

我在北大西语系读书时，季羡林老师说过一句话："每个人都有两个母亲，一个是生母，一个是自己的祖国。"

我在美国工作有个很深的体会：在美国，如果你不热爱自己的祖国就很难交到朋友。有个美国人说，同一个连自己祖国都不爱的人交友，怎么能靠谱呢？我有同感。在涉及主权、领土完整问题上，我一向为祖国寸土不让、滴水必争。一些美国人是因我的"强硬"而与我成了朋友的。

我到过180多个国家，品尝过名目繁多的饮料，但仍觉得家乡的白开水最好喝。我经历过上百次艰苦的异域谈判，有时从白天谈到深夜，常会忍不住面朝祖国的方向遥望"中国的月亮"。遇到困难的时候，总盼望着近在心中、远在天涯的祖国给我智慧和力量。

无论到哪里，我总是对年轻人说，我们只有一个祖国，就像我们只有一个母亲。驻利比里亚大使林松添有一次接受电视台采访，记者问："利比里亚局势危险，美国大使、联合国代表等都有贴身保镖、防弹车，中国大使是否也有保镖？"林大使指着使馆上空的五星红旗说："这就是我的保镖！"回答得多好！

有一年，干部司司长吴恳让我给新考入外交部的青年人讲几句话。看着那么多纯真阳光的面孔，我既羡慕又兴奋，突然想起我和爱人小梅是同时进入外交部之后的第三年结婚的，便临时插了一段话："到了外交部，最要紧的是把忠于祖国和人民放在首位，恋爱结婚也要找爱国敬民的，那样才能把爱情进行到底。大道理吴恳司长肯定讲过了，小道理很简单，一个连祖国都不真爱的家伙能真爱你吗？"年轻人灿烂地笑了起来。

2004年，我在全国人大记者招待会上举了不少例子，向全国人民介绍中国外交官如何为祖国奉献。我说，外交部的李建国同志长期在艰苦条件下工作，48岁牺牲在中国驻几内亚使馆岗位上；符华强同志在非洲战乱地区被子弹打中，子弹在他身上留了20多年；邵关福同志在东帝汶独立后负责建馆工作，他和建馆小组在用集装箱改成的简陋房子里办公近1年；施伟强同志"走后门"要求去高寒缺氧的地方锤炼……如果说外交官有什么不同于其他公民的地方，那就是更要刻骨铭心地忠于祖国，并把对祖国的忠诚化作报国为民的有效劳动。

言行守纪律

我牢记周恩来总理兼外长的那句话："外交官是文装解放军。"就是说，外交官要像解放军那样严格要求自己。多年来，外交部一直强调纪律，涉及政治、组织、外事、保密、财务纪律的《五大纪律手册》是每个工作人员必须学习的。

我的外事纪律"第一课"是在第一次出国时上的。1965年9月，我随文化部代表团访问英国。代表团一行三人去驻英代办处拜会商务参赞。这位参赞正巧有急事需要出去一会儿,让我们在他办公室等候。等的时间很长,我走到办公桌前,见桌上的台历很漂亮,在国内没见过,伸过头去瞅了一瞅。坐在一边的代表团团长姜信之严肃地说:"小李,过来,领导的办公桌不能随便看。"我说:"我没看什么,只是看看日期。"他说:"领导的台历上往往会记着日程,其中内容可能有你不该知道的秘密。"从那以后,我再也没有看过别人的日历,再没看过不该看的东西。

我逐渐养成遵守纪律的习惯,该知道的一定记住,不该知道的不打听,掌握的秘密对自己的亲人也不说。在外交部的43年间,我从来不把内部文件带回家。当了大使、副部长、部长,我也明白自己"授权有限",外交大权在中央。

在保密问题上,2005年7月21日是我最难熬的一天。那天上午中央领导把我叫去单独谈话,说我们将进行人民币汇率改革,晚上7点《新闻联播》会正式公布消息,外交部要把这个决定提前通报美方,但必须把握好时机。听完领导交代,我回到部里让美大司司长何亚非准备口径,并适时把美国驻华大使叫到外交部,准备向他通报。这些年来人民币汇率问题是中美关系中的难题之一。现在我们要进行改革了,提前告诉美国朋友,等于送一个"人情"。友好国家间就重大问题提前通报也是外交惯例。

我手头没有美元,也不懂如何兑换,让我违法我也不会,但知道秘密就有责任。那大半天我心理负担沉重,生怕一不小心说出去了,中饭、晚餐也吃得不香。直到临近晚上7点向美方通报完、《新闻联播》把有关新闻播报完，我才又一身轻松。我越来越理解，要求严守纪律是对干部的关心和爱护。

语言要学好

外交官先要学母语，语言中母语第一。母语水平不高，外语也很难学到位。外交官当然最好要懂外语，光懂还不够，还要讲得、写得准确严谨，必要时最好能用外语思维，有效度地进行交流，甚至辩论。

table是一个很简单的英语单词，不少中国小学生都认识，但我在这个词上出过错。作为名词，table的意思是"桌子"。在纽约，联合国大会议案用语table的意思是"提出"。这好理解，把议案放到桌子上，就是提出来审议。在华盛顿，美国国会议案用语table的意思则是"搁置"。再一想，议案放到桌子上，倒也可以理解为不采取进一步行动，也就是搁置。看来，学语言光死记硬背不行，还得联系实际学、联系实际用，知识面越广越好。

联合国秘书长潘基文曾任韩国外长，和我有很多交往。2006年，他为竞选秘书长来北京寻求中国支持。我在联合国工作过，他希望我给他出点儿主意。我想了想说："联合国有6种工作语言，你英文很好，但法国人自尊心强，喜欢听人讲法文。为争取法国那一票，你最好学点儿法文。"潘基文表示："我学过法文，愿意接受你的意见，再努力增加法文的词汇量。"他后来果然在学习法语。在以英文为交流语言的记者招待会上，有的记者用法文提问，他大体上都能应对，最终收获了很好的效果。

语言是工具，说任何语言都得特别注意内容上的正确、公正，尤其在外交工作中。外交官有种职业病,就是大多喜欢咬文嚼字。有一次在国际会议上,大家讨论缅甸问题。美国对缅甸政府有偏见,称缅甸为"Burma"。我觉得不合适,便提出异议,坚持用Myanmar。美国人说,这两个词意思一样。我反驳说:"不一样,我的母语是中文,英文水平不高,但我的英语老师是地道的英国教授,他曾告诉我,没有意思完全一样的两个英文单词,就像没有一模一样的两个人一样。缅甸人民叫自己国家Myanmar,我们就应尊重缅方的选择。"美国人没有被说服,我又说:"在国际场合叫一个国家的国名至少要与联合国保持一致,联合国大会为会员

国缅甸摆的国名标牌就是 Myanmar。"联合国前秘书长安南当时在场,他说:"李先生曾是中国常驻联合国代表,他说得对。"美国人这才让了步。

时刻准备着

有一次在外交部公众开放日活动中,一位女中学生对我说,她特别想当首位中国女外交部长,问我有何经验可供她借鉴。我说:"我做梦也从没想过当外长,只想不断学习,不断顺乎自然地为人民边干边学,这就是我 40 多年的经验。"那女孩开心地笑了。我希望她 20 年、30 年后梦想成真。

我说的不是外交辞令,每个人都是历史的参与者。在历史面前,人都很弱小,就好像当年中国少年儿童队的口号那样,"时刻准备着"去践行自己的信仰。人没法跟历史较劲儿,我的几次留学"未遂"就是这样:1959 年暮春的一天,山东胶南一中的领导颇为神秘地通知我,准备安排我到北京外国语学院留苏预备部突击学俄文一年,然后去苏联留学。我们那一代人多么向往苏联!可我的高兴劲儿还没过,留苏的事因中苏关系出了问题就黄了。我上北大一年级时,西方语言文学系领导通知我,让我准备次年留学英国。可第二年——1960 年,国家经济极为困难,出国留学的事自然告吹。1965 年,我被组织上安排去学法文,准备次年出国深造。结果次年开始了史无前例的"文化大革命",留学一事又泡了汤。

我反复拿自己这些例子来说明,作为一个公民,祖国和民族的历史就是你的大命运。个人的机遇同国家和时代的步伐紧密相连,个人的成绩同你所在团队的素质紧密相连。我很久以前在为少年读者写的《彩色的土地——肯尼亚游记》中说:"我有一个美丽的信念:今天的读者将来一定会比我们这一代人走得更远,见得更广,对祖国和人类的贡献更大!在我们这些新中国的第一批少先队员中,至今尚未出现登上月球的人。但毫无疑问,在今天和明天的'红领巾'中间,必将产生更有作为的人。"

社会在进步,一代更比一代强,这是历史规律。"祖国唯一、人民万岁"是朴素真理。报国为民是内政外交、各行各业中华儿女的共同壮志。只要我们携手努力,中华民族振兴、人类文明进步的美好梦想就一定会实现。

外交思索

- 作者从哪几个方面阐述了作为外交官需具备的基本功?
- 作者的外事纪律"第一课"是因何事发生的?作者得到了哪些启发?
- 在美国对缅甸的称呼问题上,作者的立场是怎样的?最终获得了怎样的效果?

远方有片寂静的墓地

作者：张志国，中国驻清迈总领事。

每一个时代，都有外交官的牺牲，有人牺牲在战火中，有人牺牲在岗位上。战乱、辐射、地震、高温、酷寒、疫病……都要自己扛起来，因为他们是中国的外交官，是"文装的解放军"。什么是无怨无悔，什么是马革裹尸，什么是有情有义，什么是前仆后继？在这一刻，不再需要语言的诠释。愿这些为国捐躯的外交前辈们在异国他乡安息！

1986年4月，祖国正是细雨霏霏、桃红柳绿的时候，邻邦老挝首都万象街头，凤凰树花正开得风风火火、璀璨耀眼。在等待了10多年之后，我终偿夙愿，可以奔向川圹高原，去祭奠血洒在那片土地上的战友。

在老挝政府的专程安排下，我从瓦岱机场登上一架老式米-6直升机，这对尚处冰封季节的中老关系来说是一个友善的信号。果然此后不久，两国副外长开始了关系正常化的谈判，两国关系开始解冻。

飞机发出沉闷的轰鸣声，蹒跚而起，迎着旭日向前急驰，越过闪亮的田畴平湖，不久便进入莽莽苍苍、逶迤不绝的群山怀抱。清冷的高空风从洞开的舱门涌入，带来阵阵凉气，沁人心脾。

我无意去顾盼脚下的山岚，一股难以名状的悲伤始终伴随着我。山谷后那片平展的绿色土地，曾留下我们无悔的青春和战友不瞑的灵魂。

约一小时许，飞机降落在丰沙湾的简易机场上。这个小镇40多年前曾经名噪一时，富马亲王把他的合法政府设在离这不远的康开，苏发努冯亲王的爱国战线在这里建立了总部，而万象的文翁亲王在美国支持下，仍称他的政府是老挝的"合法政府"。三个亲王、两个政府展开了长达十几年打打谈谈的战争。根据中老双方的建交协议和富马亲王的建议，中国政府在丰沙湾镇建立了外交代表机构——中国经济文化代表团。

如今踏上这片土地，有一种重归故里的感觉。抬头望去，青山依旧，城镇却面目全非，战争已经把地面上可以称为建筑的一切摧毁殆尽，昔日繁华的小镇已经荡然无存，只留下寂寂荒野和处处弹坑。远处那道山岗葱绿依然，我依稀感到代表团的旧址应就在离它不远的丛林之中。

我们由副省长陪同，直奔5位烈士的墓地。汽车行驶在坎坷不平的山道上，展现在面前的是绿波起伏的山丘、蕉林椰影中的村庄和弯弯曲曲的小路，这是多么熟悉的土地啊！

车在路边停下，我屏息举目，试图找回往日的记忆。左边几个山丘应是当年富马亲王的官邸和老挝政府的驻地，中国代表团迁来后也占用了其中一栋房屋。然而战争已把这里夷为平地，残垣颓壁中只有几株黄灿灿的野菊花迎风摇曳，似在诉说难忘的过去，凭吊远行不归的主人。

公路的另一侧是平展的缓坡，下面就是南立河。蔓草荒林中，几棵小松树临风玉立，格外醒目。我们蹚过没膝的野草，找到了几堆土丘，这就是高云鹏等5位烈士的墓冢，几块刻有烈士名字的石碑静静地散落在荒草之中。面对这一景象，我潸然泪下，强忍着泪水把墓碑一一扶起，将带来的红玫瑰摆放在碑前，再将一樽故乡的清酒洒向荒丘。

一抔黄土埋忠骨，几酹清酒奠英魂。

莫作天涯万里意，溪边常有故园风。

我默默地祝悼，愿战友孤独的灵魂不再孤独。墓冢虽然荒凉而又简陋，但在故乡所有亲人的心中，都是一块宏伟的丰碑，承载着永恒的怀念。草间清风瑟瑟，河边流水淙淙，我站在墓前，许多往事又都浮现心头……

那是1961年底，代表团刚刚把驻地安顿好，又有新同志到来了。他是一个身材略显单薄的年轻人，有着一副白净、质朴的面庞，一双明亮的眼睛透着稚气。这就是高云鹏，全团他年龄最小。

那时我们的生活紧张而又清苦，战争的硝烟还未散尽，隆隆的炮声不时滚过大地，少数土匪别动队还在进行骚扰袭击活动。高原的夜晚冰冷刺骨，白天又炙热难当。我们住的是军用帐篷，没有电，就用墨水瓶自制煤油灯。除了日常繁忙的工作外，还要自己养猪种菜、挑水打柴。

云鹏长得虽然瘦弱，但也同大家一样，什么事都抢着干。每月30多元的生活补贴，我们都不舍得花，攒起来以备"大用"。一次我去万象出差，云鹏倾其数月的积蓄，让我帮他买块手表。由于囊中羞涩，不敢问津名牌，我只能买了块杂牌表给他。他戴上后那副喜滋滋的神态，我至今难忘。

当时，我们都值做梦的年华，有时好想家，可数月才能收到一封家书，只能把对家乡亲人的思念系于风脚云端。云鹏告诉过我，他曾多么想读大学,好好充实自己,然而还是服从了组织的安排来到老挝。最后,他又步履匆匆、无怨无悔地走上了不归路。

云鹏牺牲的那天,川圹高原的天空一碧如洗,五星红旗在代表团驻地上空迎风飘扬。负责监察监督停火的国际委员会乘坐直升机刚刚离开,几架美制T28型战斗机突然飞临小镇。显然,来者不善。大家迅即离开办公室,跳进附近的掩体中。刹那间,随着几声地动山摇的巨响,驻地的山头顿时烟尘弥漫、碎石乱飞,飞机向不设防的外交代表机构肆无忌惮地发动了袭击。

就在这轮袭击后沉寂的瞬间,云鹏从壕沟跳出,奔回办公室,原来他突然想起还有几份重要的外交文件放在桌子上。神圣的职责呼唤着他,必须回去把文件藏好。就在此时,另一轮袭击开始了,几颗炸弹呼啸着从天而降,代表团的馆舍在轰鸣的爆炸声中顿时倒塌,冲起滚滚烟尘。当一切重归宁静,年轻的高云鹏同志却再也未从瓦砾堆中走出来……

几年后,李志学医生和其他几位同志在下乡救治老挝病人归来的路上,也不幸被美国飞机发射的导弹夺去了宝贵的生命。

这些同志都是平凡的人,没有轰轰烈烈的伟绩,但正如一位诗人所说:"他们是小草,足步虽小,却拥有足下的土地。"正是他们,用自己短暂的生命为"青山处处埋忠骨,何须马革裹尸还"做了最平实的诠释。

由于当天必须返回万象,在老方陪同人的催促下我们匆忙告别墓地。这时高原的太阳穿过团团白云,依然挥洒着耀眼的光辉。就在我们登上汽车的瞬间,一阵如丝的细雨夹着阳光飘然洒下,落在地上,打在脸上似春

风般凉爽、轻柔。我突然觉得，这是战友们的泪雨在飘飞，是对祖国亲人送别的依恋、友情的不舍。

午饭后，我们登上来时的飞机准备返回万象，就在起飞的一刹那，空中又飘来一片致雨的云，迎着高原的斜阳洒落下无数条明亮的银丝。这次雨来得更急更大，仿佛带着一股浓浓的激情，在周围幻化出一个朦胧的世界。飞机顶着风雨直上云天，我的心感到强烈的震颤，深深的、难以化解的悲伤围绕着我……

流逝的岁月，早已把浮华世事化作过眼云烟，唯有这场太阳雨恒久地敲击着我的心扉，给我以许多感悟和启迪。我想，今天正在享受生活的人们，应该永远不要忘记远方有这样一片寂静的墓地。

外交思索

- 作者此行去老挝的目的是什么？
- 中国代表团的同胞是如何不幸牺牲在这里的？

"沙漠玫瑰"的花语

作者：王四法，中国前驻中非、喀麦隆大使。

一片片石瓣，层层叠叠、鳞次栉比地组合在一起，就形成了一朵朵、一簇簇形象逼真、瑰丽神奇、刚柔相济的"沙漠玫瑰"。一代代中国外交官坚守在自己的岗位上，站稳立场，严守纪律，像极了"沙漠玫瑰"的"刚"；他们举手投足之间展现出来的风度翩翩、神采奕奕，又像极了"沙漠玫瑰"的"柔"。他们的高贵品质如同"沙漠玫瑰"一般，默默地开放在戈壁滩中，永不枯萎，永不凋零。

1984年，我奉命常驻阿尔及利亚使馆，结束了天天出国、天天回国的外事服务工作，开始了名副其实的外交生涯。作为外交官，为党和人民服务，我深感自豪、骄傲。

刚到使馆不久，一位友人送我一块小小的奇石——"沙漠玫瑰"。其实，我早就看见使馆内有数块大型的沙漠玫瑰石，现在我有了属于自己的沙漠玫瑰石，感到十分高兴和满足。沙漠玫瑰石来自撒哈拉沙漠的深处，其主要成分是碳酸钙与石英，是一种石膏类晶体，被誉为"石中之花"。

之后，我又在市场上看到过众多"盛开"的"沙漠玫瑰"，大大小小，千姿百态，栩栩如生，瑰丽神奇，令我不禁感叹大自然的奇妙。撒哈拉沙漠地区常年缺水，多是不毛之地，谈不上长什么花草。沙漠里的年轻人便将这种"沙漠玫瑰"作为一种定情的礼物送给自己的爱人,使它成为忠贞不渝的爱情象征。

早在 1963 年 3 月,我曾在报纸上读到阿尔及利亚《非洲革命》周刊社长雅克·弗吉斯和夫人贾米拉访华,受到毛主席接见的报道。这给我留下了深刻的印象。女作家冰心在与女英雄贾米拉会见后写过一篇散文《盛开的革命花朵》,歌颂她"石破天惊的坚贞不屈的英雄气概",盛赞"这朵开在阿尔及利亚土地上娇红欲滴的自由之花"。

当年,阿尔及利亚各族人民掀起争取民族独立的武装斗争,年轻的姑娘贾米拉参加了这场斗争,后遭法国殖民军逮捕。虽被判处死刑,但贾米拉坚贞不屈,对祖国心怀一片赤诚之情。后在国际社会的强烈抗议下,她

重获自由。而弗吉斯就是贾米拉当时的辩护律师，后来与她结为连理。

在这场阿尔及利亚民族解放的斗争中，一位阿尔及利亚诗人则将民族女英雄贾米拉比作"沙漠玫瑰"，"沙漠玫瑰"的象征意义因而有了革命的新延伸。它就像我们现在的红歌中颂扬的"红梅"，被人格化，有了无限的生命力和超人的精神力。

"沙漠玫瑰"，它深藏不露，从小到大经历了风云变幻的洗礼；它默默无闻，从不张扬，经住了世人难忍的锤炼；它看似没有生命，却栩栩如生，永不凋零，显现出一种超越人类的美，表明了它的坚贞，体现了它的忠诚。而我们远离祖国，远离亲人，生活在使馆这个"小天地"里，不显山不露水，忍耐着孤独与寂寞，忘我工作，竭力奉献。"沙漠玫瑰"不正反映出我们外交人员在海外真实的生活工作状况，展示着我们的爱国情怀吗？

周恩来总理曾说过，世界各国都挑选最忠诚、最可靠、最有才干的人员来当外交官。早在1951年8月，他向中央人民政府做外交工作报告时，为外交干部规定了十六字方针："站稳立场，掌握政策，熟悉业务，严守纪律。"这十六个字便成为所有外交人员金科玉律的座右铭和行为准则。外交人员首先要忠于祖国、忠于党、忠于信仰、忠于事业，这就是我们需要的忠诚。脚踏实地，坚定不移，才能在外交工作中像沙漠玫瑰一样实现钙化，才能不得"软骨病"。

今天，外交人员的核心价值观与时俱进，得到升华，被归纳为"忠诚、使命、奉献"。2011年，外长杨洁篪在外交部建党90周年纪念大会上说：

"忠诚是信念，是外交人员首要的政治品质；使命是责任，是维护国家和人民根本利益的神圣职责；奉献是境界，是外交人员的高尚追求。三者有机统一，是对外交人员核心价值观的高度概括。"

外交人员必须讲奉献。外交工作必须以国家利益为基本和最终落脚点。外交人员有"风光"，更要"忍受"，驻守在世界的不同地区，有的地区常年高温，有的地区常年缺氧，有的地区疾病肆虐，有的地区战乱

纷飞，面临着生死考验。我们外交人员，在执行外交使命、捍卫国家尊严的征程中，如"沙漠玫瑰"一般，默默无语，刚正不阿。

数十年的外交生涯弹指一挥间，如今已退休10余年的我，每当手捧"沙漠玫瑰"、双眼凝视它时，依然思绪万千，工作中的往事历历在目，难以忘怀。美丽的"沙漠玫瑰"，你是我不辱使命的纪念碑，更是千千万万中国外交人员精神风骨和道德品质的永恒象征。

外交思索

- 作者口中的"沙漠玫瑰"是植物吗？它是如何形成的？
- "沙漠玫瑰"在阿尔及利亚具有怎样的寓意？
- 中国外交官必须具备哪些品质？它与"沙漠玫瑰"的寓意有哪些相似之处？

大使馆妈妈

作者：李同成，中国前驻黎巴嫩、利比亚使馆参赞。

朋友，中国是生育我们的母亲，你们觉得这位母亲可爱吗？我想你们是和我一样的见解，都觉得这位母亲是蛮可爱蛮可爱的。

如果我还能存活，我生命的每一天是为了可爱的中国；如果我即将离去，我流血的地方会开出圣洁的花朵。

——方志敏《可爱的中国》

1976年8月13日下午，布拉格机场海关给中国驻捷克斯洛伐克大使馆打来电话："我们这里有一名中国公民，请速派人认领。"值班员放下电话，立即向我汇报。我当时也疑惑不解，当即派同事曲洪驱车前往。

曲洪到机场后，海关人员向他说明情况，不无歉意地说："中国公民在布拉格转机，这是正常的旅行，但这次不得不打扰中国大使馆。"

事情是这样的：浙江省有位农村青年叫陈小龙，要到荷兰找他舅舅。他的舅舅与舅妈早些年到荷兰阿姆斯特丹开饭馆，积攒了不少钱，但这对夫妇膝下无子女，要外甥陈小龙去荷兰继承财产。陈小龙独自一人从上海乘飞机到布拉格，然后转机赴荷兰，在布拉格下飞机后遇到了麻烦，他要在这里停留一天一夜，才有赴荷兰的飞机。下飞机后他随着人流取出自己

的行李，只见同机的乘客纷纷离去，而他一句外语也不会说，站在候机厅里发愣。

机场工作人员很礼貌地帮他提行李，找地方让他坐下，问他："请问你要到哪里去？"他听不懂，摇摇头，不答话。"你从哪里来？"他还是摇摇头。工作人员要看他的护照，他却一动不动，不知对方说的是什么。于是，工作人员就一边说一边用手比画。他终于明白了，从口袋里取出护照。工作人员一看他是中国人，再看他的机票，得知他将于第二天晚上8点转赴荷兰。还有一天一夜的时间，机场人员当即将他送到附近的一家宾馆。

这位第一次出远门的农村青年，对陌生的宾馆充满了恐惧感。他心想："我本来要去荷兰找舅舅，怎么会来到这里？"他越想越害怕，到了宾馆不吃也不喝，先是发呆，后来就流泪了。宾馆服务员着急了，问他："你是哪里不舒服吗？"他不回答。服务员和他说话，不论问什么他也只是摇头，因为他一句都听不懂。服务员马上给机场人员打电话说明情况，机场这才给中国使馆打了电话。

海关人员见到曲洪，便马上带他去见陈小龙。这位留着一头长发的青年，见到曲洪就像流浪汉见到妈妈一样，他拉着曲洪的手，泪珠像断了线的珍珠一样顺着面颊流下。过了一会儿，他问曲洪："这里是哪个国家呀？"曲洪耐心地告诉他："这里是捷克斯洛伐克。我是中国大使馆的人，海关打电话让我来接你。走吧，跟我回使馆去。"

到了使馆，陈小龙在传达室停留之际，大使馆许多人围上来看望这位刚从国内来的同胞。20世纪70年代国内出国的人员很少，而中国外交官身处国外,偶然见到一个中国人,不管他是哪里人,共同的语言和亲情就像条纽带,把大家紧紧地连在一起。

听到声音,我也特地下楼来看他。只见他一副羞涩的样子,脸上流露出几分稚气,上身穿一件毛料中山装,下身穿一条又旧又破的灰色裤子。我走过去拍着他的肩膀说:"你这个小可怜虫,吓着了吧!"他冲我笑笑说:"现在不害怕了!"曲洪问我:"是不是给他买条裤子换上?"我点点头说:"嗯,另外请使馆理发师给他把头发理一理吧。"

正说着,厨师老刘来叫陈小龙去吃饭。老刘给他做了一荤一素一汤,主食是馒头。他狼吞虎咽,菜、汤一扫而光,还吃了三个馒头,看样子是饿极了。吃完他抬起头,有点不好意思地向我和老刘说:"我已经一天一夜没有吃东西了。"之后,理发师给他理了个青年头,馆员安排他在使馆客房住了一夜。

第二天上午,曲洪送陈小龙去机场乘机赴荷兰,走之前大家让他换上一条新的毛料裤子,他显得很精神。上车前,他不知如何感谢大家,便朝使馆深深鞠了一躬,然后钻进车里,双手抱头哭了起来。

10天后,使馆收到陈小龙的一封信。信是从荷兰寄过来的,信上说:

大使馆妈妈，我不知道这样称呼大使馆好吗？我只是觉得这样称呼，才能表达我对大使馆的爱心和感激之情。

到荷兰后，我向舅舅、舅妈讲了大使馆对我的一片热忱，我说着说着流泪了，他们的眼睛也湿润了。

上中学时，我读过方志敏烈士的《可爱的中国》，当时由于年幼，缺乏切身的体会，对祖国的可爱总觉得朦朦胧胧。来到国外，中国大使馆的这种爱迎面向我扑来，我才懂得了中国的可爱。我现在侨居国外，但根在中国，任何时候都不会忘记我是中国人。我要在国外赚很多钱，将来全部带回，投入祖国的建设事业。

大使馆妈妈，对你们的一片爱心，我要永远锁在心里。这封信，就当成一把钥匙交给你们，我要永远热爱我的祖国。

外交思索

- 陈小龙在飞往荷兰的过程中经历了哪些波折?

- 中国大使馆对陈小龙给予了哪些帮助?

- 陈小龙给大使馆的回信表达了自己怎样的情感?

外交官的"家书"

作者：张国斌，中国前驻圣但尼总领事、驻斯特拉斯堡总领事。

"烽火连三月，家书抵万金。"家书是连接家庭成员的情感纽带，是家教传承的重要载体。对于常年漂泊在外的外交官来说，一封来自母亲的家书更是弥足珍贵、滋润心田。母亲的声声叮咛，犹如大海中的座座灯塔，指引着航船前进的方向——不忘初心，不辱使命，愿历尽千帆，归来仍少年。

"外交官"这个称呼是一份荣誉，更是一份责任。作为一名从事40余年外交工作的外交官，每每回想起我走过的路，既有外交场合为国争荣的拼搏奋斗，也有异国他乡月影之下的思乡之情，而无论是在国内还是在国外，让我难以忘怀的便是母亲在不同时期给我精心准备的"家书"。

初次出国，"家书"是一抔抔黄土和一件件衣服

记得第一次出国是去吉布提，出国前，我赶回老家去看母亲。她跟我讲："出国走的路远，但是不管到了什么地方，你也是一个中国人，也是咱们家乡的人，是山西人。"那天走的时候，她在院里的北山墙根挖出来一些土，装到小瓶子里给我带上，并告诉我："到了吉布提以后，喝当地水的时候倒上点咱家的土，水土就服了，就会想到国家，就会想到家乡，就会想到亲人。"

当时正值寒冬，母亲担心我走那么远着凉，就在准备行装的时候特意交代我多带几件厚衣服，包括她亲手织的两件毛衣。我一再跟母亲讲吉布提是个热带国家，不会冷的。但是母亲说："不行，再热也有冷的时候，一定要带上这些衣服。"结果我的厚衣服塞了满满一箱子。虽然去了以后好多东西都没有用上，但是每当我思念母亲、思念家乡、思念祖国的时候，捻一捻家乡的黄土，摸一摸母亲织的衣服，思乡之情便会平复许多，对工作、对未来也会充满干劲和信心。

异国他乡，"家书"是电话里传来的牵挂和叮嘱

记得1988年，我到中国驻喀麦隆大使馆工作，刚到那个地方不到半年，忽然接到家里的电话，说母亲要做胰腺炎手术，非常危险，已经下了病危通知书。

我向大使紧急请假，也买了回国的机票，准备回来。等我以最快的速度拿到机票时，又接到家里的电话，告诉我母亲已经醒了，而母亲术后醒来的第一句话就是一定要赶快告诉我，她已经度过危险期，没事了，并且坚决不让我回国。

我知道，母亲是怕影响到我的工作，她说我刚到大使馆不到半年就回来，对我影响不好，让我一心一意工作，不要太过惦念她。接到母亲的电话我长吁了一口气，母亲病情稳定的消息也让我悬着的心落了下来。大使知道这个消息后也为我高兴，同时和我商量，如果可以坚持的话能否推迟回国，希望我这段时间可以留下来继续工作。由于当时使馆的工

作任务比较重，而且我也知晓母亲的脾气性格，于是就推迟了回国探望的时间，只是在工作之余想到母亲的病情，还是会陷入深深的牵挂和惦念中，辗转难眠。

再回来已是一年多以后，这时母亲已经痊愈，但是看到她憔悴的脸庞、消瘦的身体，陪着她慢慢地回忆那些经历，听着医生和亲人朋友们细致的讲述，我胆战心惊，后怕不已。想到在母亲生病和死神作斗争的那几个月，她不仅要忍受着病痛的煎熬，还处于渴望儿子的陪伴却又不忍打扰儿子的纠结与痛楚中。我心如刀绞，将痛苦和自责化作苦涩的泪水悄悄地吞咽下去。据说，当时这种病手术的死亡率是 90% 以上，但是母亲硬是靠着较好的身体素质，还靠着那种一定要见到儿子的执念，坚强地挺了过来。醒来后她第一时间想的不是自己，而是我，虽然对我充满了思念和牵挂，但叮嘱我最多的还是外交工作，是国家需要我，而我也把这种牵挂和叮嘱化作了对自己的鞭策和对祖国的担当。

外交生涯，"家书"是谆谆教诲和殷殷期望

我小的时候在家里，经常会看到母亲剪报纸，当时我不太了解她这样做的缘由，每次问，母亲也只是告诉我做这些有用。

工作以后，我开始慢慢理解母亲剪报纸的意义。每逢我休假回家，她都会把精心粘贴的剪报本拿出来，嘱咐我一定认真看。大大的册子里都是报纸上的重要社论、国家政策之类的内容。她还在一旁写了标注，并反复强调，理论学习不能断，一定要随时了解国家大事，要坚持学习才行。

工作后，我被派驻外使领馆，与母亲的联系也只能靠信使每月一次从国内带来的信件。母亲的来信，除嘘寒问暖外，总会多出特殊的一部分：她会在信里写《人民日报》在几月几日发表了什么内容，重点是什么内容，还有一些国家大事、重要社论、外事知识等，并附有从一张张报纸上剪下来的"小豆腐块"。

当时处在建馆初期，条件比较艰苦，厨师还未到位，使馆工作人员需要轮流做饭，我在国内自己没下过厨，每次轮到自己都非常紧张，生怕做得不好吃影响同志们的胃口，所以在信里也会向母亲请教一些家常菜的做法。回信中，母亲会写下详细的烹饪步骤，有时也会附上一个"小豆腐块"，例如麻婆豆腐、醋熘白菜的做法。得到母亲的真传，在异国他乡吃着家乡菜，我心中倍感温暖。

2004年我回国后在钓鱼台国宾馆任职，母亲更是加强了对我的教诲。虽然我已人过中年，但在母亲眼中，我还是一个需要时时耳提面命的孩子。母亲经常把那些贪污腐化的案例讲给我听，告诫我千万不能有占便宜的心理。在母亲潜移默化的影响之下，我为自己确立了一条准则：即使是一件小事也一定要守住底线，不该自己得的东西坚决不拿。

母亲剪报纸的习惯持续了很久，一直到70多岁。尽管我曾劝她不要再继续了，但她还是坚持着。母亲剪报纸的习惯深刻影响了我，不仅在工作和生活方面为我提供了支持和帮助，还让我透过这一封封剪报感受到了她的期望。

后来在欧洲工作时，我也学习母亲把《欧洲时报》上一些重要内容剪

新闻

下来，分门别类做成几个册子，直到现在还存放在家中。虽然我没有母亲坚持得那么久，但她对我的更大影响体现在内在的自我鞭策上。我一直提醒自己要加强学习，要跟上形势，要洁身自好。

如今，我也已退休，但每每回想起母亲曾在我外交生涯不同阶段精心准备的"家书"，内心总会充满幸福和喜悦，而透过这一封封"家书"传递出来的，除了母亲对儿子的牵挂，更多的是对我为国效力的鼓励和期待，希望我也能够把这种"家书精神"传递给更多的年轻人——唯有报国方能安邦，唯有安邦才可家和，唯有家和方可万事兴。

外交思索

- 作者的母亲为何一直有剪报纸的习惯？
- 在作者的心中，"家书"代表了怎样的寓意？
- 母亲重病在床，为何不让儿子回国来陪伴？

无尽的亏欠

作者：周秀华，中国前驻卡塔尔、叙利亚大使。

每一位身处前线的中国外交官，纵然无私无畏、毅然决然，但在身后，总有些儿女情长让人牵肠挂肚。每一个时代，都在塑造不同风格的外交官，但忠诚和使命没有变过。他们怀揣着赤子心、事业心、进取心和责任心，心如磐石，志比松柏。

细数40多年的外交生涯，我无怨无悔，但对自己的家人，陪伴太少，亏欠太多。

1975年夏天，先生突然接到去驻叙利亚使馆工作的通知，我回上海待产。那时打电话还不方便，他连孩子是儿子还是女儿都不知道就出发了，我们只能靠写信互相联系。产假48天没休完，我就把女儿交给母亲用奶粉喂养，自己一人回到北京工作。

孩子2岁多的时候，我和先生回国休假。母亲跟她说："这是你爸妈。今天晚上你跟爸爸妈妈一起睡。"女儿想了想说："我跟姥姥睡。这是叔叔阿姨。"到了晚上，她就说："你们怎么还不走啊？"我说："我给你讲个故事吧。"讲完之后，她睁着圆圆的眼睛，一脸纯真地说："你们可以走了。"此时我们的心在淌泪，充满了对女儿的歉疚。

女儿9岁之前是姥姥带的。她快10岁时，我的一位上海好友说："你们又要出国了,把孩子'扔'哪儿呢?还是回上海吧,我给你介绍一个好学校。"女儿知道后对我说:"你们老把我弄来弄去的,一会儿弄这儿,一会弄那儿,老让我换环境,我不喜欢。"我的内心充满了不舍与无奈,对女儿说:"就这一次了。"之后就把她送回了上海的奶奶家。

由于父母不在身边,加之老人娇惯孙女,女儿13岁时身体瘦弱,体育课掷实心球没达标,老师让她课后继续练习。她急于求成,一不小心突发血气胸,急症住院。医生很着急,下了病危通知书。兄弟姐妹赶紧打电话告诉我们,使馆也让我们马上回国照顾。我们第二天匆忙赶回上海,飞机上的每一分每一秒都是漫长的煎熬。

急诊室大夫医术高超。经过紧急抢救，女儿的病情有所缓解。我们赶到医院，见到含着眼泪、身体虚弱的女儿，赶紧抱住她、安慰她。输血的时候，大夫说如果她的身体对输入血液排异的话就没救了，好在孩子挺过来了。

我赶回来后天天陪在她身边，一刻不离，一直到出院，我先生天天送饭。这可能是我们一家三口互相陪伴最长的一段时间了。

女儿的成长历程，缺少了我们的情感陪伴和精神养育，这些是应该由身为父母的我们给她的，是姥姥、奶奶所无法替代的。孩子任何情感上或精神上的缺陷都可能是我们造成的，因为在她需要我们的时候，我们不在她身边。

女儿到了谈恋爱的年纪，她就说绝不找外交部的爱人，"因为你们没有家，我就很痛苦，我不能让我的孩子再痛苦了"。

对女儿没能尽到责任和义务，对父母也是如此，我们亏欠他们太多。那时我们从早忙到晚，根本没有空闲时间，小的管不了，老的也没时间管。我先生是家里的独生子，从上学到工作常年在外，父母十分想念他。1975年我先生到叙利亚工作，其间父亲突然去世，他却回不了国。而我恰巧在国内，父亲的后事都是我去料理的。

由于外事纪律，我们不能带女儿和老人驻外，生活上对老人忽略多、照顾少，所以我们一退休就赶紧返回老家尽孝。先生年龄比我大，是先退休的，退休后的第一件事就是回到他母亲身边，照顾了一年。我退休以后也是一直照顾我母亲，但也弥补不了多年的亏欠，只能终生遗憾。

听党的话，服从组织安排，这些在我们老外交官的思想中已根深蒂固了。我的先生是学英语的，他英语很棒。我不忍心总是让他迁就我，有一次就跟干部司申请，能否让我跟他去英语地区工作。干部司说："不行，会英语去哪个国家都可以，阿拉伯语地区你不去不行，你是留学生啊。"那他就只能作出牺牲跟着我了，要不然他完全可以到英美国家去工作，一定会有更加突出的表现。

我们那时忙，电报都是一个字一个字写出来的，白天、晚上随时都要准备着工作。工作人员写的稿子我们要从头到尾批改，有时改稿还不如重写省时间，但是必须要锻炼年轻人的能力，所以我等他们改好了再审，经常要反复审几稿才能定稿。

2007年，外交部在世界各地回来的100多位外交官中评选了7位"优秀外交官"。我是评完了之后才知道自己被选上的。作为其中唯一的女性，我感到非常自豪。

回望一路走过的外交岁月，我和爱人有30多年是在国外度过的。如此，加在兄弟姐妹身上的负担便不可度量。父母健在时我们不能侍奉左右；父母去世后，"子欲养而亲不待"的痛楚与遗憾便会伴随我们终生。身为外交官，夫妻二人常年驻外，孩子得不到父母无微不至的关爱，类似的情况在外交部不在少数。现在外交部的年轻人幸福多了，待遇提升了，配偶、子女可以随任，假期多了，办公条件也大为改善，我真为他们感到高兴！

📝 外交思索

- 作为一名外交官需要长年驻外工作,作者对女儿的亏欠有哪些?
- 为了弥补对父母的亏欠,作者做了哪些事?
- 古人云:"自古忠孝难两全。"请结合文章谈谈你的感受。

父亲的等待

> 作者：谭静，中国前驻朝鲜使馆一秘，中韩建交后随丈夫出使韩国。

"树欲静而风不止，子欲养而亲不待。"忠孝不能两全是无数外交官心中永久的痛。光鲜的外表下，他们忍受着与家人分离的无尽苦涩。但是，重任在肩、责任使然，投身于蓬勃发展的外交事业是他们的理想，也是家人的期望。"国家利益高于一切，舍小家为大家"是中华文化的核心基因和中华民族的精神标识，也是将中华儿女团结在一起的强大精神力量。愿这宝贵的精神内核薪火相传，生生不息！

1993年5月的一天傍晚，下班后我正坐在使馆官邸起居室内看电视新闻，忽然电话铃声响起。我像往常一样拿起听筒，传来的却是一阵哭泣声："妈妈，你快回来吧，姥爷今天下午在医院去世了……"顿时，我手中的听筒掉在地上，突然而至的噩耗，使我两眼发黑，手脚冰凉，丈夫立马扶住了我。经请示国内，次日清晨我即离开汉城（现称首尔）回京。

1992年9月，中韩建交后，我便仓促地告别年迈的父亲（母亲已于前一年去世），随丈夫踏上出使韩国之路，并和父亲约好第二年6月回国休假时再相见。令我高兴的是，第二年1月底春节前夕，国内特意安排我回京料理出国时未来得及办理的家事并看望父亲。这样没等到6月，我就又回到了父亲身边。时已卧病在床的老父喜出望外，我陪着他过了一个团圆的春节。

临走那天,我给父亲擦净了身子,修了脚,换上我给他买的新衣、新鞋。父亲紧握着我的手叮嘱说:"还是6月,一定回来!"我咽下眼泪,带着笑容,叮嘱他保重,跟他勾着手指头,约好6月再见。我不断回头看着老人期待的目光,一步步走下楼梯。万万没想到,这竟是我和慈爱的父亲最后的诀别……

父亲喜欢清静,我和妹妹将他安葬在八达岭长城脚下的一个安静的墓园里。时间过得很快,如今我也年过古稀,成了白发苍苍的老太婆。但每年父亲的祭日,我仍怀着一颗女儿之心,手捧鲜花,站在父亲墓前,向他倾诉我的思念。

父亲生前是工厂的一名普通职工,但他识文断字,通晓古文,写一手秀丽的小楷。因此不管是上班时在工厂,还是退休后在街道,凡遇抄写文告之类的事情,大家都请他代劳,他也从不推辞。

父亲为人正直,乐于助人,他的一言一行无形中为我一生做人做事树立了榜样。小时候,父亲教我识字读书;中学毕业时,他把我送进北京大学的校门;后来,他又看着我成了一名外交官,并感到极大的欣慰。而对我来说,父亲就是我从小到大最难以割舍的亲人。

回顾几十年来,每到周末,我不顾一周工作的疲劳,必定到父母家看望他们二老,而父亲也必定提前到公交车站去等我。每次我都能透过车窗看到父亲站在那里翘首张望,看到我后他就乐得合不上嘴。我急忙下车,像小孩子一样,跑到他面前,牵住他的手。他年纪大了以后,我就搀扶着

他回家。

记得有一次我随代表团去一个陌生的国家,他怎么也放心不下,千叮咛万嘱咐,盼我平安归来。出差回来当天,我就去二老家里看望,没想到父亲又到车站等我,看到我后紧拉着我的手不放,好像生怕失而复得的宝贝再一次失去一样。

写到这里,我又想起了多少次出国工作、远离父母的情景。由于工作的原因,隔几年我就要去驻外使馆工作,一去就是四五年。当我接到出国通知时,最犯愁的就是怎样告诉父母,因为我知道,这样的事最苦他们的心。当我最终不得不出口相告时,父亲总是开始一怔,然后沉思片刻,慢慢地说:"服从国家安排,出去好好工作。"他的声音已经哽咽,回过头去便不再说什么了。每次我离京前最后一次去父母家,离开时父亲总是跟我计算着什么时候可以回来休假、什么时候最终回到国内,他们送了我一程又一程。

父亲的年纪一年年增长,身体渐渐衰老。一次我回国休假,到京后按惯例赶回家看望父母。公交车到站还没停稳,我又看到父亲在那里翘首张望。而这时他的手里多了一根拐杖,头发已全白,走路蹒跚,身体大不如前。

再过一年,我从车窗已看不到翘首等待的老父,他已经连挂着拐杖也走不到车站了。即使这样,他还是坚持下楼,在楼前等我到来。又过一年,他连楼也下不了了,就靠到阳台上,向远远跑来的我使劲挥手。再后来,他连阳台也走不到了,只能坐在屋里等我回家。

1993年春节过后,我又不得不离开老父,远走他国,约定6月回来休假时与他再见。据一直在身边照顾他的妹妹说,父亲去世当天上午还向同室的病友念叨:"过几天就是6月了,大女儿该回来了,我要出院回家等她。"谁料到,当天下午,因心力衰竭,父亲终未等到我回家的那一天。

等待是一种亲情,是一种渴望,是一种期盼,也是一种焦虑。年幼时,父亲盼我长大,长大后又盼我成人,成人后又每每盼我回到他身边。他在车站等待我归来,在门口等待我回家,在屋里的沙发上焦急地盼着我进门,直到最后在医院的病床上还盼着与我重逢。

当我年近花甲,最后一次出国时,曾暗下决心,等我回国退休后,定将父亲接到我家,尽心侍奉他老人家颐养天年。万万没有想到的是,我回来见到的却是不能再伸开双臂迎接女儿的父亲,不能再睁开双眼看看女儿的父亲;我送他去的地方不是我温暖的家,而是永远不归的天堂。

作为一名外交官,忠孝无法两全。没能对父亲尽一个女儿的最后孝道,是我一生中永远无法弥补的遗憾。

外交思索

- 文中哪些等待的细节体现了父亲对作者回家的期待?
- 对于"树欲静而风不止,子欲养而亲不待",你是如何理解的?

"你是国家的人,要为国家效力"

游子吟

慈母手中线,
游子身上衣。
临行密密缝,
意恐迟迟归。

作者：马振岗，中国前驻英国大使。

世界上任何一种爱、任何一种奉献都无法与博大无私的母爱相媲美。"自古忠孝难两全"，当得知日夜思念的母亲已告别人世，一边是失去母亲的悲痛欲绝于心，一边是外交工作的千金重担在肩，身为外交官，该如何抉择？此时，唯有母亲的殷殷嘱托"你是国家的人，要为国家效力"响彻心田。

我的母亲出身农家，没上过学，不识字，是一位极普通的家庭妇女。她生了7个孩子，最早出生的男孩夭折了。她不懂相夫教子的大道理，却含辛茹苦，一心一意地与父亲一起把6个孩子养育长大。但在凄苦的旧社会里，她也没能摆脱白发人送黑发人的命运：结了婚的大姐和二姐先后生病去世；在纺织厂干活的三姐在工厂遭到了抢劫，受惊生了病，因没钱治病拖延一年也去世了。失去了4个最大的孩子，母亲的眼睛都快哭瞎了。青岛解放时，她就剩下四姐、哥哥和我3个最小的孩子。

新中国成立后，姐姐和哥哥都找到了工作，家里生活改善了许多，母亲总算过上了舒心的日子。转眼哥哥成长为一个大小伙子，在工厂里也出了师，成为一名正儿八经的钳工，渐渐代替年迈的父亲支撑起门面。母亲看在眼里，喜在心头。就在这时，哥哥响应支援首都建设的号召被调往北京。母亲心里虽有些不舍，却也通情达理。哥哥临走那天，母亲强颜笑容，包了饺子送走了大儿子。不过眼前还有我这个小儿子，她的心情慢慢也平静了下来。

我高中毕业时，母亲明显苍老了许多，她很不希望我考大学，怕我也离开家，但我却考上了留苏预备生，可能比哥哥走得更远。母亲这次有些不能接受，但为了孩子的前程，她还是心情沉重地包好饺子为我送行。离开时，母亲强忍住眼泪送我出了家门。后来由于国际局势的变化，我没能去苏联留学，母亲知道后反而挺高兴。

我大学毕业时，父母都盼望我能早日工作、结婚，了结他们两个儿子都成家立业的一份心愿。没料到，国家又派我去英国留学。母亲虽然有些难以接受，但还是为我包了饺子送行。临别时她强忍住眼泪，不想影响我的情绪。我从英国提前回来后，母亲看到我比在国内时还瘦，心疼地说："总算回来了！"

后来，我去汕头牛田洋解放军农场接受"再教育"，母亲对我这次远行却表现得较平静，说："在国内，再远也比出国好。"其实母亲的心时时牵挂着远方的儿子。汕头遭到强台风袭击时，她一直开着收音机，想听到我们的消息。我也从来没敢告诉她自己那段死里逃生的经历。

母亲经受过我几次"远走高飞"的痛苦，因此当我从牛田洋解放军农场回来后，她特别期待我能在北京安顿下来。当得知我要去南斯拉夫工作后，她终于挺不住了，几次悄悄地流眼泪。我回青岛与家人告别，发现母亲衰老了很多，身体也不太好。但她还是很理解地说："你上了大学后，就是国家的人，要为国家效力，我留不住你啦。"

那些天，我尽量陪伴着母亲，安慰她说："2年后我就回来看您，很快的。"母亲挺了挺身子，摇摇头说："你看我这身子骨，恐怕等不了那么久了。"我回北京那天，她仍然给我包了饺子，可她自己一个也吃不下。我离开家门时，母亲趴在窗台上望着我，眼睛里饱含着泪水。没想到，这竟成为一场诀别，母亲那满含泪水的眼光，成了我对她最后的痛苦记忆。

5月，我到了驻南斯拉夫大使馆，此后每月都会收到父亲简短的来信，看到"家里一切都好"几个字才放心。

10月，父亲来信说母亲牙口不太好，想用我留下的那笔钱带她去看医生。

11月，我没有收到家里的来信，有点挂念，但又希望是父亲的信寄晚了，没能赶上每月一班的信使行程。

12月，我终于收到了信，一见信封上是哥哥的字，我顿时紧张起来。哥哥只有春节期间才回青岛，怎么这个时候在青岛？我急忙打开信，看到"咱们亲爱的母亲已于11月离开了我们"这一行字，我顿时感到像五雷轰顶一般，跑回房间扑在床上大哭起来。

曾涛大使闻讯，亲自到我房间来安慰我，并在临走时问我："晚上行不行，要不那场活动就取消吧？"我猛然想起，当晚曾大使要宴请丹麦等国大使夫妇，而我是使馆唯一的英语翻译。不能因为自己的事影响了大使的活动。我擦干了眼泪，轻声说："不用取消，我行，我能上。"哭过一阵子后，我洗掉了泪痕，换上中山装，强含着笑容出面迎客。我压下心头丧母的悲伤，装出无事的样子，认真完成了翻译任务。

送走客人，我奔回房间，眼泪又忍不住哗哗地流了下来。这一夜，母亲慈祥的面容一直浮现在我眼前，我思念一阵，呜咽一阵，整夜都没合眼。

母亲给予我生命、哺育我成长，我却没能在她身边尽一天孝，而且在她老人家归天后一个多月才知道她已去世，真是个不孝的儿子。我再也见不到亲爱的母亲了，永远留在我记忆中并激励我不断努力的，只有她那句"你是国家的人，要为国家效力"，还有离别时她最后那饱含眼泪的目光。

外交思索

- 请根据自己的理解说一说，作者的母亲为什么不希望作者离开家？
- 作者面对母亲的离世和眼前的外交工作，是如何抉择的？

一封迟到 2 年的战地家书

> 作者：杨冠群，曾任中国驻泰国使馆兼亚太经合组织参赞、副代表。

作为一名"文装解放军"，杨冠群义无反顾地奔赴抗美援朝战场。"烽火连三月，家书抵万金"，战火纷飞中的家书是他与家人联系的唯一纽带，给予他强大的精神力量。几十年后，捧读这布满岁月痕迹的战地家书，仍能真切感受到其中饱含的爱与思念、坚强与无畏。

灯下是一封53年前我写给父亲的信。岁月无情，纸张已变黄，宛如被硫黄熏过。信纸正反面都写了字，没有留下一点空隙，折射出那个时代物资的匮乏。

信纸不是普通的纸，而是板门店停战谈判桌上的会议用纸。为了照顾文化程度不高的父母，书信用蓝黑墨水写就，字体粗大，笔迹工整，文字浅显易懂。这封旧信在父亲珍藏的小铁盒里沉睡了半个多世纪。它之所以特殊，不仅因为它经年累月，更因为这薄薄的一张纸记录了一段使人难以忘怀的往事。

1949年初夏的一天，正在圣约翰大学上学的我怀着一颗火热的心，找到了忙碌中的父亲，严肃地告诉他：我决意辍学"北上"，参加革命，去当一名光荣的外事干部。

解放之初，上海市民对人民政权不太了解。在父亲看来，好端端的圣约翰大学不读,去当共产党的外事干部,这无异于离家出走,以后肯定也指望不上我了。

父亲倒不是庸碌之辈。早年,他曾参加广东潮汕地区的农民起义;抗日战争期间,也曾掩护苏北来沪采购药品的新四军干部。但对于儿子沉迷于社会活动,无意继承老父亲苦心经营的家业,一心想投入人民解放事业,他十分不解。

我的话犹如晴天霹雳,使家里乱成了一团。父亲夜不成眠,但什么话也没说。倒是祖母把我叫到床前,老泪纵横地说道:"你要是就这么走了,我就死给你看!"说罢从枕头底下抽出一把做女工时留存的锋利大剪刀,眼睛直盯着我。我在襁褓中丧母,在祖母的悉心照顾下长大,所以我们祖孙感情很深。我无法和祖母对视,我避开了她的目光,直瞪瞪地看着床边的白墙。

对我寄予厚望的继母握着我的手,柔情地规劝:"你下面还有5个弟妹,你走了,负担就全落在你爸的身上,你忍心走吗?别走了,妈替你找个新娘。你看哪个女孩合适,全由你挑!"可是铁石心肠的儿子不为所动,毅然决定响应党的号召,奔赴祖国的心脏——北京。

队伍在上海交大集结的那天,一家老少8口在弄堂口挥泪送别。"来信啊!"这是他们一致的嘱咐。

经过一年多的紧张学习,我被分配到外交部工作。老父虽然读书不多,但对清末民初杰出的外交家伍廷芳却知之甚多。他明白,外交官是一个崇高的职业。虽然那时的国家干部除吃住和每年一套冬夏制服外,每月只有

3元钱的零用钱。得知儿子逐渐习惯了北京的生活，工作也颇受器重，父亲稍感欣慰。但不久父亲心头上又蒙上一层厚厚的阴云——朝鲜战争爆发了。

父亲密切关注着战事的进展。开始时，朝鲜军队势如破竹，一度推进到半岛东南隅的釜山一带。但好景不长，1950年9月美军在仁川登陆，朝鲜半岛被腰斩，平壤失陷，美军推进到鸭绿江边，社会主义邻邦告急。10月，中国人民志愿军赴朝作战，一场轰轰烈烈的抗美援朝运动在全国展开。

朝鲜战争扣人心弦。新中国同"武装到牙齿"的头号帝国主义强国在朝鲜战场展开了一场殊死战争。1952年10月，正当山头被炮火削去2米的上甘岭战役激烈进行之时，年过半百的父亲接到我从北京写来的一封家

信。信的内容一般,然而细心的父亲却从邮戳上发现:信件是从同朝鲜只有一江之隔的安东(今天的辽宁省丹东市)发出的。父亲疑团顿生:儿子去了朝鲜?转而一想又觉得不可能,因为此前不断地接到我从北京寄来的平安家信,信中谈到北京的春来秋去、外交工作及生活状况,偶尔还评述时下的国际形势;凡是写给我的信,我也都有回复,虽然有时稍晚。于是父亲想:大概儿子是出差去了安东吧!可是为什么信中只字未提?又去安东干什么?

流光瞬息,事情又过了一年。1953年9月,父亲又接到了我写的一封家信。信封上奇怪地盖了一个"外交部代转"的蓝色长方形小印章。信封上的邮戳是"北京9月18日21时投筒",到达上海的时间是9月21日,情况正常。

拆开信封,父亲却大吃一惊。信开头便是:父母亲,我到朝鲜工作已经很久了。由于工作上的原因以及其他的考虑一直没有告诉你们。现在停战了,我想我可以让你们知道这件事了。

"儿子去朝鲜已经很久了,怎么我们一点儿也不知道?"父亲深感意外。"很久"是2年有余。"工作上的原因"说白了就是保密。新中国成立之初,外交干部的行踪属保密范围,特别是到了敏感的朝鲜第一线,更不便透露。这是必须自觉遵守的纪律。"其他考虑",显而易见,就是不愿家人担忧。经过了3年激烈战斗和2年艰苦谈判,《朝鲜停战协定》于1953年7月27日在板门店签字。战争终于停止了,不再有厮杀,家人也就不必为亲人的安全担心了。

对于奔赴朝鲜，我在信中自豪地表示："能够亲身参加抗美援朝的斗争是一件非常光荣的事情。我想你们也会因我而感到光荣与骄傲的。全中国有多少青年都向往这么一个有历史性意义的斗争岗位呀！"

对于参加这场战争的感受，我在信中写道："这是我第一次参加战争，并且还是一次最现代化最残酷的战争。"这是第二次世界大战以来最激烈的一次国际战争：参战的国家共20个；中国轮番动用军队240万；美国使用了除原子弹以外的所有新式武器，包括凝固汽油弹和细菌武器；整个朝鲜几乎被夷为平地；双方军民伤亡数百万，包括美方官方公布的14万美军。

总结参加这场战争结束前的板门店谈判的收获，我禀告父母："我学到了不少东西，增加了不少知识，同时它也锻炼了我们，使我们热爱和平，憎恨战争。"

参加马拉松式的板门店谈判当然是极好的学习和磨炼，更重要的是经历了敌人的狂轰滥炸，调查了敌人的特务袭击，见证了敌人对我国被俘人员的暴虐，我更加深刻地体会到了和平的可贵，同时对帝国主义的本质也有了更深的认识。

我告诉父母："我在这里的工作和过去在北京的工作几乎是一样的。过去所学的非但没有放掉，而且还有很大的进步……我的身体很好。这里吃的穿的和国内也差不多，现在工作的地方比北京还要暖和些。请你们别挂念。"

读完了信，父亲恍然大悟：原来儿子前后写了2年的"假信"，那些煞有介事的平安家信其实都是在"三八线"以南的朝鲜开城写就，托人带到北京，再从北京邮寄到上海，没有露出半点破绽。唯一露馅的一次，即从安东发出的那封。原因是：带信人疏忽，进了国境，便在安东投了邮，但也难怪，我并没有交代写的是"假信"。

自此，父亲给我的信就不用再寄到北京外交部转发，而有了一个新的地址——中国人民志愿军钢字9410信箱11号，也就是停战谈判代表团的军邮代号。

在朝鲜停战谈判中，我们青年人主要做的是技术性工作，但得到的锻炼和受到的教育却是巨大的。出席会议的机会，使我们目睹美国代表的蛮横和丑态；出入板门店及参加美方违反协议事件的调查，也使我们得以了解会议帐篷外的尖锐斗争……压倒一切敌人的气概、勇挑工作重担的精神和极端负责、一丝不苟的作风陪伴着我们一生，成为我们用之不竭的工作动力。

外交思索

- 对于作者决意辍学"北上"，参加革命，去当一名光荣的外事干部，家里人都是什么反应？
- 父亲为何收到一封从安东发出的信？背后有什么特殊的原因？
- 作者在信中是如何向父亲汇报参加抗美援朝战争的感受的？

外交官写给儿子 18 岁的成长寄语

作者：龚安民，南苏丹问题联合监督与评估重组委员会RJMEC中国籍副秘书长。

18载春华秋实，18年含辛茹苦。草长莺飞，时光飞逝，变化的是孩子的成长与进步，永恒不变的是父母浓浓的无私的爱。这封饱含深沉父爱与人生智慧的家信，虽仅有2000余字，却是一位外交官父亲送给儿子最珍贵的成人礼，也是一笔宝贵的精神财富。

亲爱的儿子，明天就是你18岁的生日，很抱歉在你这个重要生日到来的时刻，爸爸又不能在你身边陪你度过。因为外交官职业的缘故，爸爸已是第四次在外常驻，与你聚少离多，都记不清错过了多少次给你庆祝生日的机会。今天你的妈妈给我发了两张你小时候的照片，还有几张近期的照片。两组照片主人公相同，但相隔的时间在10年以上。

照片是时光的存证，记录了人生某一定格的历史时刻，虽是平面、静态的一个图像，但在亲历者眼里，却伴有二维、三维空间无法显现的，以及那一刻与此刻交织互动的情感，能掀起心底无数波澜。看着你在姥姥、姥爷和妈妈身边的那张照片，还有身着状元郎衣帽、拿着开封旅游图的照片，你都咬着下唇做着搞怪的表情。那时你是那么的小，你的脸庞还是粉粉嫩嫩的，目似朗星，像是一棵刚从土壤中慢慢长出的、日渐成型的嫩苗苗，还随时需要大人的呵护。

近期的几张照片，虽稚嫩痕迹犹在，但少年意气风发，已然是个既有型又有内涵的小男子汉了。两张不同时期的照片放在一起，你能否听到时光流逝的汩汩声？或许你仍在青春年少，对"逝者如斯"的感受不太明显，但在爸妈和其他长辈的眼中，我们看到今天的你，回忆小时的你，最欣慰也最感慨的是你的成长。

18岁，是人生成长中一个特别的标杆，是走向成年的起点。人生的路，不是乘坐飞行器的星际旅行，所以不要期望18岁之后，就立刻跃升至成熟状态。人生的路，需要长途跋涉，一步一步向前走。尽管你今后的路标指向成年，但"昨天的你"同"今天的你"，还有"明天的你"，并没有什么大的不同。然而回首10年，在这看似深一脚、浅一脚，节奏略显单调的脚步中，你是真真切切地成长了。

爸爸即将年过半百，在我上中学、大学之时，从来没有想过自己成长、成熟至中年的样子，觉得这些与自己相隔甚远；还有一层原因，也许在人的内心深处，总不愿意将自己过早与成熟挂钩。

18岁就是这种纠结的起点，在你自身看来，"我还是原来的我"，在父母和其他亲人看来，你仍然是个孩子；但从社会、法律层面上看来，现实总在执着、无情地提醒你——你已进入成年！之前比如"还小""还早"之类的说辞，你自己以及父母还能接受，但在社会交往的范围内，已经逐渐不再被接受了。这是一种转变，是一个可能需经阵痛的转变，是在情愿与不情愿之间，在外界所谓"期待"的裹挟推动下，经历岁月洗礼和挑战锻炼方能实现的转变。

父母和其他亲人，处在你内心世界和现实社会的矛盾交界处。一方面，你永远都是他们眼中的孩子；另一方面，他们也期待你能健康、快乐、顺利地成长，期待你拥有更丰富、更精彩的成长经历。成长是一个过程，看似风轻云淡，但蓦然回首却是波澜壮阔。如何在风轻云淡中实现波澜壮阔？爸爸对你的成长有以下期待。

一、找成长之偶像

偶像是人生的导师，爸爸所说的偶像，不是娱乐圈的偶像，而是才华、人格魅力等方面令你敬佩、对你成长能有所启迪的先贤或学者。毛泽东青年时期推崇的偶像之一是曾国藩。他对曾国藩的了解和研究相当深入，这对其自身的格局、眼界和智慧提升有很大帮助。你要找的偶像，可以是你喜欢的领域的先贤，也可以是其他领域有人格魅力或成功经历的前辈。你要细致了解他们的思想、成长轨迹、成功之路，见贤思齐，捕捉他们人生的闪光点，内化于心，外化于行，这能帮助你走好成长之路。

二、立成长之目标

确立目标不是"常立志"——每天都有新目标，而是要"立恒志"——目标定下了，就要"咬定青山不放松"。时光不能虚度，要通过坚持不懈的努力去实现自己的目标。很多一流的科学家都有这种习惯，每天定时早起床，

关注研究领域最新成果,思考研究领域相关问题。钻研对他们来说是一种生活习惯或生活方式,这是脚踏实地实现目标之道。

立目标要坚定,更要心静。目标的实现不要期望一蹴而就,心不能浮躁,你要知道在某一阶段应做好某一阶段的事。高三或大学学习中,你一定要将心静下来,沉浸到你所学习和研究的事物中,不受外界干扰,不受他人态度或负面情绪的干扰。

三、迎成长之挑战

爸妈这一辈人,成长在改革开放的年代,我们大多还有小时候挨饿的记忆。爸爸见证并参与了中国努力奋斗求发展、改革开放促合作、逐步走向富裕的艰难旅程。你们这一代成长的条件优于父辈,但你们面临的挑战可能更大。我们正面临一个千年一遇的大时代,社会发展进步更大,起点要求更高,你们将是推动国家由富到强的主力军。不管你将来是否会继承爸爸的衣钵成为一名外交官,你都会面对一个更大、更紧密相连的世界,将面临来自世界范围内的机遇,也会面临更多来自世界范围的竞争和挑战。思想成熟的标志之一是正确认识并勇于正视它们,不回避、不退缩、不抱怨。迎接挑战,最关键的是行动力,要认真思考应对的办法,并落实到具体行动之中。光说不练、纸上谈兵是不行的。

四、担成长之责任

长江后浪推前浪,你成长起来的过程,就是父母和其他亲人慢慢变老的过程。你要开始从"习惯被人照顾"转变为"习惯照顾别人";要慢慢学会关心、照顾父母和其他亲人,学会从关心别人中找到快乐和力量;要学会承担，不仅是作为晚辈，甚至是将来作为丈夫、父亲应尽的责任，亲人遇到困难需要帮助时要挺身而出；要学会心怀宽广，在与亲人相处时，在非原则性问题上不怕服软；要学会沟通，多宽慰人，重要事情的沟通要有耐心并多学技巧；不管在学校还是将来走向社会，都要承担该承担的责任。

五、增成长之内涵

首先，要学会立身、立足的知识和真本领。这是人立于世的底气，也是内涵的根本所在。其次，要注重加强个人修养。文史哲、科技等领域诸多，在本专业外，找熟悉、感兴趣的领域重点涉猎，增加知识储备和"腹内存货"。此外，还要注重培养独立的人格，在不偏执的情况下，要学会独立分析问题、思考问题的能力。

六、享成长之乐趣

成长过程可以丰富多彩，"苦行僧"式学习生活不可取，不接地气，也难持久。假如高三学业紧张不能尝试的话，上大学之后也要有意识地去培养体育、音乐等业余爱好。这些活动有益身心，而且可以拓展人际交往的新空间。你务必要认识其重要性，并克服自身惰性，培养可坚持一生的兴趣爱好。要珍视人的情感需求，亲情、友情，将来还有爱情，是增强成长乐趣、让人积极向上的力量，要学会珍惜和维护。

七、守成长之底线

成长是父母亲、学校对你逐渐放手的过程，你要对自己负责，让家人放心，必须学会守成长的底线。首先，你要学会保护好自己。任何时候你都要对自己的健康、安全负责。其次，你要学会必要的节制。人的正常欲望无可厚非，但无节制的放纵会毁掉自己。很多人考入大学后沉湎于游戏或不良嗜好中不能自拔，这都是无法做到"慎独"的结果。最后，你要学会识人、多交益友，避免交损友。

好了，就写到这里吧！这些是爸爸对你的叮嘱。

祝儿子18岁生日快乐！

外交思索

- 父亲在给儿子的信中，对儿子提出了哪些期望？
- 鼓励儿子迎接成长的挑战，父亲具体提出了哪些要求？
- 古人有云"见贤思齐"，读完这篇文章后请谈谈你的收获。